KB073968

실학은 實學인가

한국철학총서 41

실학은 實學인가

지은이 서영이
펴낸이 오정혜
펴낸곳 예문서원

편 집 김병훈
인쇄 및 제책 주) 상지사 P&B

초판 1쇄 2017년 12월 29일

주 소 서울시 성북구 안암로 9길 13 4층
출판등록 1993년 1월 7일 (제307-2010-51호)
전화번호 925-5913~4 / 팩시밀리 929-2285
E-mail yemoonsw@empas.com

ISBN 978-89-7646-381-4 93150

YEMOONSEOWON 13, Anam-ro 9-gil, Seongbuk-Gu Seoul KOREA 136-074
Tel) 02-925-5913~4, Fax) 02-929-2285

값 25,000원

한국철학총서 41

실학은 實學인가

서영이 지음

예문서원

지은이의 말

이 책은 조선 후기 실학이 우리의 경험을 포괄하는 진정한 의미의 '실학實學'이었는지를 재조명한다. 이는 실학이 '유학의 철학적 진화에 성공했는가?'를 되묻는 것이며, 동시에 철학적 도약을 위해 유학이 '지금 여기에서' 무엇을 선택해야 하는지를 재점검하려는 시도이다. 이 연구의 장점은 실학에 대한 신체화된 접근이라는 점이다. 이는 인간 인지에 대한 연구 결과를 진지하게 수용한 것으로, 인지과학과 철학 사이의 엄격한 구분이 무너지고 있는 현 상황과, 앞으로의 연구가 철저히 학제적으로 이루어져야 할 것이라는 점이 고려된 것이다. 철학 이론은 새로운 경험적 지식을 포괄하는 방식으로 이루어져야 하기 때문이다.

지금까지 기존의 실학 연구자들은 대부분 성리학과의 상관성에 초점을 맞추고 연속/단절의 시각에서 실학의 성격을 규정해 왔다. 성리학과의 '연속성'을 주장하는 시각은 유사성에 시선을 고정시킴으로써 실학의 진화된 자연주의적 사유의 가치를 살려내지 못했으며, '단절성'을 주장하는 시각은 경세적·실용적 사유에 집중한 나머지 실학 심장부에 존재했던 초월적 구도와 그것이 가져오는 위험성을 간과하는 편향된 이해들을 양산했다. 이러한 대립된 결론은 초월/경험, 사실/가치에 대한 실학자들의 혼재된 인식체계에서 비롯된 것으로 보인다. 실학자들은 경세적·실용적 사유와 경험·과학적 지식에 경도되었으면서도, 그것들에 정당성을 부여하는 리理·상제上帝·운화기運化氣의 초월자를 이론의 심장부에 위치시켰다. 실학에 보이는 이러한 화해될 수 없는 것들의 혼재는 '초월적 사유'에서 '경험적 사유'로의 패러다임 전환 과정에서 나타난 과도기적 갈등의 산물로 보인다. 이것은 단순히 성리학과의 동이에 초점을 맞춘 기존의 실학 규정에 한계가 있음을 의미한다.

이 책은 익숙하고 자연스러운 것으로 여겨졌던 실학의 가정들에 대해 인지적 관점에서 '다르게' 읽기를 시도한다. 구체적으로 이 접근은 '실천·실용에 왜 초월적·정신적 존재들이 필요한가?'라는 메타적 물음을 제기하고, 실학이 철학적으로 우리의 현실적 조건을 고려한 진화의 담론이었는지를 검토한다. 먼저 실학의 이론적 구조를 비판적으로 분석하고, 이론의 변화 방향이 현실적으로 우리에게 무엇을 시사하는지를 재점검한다. 우리의 경험을 넘어선 철학적 도약은 제아무리 매력적이라 해도 우리의 것일 수 없다. 정작 이러한 현실성은 실학이 추구하려 했던 것이기도 하기 때문이다. 그 결과 우리는 기존의 실학 연구와는 전혀 다른 차원의 철학적 함의를 만나게 될 것이다.

이러한 새로운 해명에 핵심적 계기를 제공한 것은 레이코프와 존슨(G. Lakoff and M. Johnson)의 주도로 출발한 '체험주의'(experientialism)라는 새로운 철학적 시각이다. 체험주의는 제2세대 인지과학의 경험과학적 탐구 성과에 기초를 두고 모든 철학 이론의 '신체화된 해명'을 시도한다. 이러한 새로운 시각은 실용주의적 유학으로 가려 했던 실학이 무엇 때문에 암초에 부딪히게 되었는지를 명료하게 잘 설명해 준다. 체험주의는 우리의 모든 경험이 '신체화되어'(embodied) 있다고 주장한다. 우리의 경험은 신체적·물리적 층위로부터 정신적·초월적 층위로 확장해 가는데, 이 확장은 신체적·물리적 층위의 경험에 의해 강력하게 제약되어 있다는 것이다.

체험주의에 따르면, 진리, 옳음, 선 등의 단일한 기준으로 설정된 초월적 존재들은 모두 '몸'의 층위에서 확장된 정신활동의 결과물이다. 실학이 표방했던 경험과학적 지식에 대한 신뢰와 실용성의 강조는 철학적 진화임에 분명하지만, 다른 한편으로 이론의 중심부에 핵심 소재로 자리하고 있는 초월적 존재들은 그 진화의 발목을 잡고 있다. 유형원과 이익은 초월자 '리'를, 정약용과 최한기는 '상제'와 '운화기'를 가정하여 모든 합리성의 원천으로 이해했지만, 인간의 인지적 조건에 따르면 그것들은 객관성을 확보할 길 없는 '관념의 산물'일 뿐이다. 실학은 실용 학문임을 자임했지만, 모든 존재와 가치의 귀착점으로 초월적 존재를 가정했다는 점에서 우리의 본래적 조건을 인식하지 못한 한계를 갖는다. 그것은 실학이 성취했던 근세지향성, 경세치용의 실용성, 수기치인의 실천성 등 과감했던 실용주의적 도약이 초월적 실체의 가정으로 이론적 난관에 부딪히고 말았음을 의미한다.

이 책은 유형원, 이익, 정약용, 최한기의 실학 이론을 분석한 박사학위 논문을 기본 골격으로 하고 있으며, 정약용과 최한기 철학의 구조적 본성을 은유 분석을 통해 좀 더 구체적으로 해명한 두 편의 논문을 제4장과 제6장에 추가적으로 실었다. 이 글들의 공통점은 제2세대 인지과학의 발견에 의존한 '체험주의'라는 철학적 시각을 주된 관점으로 삼고 있다는 점이다. 총 8장으로 구성되어 있으며, 여기에 실린 각각의 논문들은 이 책의 체제에 맞게 다소 수정했다.

서장에서는 조선 후기 실학을 '실학實學'이라 부를 수 있는지에 대해 의문을 제기하고, 그것을 경험적으로 해명하기 위해 이 연구가 의존하고 있는 탐구의 새로운 유형인 '체험주의'를 소개했다. 철학 이론은 경험적 사실을 넘어서 확장되지만, 경험적 조건 혹은 지식들에 반하는 이론적 확장은 단연코 우리의 것일 수 없다. 실학은 초월의 영역에 모든 존재와 인식, 가치의 객관적 기준을 가정한다. 실학이 강하게 주장하는 객관주의적 지향은 우리의 경험적 본성과 어긋나는 사변적 관점의 한 유형일 뿐이다. 객관성이라는 것은 절대적이고 확정적인 그 어떤 것이 아니라, '맥락적 가치'에 의해 정의되는 것임을 상기시킬 필요가 있다. 결국 실학의 객관주의에 대한 지향은 '원하는 것'에 대한 추구이며, 우리 삶의 전 영역을 도덕적 절대의 통제 속에 가둔다는 점에서 절대주의적 위험성을 내포한다.

체험주의는 '신체화된 이해'를 바탕으로 해서 인간이 어떻게 세계를 경험하고 인식하며, 어떻게 우리의 관념들이 생겨나며, 왜 우리가 믿고 있는 것을 믿는지에 대해 유용한 시각을 제공한다. 또 정신적·초월적 시각이 왜 우리의 인지 조건을 고려하지 않은 사변적 관점의 한 유형일 수밖에 없는지, 그리고 그것이 인간을 제약하는 계기로 설정될 때 어떤 왜곡과 위험성을 갖게 되는지 선명히 보여 준다. 이러한 체험주의적 관점을 통해 우리는 조선 후기 실학이 실용주의적 전환에 성공한 듯 보이지만 실은 초월적 존재를 가정함으로써 철학적 진화에 결정적 한계를 갖게 되었음을 발견하게 된다.

제1장에서는 조선 후기 실학의 시조로 불리는 유형원의 철학을, 제2장에서는 실학의 중조로 평가되는 이익의 철학을 해명했다. 구체적으로 유형원과 이익의 실학 중심부에 위치한 '리'가 무엇을 의미하는지, 그리고 그것의 변용이 현실적으로 우리에게 무엇인지를 드러내려는 것이다.

유형원은 '리법일치'의 재규정을 통해 '리'의 법·제도적 현실 적용을 시도했다. 이는 정주 리학의 도덕적 권고를 넘어선 실용학으로의 과감한 전환으로, 실제적 효용을 겨냥한, 현실 문제에 대한 적극적 대응을 의미한다. 이익은 '사실의 세계'와 '가치의 세계'에 다른 기준을 적용하는 이원적 구도를 보여 준다. 그는 '사실의 세계'에는 관찰과 검증의 과학적 방법을 적극 수용하여 실증적 합리성을 확보하면서도, '가치의 세계'에는 '리'에 보편적·절대적 권위를 부여했다. '경세'의 측면에서는 박학에 토대를 둔 실증적 태도를 표방하여 맥락의존적 가치를 중시하면서도, '수기'의 측면에서는 그 자체로 순수한 도덕적 본체로서의 '리'를 가정함으로써 형이상학적 도덕주의를 견지했다. 특히 '도심은 공公, 인심은 사私'라는 그의 이분법적 규정은 인간의 사적 영역에 대한 공적 효율성의 편향을 의미한다.

유형원과 이익은 초월의 '리'를 여전히 세계와 인간의 본체로 해석함으로써 성리학과의 거리를 좁히지 못했지만, '리법일치'라는 재규정과 '리는 공적인 것'이라는 재해석을 통해 보다 적극적으로 리의 현실적 적용을 시도했다. 유형원에게 리는 법法이라는 현실적 규범으로, 이익에게 리는 그 자체로 발發하는 역동적 힘을 가진 보편 법칙으로 재해석되면서 사적 영역에 대한 제약이 강화되었다. 그럼에도 불구하고 우리에게 의미 있는 철학적 진전은, 이익이 사실의 세계에 실증적 검증에 근거한 경험과학적 시각을 도입했다는 점이다. 이는 유형원 철학에서 보이지 않았던 자연주의적 시각의 확장을 의미한다.

제3장과 제4장은 실학의 집대성자로 알려진 정약용의 도덕 이론에 초점을 맞추어 그의 실학적 구조를 경험적으로 해명했다. 그것은 구체적으로 정약용 철학의 핵심부를 이루는 초월적 구조와 그 본성에 대한 탐색으로 규정될 수 있다.

제3장에서는 정약용의 실학이 초월의 존재로서의 상제를 가정함으로써 인간의 삶 전반을 도덕적으로 제약하고 있음을 보였다. 정약용은 도덕원리주의와 무형·무위의 관념적 태도를 비판하면서 유형·작위의 실천적인 '행사'의 철학을 강조했다. 그러나 다른 한편으로 그는 자신의 철학 심장부에다 모든 사물을 조화造化하고 재제宰制하며 안양安養하는 무형의 존재인 근원자로서의 '상제'를, 그리고 인간의 마음(心)에다 상제와 소통할 도덕적 계기인 '영명성'·'도심'을 설정함으로써 도덕의 선천적 토대를 구축했다. 그의 상제는 보이지 않지만 시시각각 나를 감시하는 존재이다. 우리는 상제의 시선으로부터 결코 자유로울 수 없다. 상제의 시선은 우리의 내면에도 깊숙이 침투해 있어서, 내가 무엇을 욕망하는지를 상제는 낱낱이 알고 있다. 우리가 계신공구하며 스스로의 행위를 제약하는 까닭은 늘 상제의 시선을 의식하기 때문이다. 이러한 정약용의 입장은 결국 상제를 가정, 우리의 은밀한 사적 영역에서부터 공적 영역에까지 전 범위를 제약하고 있는 것이다. 이렇게 보면 정약용이 요구하는 수신은 자발적 수양을 강조하는 성리학적 요구와 달리 '타율적' 요소가 강하다.

제4장에서는 정약용 철학 구조의 경험적 본성을 드러내기 위해 은유 분석을 시도했다. 그 결과 정약용 철학은 상제를 표상하는 '엄격한 아버지' 은유를 중심으로 구조화된 '은유적 구성물'임이 드러났다. 사유의 확장은 동일한 방향을 향해 있지 않으며, 사회적·문화적 요구에 따라 얼마든지 다양한 철학적 구조의 변이를 가질 수 있다. 몸의 욕구에서 비롯된 '기질성-인심'을 통제하고 상제의 명령을 수행하는 '영명성-도심'을 선택적으로 강조하는 정약용의 도덕 이론이 '환경과 몸에 강하게 제약된' 은유적 활동의 산물이라 한다면, 이는 정약용의 철학적 추론에 '특정 의

도'가 개입되어 있음을 의미한다. 그것이 함축하는 것은 정약용 도덕 이론의 중심축을 이루는 상제, 영명성, 도심이 '그 자체로 존재하는' 순수 개념이 아니라는 사실이다. 이 점을 고려하면 상제, 영명성, 도심은 우리를 제약할 보편적 법칙이나 원리가 될 수 없음을 깨닫게 된다. 이러한 규명은 정약용 철학에서 무위의 초월자 '리'가 도덕 실천의 추동력을 행사하는 유위의 초월자 '상제'로 바뀌었음이 드러난다. 상제는 리보다 훨씬 섬세하고 치밀하게 우리를 도덕적으로 규율하는 존재이다.

그렇다면 우리는 무형의 존재를 어떻게 인식할 수 있는가? 신체적·물리적 경험이 초월적·정신적 경험의 발생적 원천이라는 체험주의적 가정을 받아들이면, 그토록 준엄한 상제는 물리적으로 경험되지 않는, 그래서 우리의 세계를 넘어선 초월적 존재이다. 정약용은 도덕 이론의 중심을 상상된 영역 쪽에 둠으로써 우리의 영역을 감시하고, 또 내부에 영명성, 도심을 설정함으로써 스스로를 규제하도록 했다. 이렇듯 정약용의 기획은 그러한 초월의 존재를 합리성의 원천으로 삼고 정당성을 확보하려 한다는 점에서 성리학과의 거리두기에 성공하지 못했다.

제5장과 제6장은 실학과 개화사상의 가교자로 평가되는 최한기 기학의 구조를 경험적으로 해명했다. 제5장에서는 최한기의 기학이 부분적으로 경험주의적이기는 하지만 궁극적 준거로 운화기를 설정하여 '초월 영역으로의 수렴'을 시도한다는 점에서 여전히 초월적이며, '일통一統'에의 강한 지향을 보인다는 점에서 객관주의적임을 해명했다. 제6장에서는 최한기 기학의 지향점과 그 속성을 파악하기 위해 은유 분석을 시도했다. 그 결과 최한기의 기학은 운화기를 준적으로 한 일통의 객관주의를 실현하려는 이론으로서, '통섭'이라는 상위 은유를 중심으로 여러 통속 이론과

은유들이 결합된 사유의 산물임을 고찰했다.

최한기는 과학적 탐구에 대한 신뢰를 바탕으로 경험 영역으로부터 추상 영역을 추측해 가는 상향 방식의 시각을 제안함으로써 기존의 비현실적인 초월 전통의 무형 학문들을 반박했다. 그는 당시까지 진리의 준거로 대접받았던 성인의 경전을 궁리의 결과물로 간주했으며, 수량화된 경험적 증거들을 토대로 '추측' 활동을 통해 자연의 법칙성을 발견하려 했다. 그의 이러한 학문적 접근은 신체적·물리적 층위로부터 인과적 근원을 추측해 내려는 탐색이라는 점에서 자연과학적 성찰로 평가될 수 있다.

그러나 최한기는 유·무형의 최종 준적으로 '운화기'를 설정, 모든 존재와 인식, 가치의 일통을 꿈꾼다. 최한기의 철학은 '본질' 통속 이론을 기초로 만물의 뿌리에 공통된 본질로서의 운화기가 있음을 가정했다. 심장부에 위치한 이 운화기는 '최고 범주' 통속 이론을 토대로 구성된 위계적 구조의 중심축이 되는 것이다. 기학에서 운화기는 '통섭' 은유를 이끄는 핵심적 실체로서, 모든 사물을 구성하는 '질료인'이면서 만물 변화의 일차적 근원인 '작용인'이며, 동시에 인간의 선 실현을 위한 '목적인'으로 가정된다. 최한기에게 운화기는 신체적·물리적 경험을 근거로 추측된 유형의 것으로 이해되었지만, 인지적으로 경험되지 않는 은유적 확장의 산물이라는 점에서 '상상된 보편'으로 명명될 수 있다. 은유적으로 확장된 개념에는 '절대성이란 있을 수 없다'. 다양한 경험 영역에서 상상된 보편으로의 통합이 의미하는 것은 인간 삶에서 드러나는 개별성, 상대성, 비법칙성에 대한 배타적 억압이며, 이것은 운화기에 승순하지 않으면 '악惡'으로 간주하고 마는 강력한 객관주의적 위험성을 내포한다. 이상의 고찰을 통해 얻을 수 있는 기학의 양상은 경험적 탐구 양식과 초월적 보편이 공존하는 이중적인 모습이다.

종장은 유학의 미래를 위해 어떤 선택을 해야 하는지를 되짚어 본다. 우선 앞에서 다룬 글을 토대로 실학의 비경험적 구도를 정리하고, 다음으로 성리학과 구분된 실학의 자연주의적 성과들을 밝혔다. 실학의 비경험적 구도를 그대로 둔 채 유학의 부활을 꿈꿀 수는 없다. 그것은 유학의 쇠퇴와도 깊이 맞물려 있을 뿐만 아니라, 언제든 반박될 수밖에 없기 때문이다. 실학의 초월적 구조에 내재된 비경험적·비객관적 속성, 그리고 극도의 배타성은 객관주의적 위험성을 함축한다. 유학적 가치를 복원하기 위한 우리의 선택은 경험적으로 안정된 탈초월적인 정당화의 방식으로 유학을 재구성하는 일 뿐이다. 실학은 공리공론의 학문들을 배척하는 것으로 시작했지만, 다른 한편으로 이론의 심장부에 역동성을 갖춘 초월적 존재를 가정함으로써 관념적 담론을 유지했다. 표면적으로는 '리'를 가정한 유형원이나 이익에 비해 '상제'와 '운화기'로 초월자를 바꾼 정약용, 최한기의 철학이 전혀 다른 양상으로 보일 수도 있지만, 그들 모두는 초월자를 모든 존재와 가치의 근원으로 가정하고 있다는 점에서 초월적 구도에서 벗어나지 못했다. 결과적으로 이러한 실학의 비경험적 구도야말로 그들이 넘어서고자 했던 성리학과 큰 구분점을 갖지 못하게 된 결정적 이유이다.

그러나 다른 한편으로, 조선 후기 실학은 자연주의적 사유방식으로의 진화를 보여 준다는 점에서 철학사적으로 중요한 의의를 갖는다. 유형원은 리를 법적·제도적 준거로 해석함으로써 현실 문제를 능동적으로 해결할 실질적 계기를 마련했다. 현상으로부터 존재의 근거를 확보하려 한다는 점에서 그의 철학은 경험적 탐구의 지평을 마련하는 데 중요한 계기를 제공했다. 이익은 맥락의존적 가치관과 경험·실증에 근거한 검증적 학문 태도를 표방했다. 그의 철학은 정주학에 대한 교조적 신봉을 비판하면서 끊임없이 '의심할 것'과 '박학'에 토대를 둔 개방적 학문을 지향하였으며, 통관점적 시각을 견지했다. 이 점은 성리학과 구별되는 자연주의적 사유의 일면이라 평가될 수 있을 것이다. 또 정약용은 도덕 실천의 우선성과 몸을 도덕의 중심축으로 복권시켰다. '이미 드러난 자취'를 통해 '그렇게 된 까닭'에 도달할 수 있다는 그의 담론은 경험적 통찰의 계기를 마련한 것이었다. 최한기는 과학적 신뢰에 토대를 둔 물리적 세계로부터 추상적 세계로 추측해 가는 '상향적 접근'의 관점을 제안했다는 점에서 인간의 지각 조건을 자각한 중요한 자연주의적 사유의 진화를 보여 주었다. 이러한 논의들은 '하향적 접근'을 추구하는 성리학적 사유와의 현저한 구분점을 가지며, 자연주의적 정당화의 방식으로 실학을 재구성하는 중요한 계기가 될 수 있다.

형이상학을 벗어나지 못한 실학은 끝내 온전한 실용주의적 전환을 이루지는 못했지만, 그들이 신뢰했던 경험과학적 지식의 확장은 철학사의 물줄기를 바꾸는 데 결정적 역할을 해 냈다. 이러한 실학자들의 사유의 전환은 사물에 대한 인식체계의 전환을 의미한다. 실학의 초월 / 경험 영역의 혼재는 분명 실용적 합리성 추구를 저해하는 걸림돌이었지만, 그럼에도 불구하고 실학의 방향은 자명해 보인다. 그것은 분명 '초월에서 초월로'의 방향이 아니라, '초월에서 경험으로'의 전환을 시도하고 있기 때문이다.

이 책은 여러 가지 의미에서 부족한 책이다. 실학의 복합적 구조와 함의를 파악하는 데 오랜 시간이 걸렸음에도 여전히 미진함을 인정하지 않을 수 없으며, 방법론으로 도입한 체험주의에 대한 이해 역시 제한적일 수밖에 없기 때문이다. 책으로 구성하는 과정에서 필자 스스로에게 느낀 학문적 부족감과 그에 대한 실망감, 그리고 수많은 좌절은 이루 표현할 수 없을 정도였다. 다만, 두렵고 떨리는 마음으로 내놓는 이 책이 학문적 성장의 토대가 될 수 있을 것이라고 스스로 위안 삼을 따름이다.

이 책이 완성되기까지 많은 가르침과 격려를 아끼지 않으신 최대우 교수님, 체험주의의 철학적 시각을 열어 주신 노양진 교수님께 특별한 감사를 올리고 싶다. 미진한 원고를 읽고 중요한 제안들을 해 주시고 아울러 크고 작은 문제를 바로잡아 주신 이향준 선생님, 주선희 선생님, 그 외 전남대 철학과의 여러 선생님들께도 깊이 감사드린다. 그리고 이 책은 나의 오랜 벗 이원형의 끊임없는 위로와 격려로 만들어졌다고 해도 과언이 아니다. 그에게 갖는 고마운 마음은 형언할 수 없다. 마지막으로 어려운 출판 사정에도 불구하고 흔쾌히 출판을 맡아 주신 예문서원의 오정혜 사장님과 부족한 원고를 꼼꼼히 교정해 주신 김병훈 선생님께 특별한 감사를 드린다.

차례

서장: 실학의 문제와 체험주의

1. 실학 해석의 대립된 두 시선

우리는 조선 후기 실학을 '실학實學'이라 부를 수 있는가? 잘 알려져 있는 것처럼 실학은 조선 후기 성리학 중심의 논의에 전방위적으로 문제를 제기하고 나섰던 새로운 유학적 경향임에 분명하다. 실학은 우리 시대에도 여전히 유효한 자연주의적(naturalistic) 지향을 담고 있음에도 불구하고 크게 주목받지 못했으며, 그에 대한 논의 역시 안정적 합의에 도달하지 못한 채 상반된 해석들이 지속적으로 제기되고 있다. 실학 규정에 대한 '성리학적 / 탈성리학적'이라는 기존 연구자들의 상반된 두 시선은 ① 이론 내부에 존재하는 성리학과의 연속적 구조에 집중함으로써 이론의 자연주의적 진화를 포착하지 못하거나, ② 주기적 · 경험적 성격의 독자적 사유체계로 규정하려다 모습만 바꾼 채 여전히 존재하는 초월적 구도를 간과하고 편향된 결론을 도출해 왔기 때문이다. 이들의 엇갈린 주장은 구체적으로 실학 자체에 내재된 초월 / 경험, 사실 / 가치의 이론적 혼재, 즉 화해되기 어려운 복합적 구도 때문으로 보인다. 이러한 사실은 실학을 '성리학적'이거나 혹은 '탈성리학적'인 것으로 단순하게 규정할 수 없음을 의미한다.

성리학과의 관계를 두고 크게 두 입장으로 대별되는 실학적 관점은 표면적으로 대립된 주장들로 보이지만, 그들에게서 반복적으로 제시되는 실학적 특성은 대략 네 가지로 정리된다. ① 주체적 · 자각적 · 민족적 특성, ② 근세지향성, ③ 경세치용적 실용성, ④ 수기치인의 실천성이 그것이다. 이렇듯 실학적 지향에 대한 공통된 견해에도 불구하고, 왜 실학 연구자들은 성리학과의 관계에서 연속 / 단절이라는 대립된 결론을 도출할 수밖에 없었을까? '연속'의 관점에서 보려는 입장은 실학을 새로운 형태의 성리학적 전개로 판단하여 유사성 규명에 집중하거나 경세치용에 관한 실학을 적극적으로 조명함으로써 실학이 그동안 현실화되지 못했던 성리학적 논의들을 보완하고 있다고 해석한다.[1] 이와 반대로

1) 연속의 관점을 취하는 연구자로는 한우근, 박종홍, 유승국, 박충석, 이우성, 김용걸, 문중량, 한영우, 한형조 등이 있다. 한우근은 실학을 중국 三代의 학문에서부터 송 · 원대의 정주학을 통틀어 지칭한 것으로 보고, 조선 후기 실학을 '경세치용의 학'으로 규정, 성리학의 보완적 차원에서 이해했으며, 박종홍은 실학이 성리학자들이 강조했던 '성실의 實'에 '경제의 실'을 더하여 그 중요성을 부각시킨 것이라고 보았다. 유승국은 실학이 '이용 · 후생'을 강조함으로써 주자학을 보완하고 있다고 보았으며, 박충석은 실학이 경험적 사고를 매개로 '주자학적 이상주의로부터 실학적 현실주의로' 발전시킨 특징을 지닌다고 주장했다. 이우성은 실학이 성리학을 태반으로 발생한 것이라고 보았으며, 김용걸은 조선 후기 실학은 주자학의 일부를 이루고 있는 것으로, 조선 후기 사상사의 전체적 구조 안에서 명확하게 재정립해야 할 필요가 있다고 제안했다. 문중량은 실학에 전통적 · 주자학적 · 중화주의적 자연인식체계와 근대적 · 기계적 · 경험적 자연인식체계가 혼재되어 있다고 보았다. 한영우는 실학을 성리학에 양명학, 천주교, 도가, 과학기술 등 새로운 사조를 접목, 제도개혁과 실용성을 추구한 학문으로 이해했으며, 한형조는 주리의 계열에서 발전한 것이라고 주장했다. 한우근, 「이조 '실학'의 개념에 대하여」, 『진단학보』 19(1958), 44쪽 참조; 한우근, 「명재 윤증의 '실학'관: 이조실학의 개념 재론」, 『동국사학』 6(1960) 10쪽 및 24~25쪽 참조; 박종홍, 「한국에 있어서의 근대적인 사상의 추이」, 『대동문화연구』 1(1964) 및 『실학논총』(전남대 호남문화연구소, 전남대학교 출판부, 1975), 21~23쪽 참조; 유승국, 『한국의 유교』(세종대왕기념사업회, 1976), 260쪽 참조; 박충석, 『한국정치사상사』(삼영사, 1982), 68~79쪽 참조; 이우성, 「초기 실학과 성리학과의 관계」, 『동방학지』 58(1988), 22쪽 참조; 김용걸, 「한국실학사상의 재검토: 조선 후기 실학사상에 대한 회고와 전망」, 『동양철학연구』 19(1999), 20~21쪽 참조;

'단절'의 관점에서 보려는 입장은, 조선 후기에 등장했던 주체적 · 자각적 특성들과 경험적 · 실증적 학풍에서 보여 주는 근세지향적 측면, 경세학적 성과 등을 부각시킴으로써 실학의 정체성을 찾고 우리의 자주적 사유체계로 확립하려는 의도를 드러낸다.[2)]

문중량, 「실학 속의 자연지식 과학성과 근대성에 대한 시론적 고찰」, 『대동문화연구』 38(2001), 287~88쪽 참조; 한영우 외, 『다시, 실학이란 무엇인가』(한림대학교 한국학연구소 편, 푸른역사, 2007), 7쪽 참조; 한형조, 「主氣 개념의 딜레마, 그리고 實學과의 불화」, 『다산학』 18(2011), 331~32쪽 참조.

2) 단절의 관점을 취하는 연구자로는 천관우, 백낙준, 이을호, 김한식, 지두환, 장승구, 김용헌, 송영배, 송재소, 윤사순, 구만옥, 임형택, 김용흠 등이 있다. 천관우, 장승구는 실증과 실용정신을 강조하는 근세지향적 성격과 경세치용에 대한 학문적 성과, 그리고 고증학, 사장학(문학), 의리학(철학), 경세학 등에 대한 포괄적 학문방식을 성리학과 구분되는 실학의 특성으로 규정했다. 백낙준은 실학을 사회과학적 측면이 강조되는 경세치용학이라고 규정함으로써 성리학과 구분했고, 이을호는 실학을 '수기치인'의 유학적 본령에 충실한 개신유학으로 불렀으며, 김한식은 실학을 '소외 개체의 기능 회복을 위해 주도계층 중심으로 그 사회개체 모두가 추구하는 일련의 논리적 변혁사상'을 규정, 성리학과 구분했다. 지두환은 '성=리'의 부정을 실학의 특성으로 규정했고, 송영배, 김용흠은 실학을 주체적 · 자주적 유학으로 특징지었는데, 특히 송영배는 송명 리학의 형이상학적 구도뿐만 아니라 서학 자체의 지평까지 넘어섬으로써 '중화중심주의적인 문화적 노예의식'으로부터 마침내 자신을 해방시킨 점을 근거로 들었다. 송재소는 성리학과의 변별성에서 실학의 정체성을 찾아야 한다고 제안했고, 윤사순, 김용헌은 실학이 '주기 경향'을 강하게 가지며 '도덕정치의 실제성 추구'로부터 '부국적 위민정치의 실제성 추구'로의 전환을 모색한 학문이라고 보았다. 구만옥은 인간학(道理)과 자연학(物理)을 분리시키는 세계관을 가진 학풍이라고 실학을 특징지었으며, 임형택은 실학이 尙古主義를 표방, 현행의 제도를 부정하고 발본적 개혁의지를 드러냄으로써 종전의 리학이나 심학과 다른 존재 양상을 갖는다고 보았다. 천관우, 「반계 유형원 연구(하): 실학발생에서 본 이조사회의 일단면」, 『역사학보』 3(1952), 134~38쪽 참조; 백낙준, 「실학의 현대적 이해」, 『실학논총』(전남대 호남문화연구소, 전남대학교출판부, 1975), 11~12쪽 참조; 이을호, 「이조후기 개신유학의 경학사상사적 연구」, 『철학』 8(1974); 이을호, 「실학사상의 철학적 측면」, 『한국사상』 13(1975); 김한식, 「정치사상면에서 본 '실학'의 의미규정」, 『한국학보』 6(1980); 김한식, 「정치사상면에서 본 실학과 성리학 간의 상관성 연구」, 『한국정치학회보』 14(1980); 지두환, 「조선 후기 실학 연구의 문제점과 방향」, 『태동고전연구』 3(1987); 장승구, 「실학의 철학적 특성」, 『동양철학연구』 19(1999), 83쪽 참조; 김용헌, 「조선조 유학의 氣論 연구: 성리학적 기론에서 실학적 기론으로의 전환」, 『동양철학연구』 22(2000), 202쪽 및 238~39쪽 참조; 송영배, 「동서문화의 교류와 실학의

연속적 입장은 실학의 성리학과의 접점을 섬세하게 규명했다는 점에서 성공적으로 보인다. 그러나 결정적으로 성리학적 사유체계 안에서만 실학의 정체성을 찾으려 함으로써 그것을 넘어섰던 측면, 즉 실학의 중요한 경험적 성과였던 신체적·물리적 차원의 자연주의적 사유체계를 간과하는 한계를 갖는다. 이 입장은 실학과 성리학과의 거리를 지나치게 밀착시킴으로써 실학이 갖는 현재적 생명력에 대한 통찰을 가리게 된다.

반대로 단절적 입장은 '사실' 층위의 경세적·실용적 사유를 평가하는 데에는 성공적이었지만, 결정적으로 실학의 상층부에 여전히 존재하는 '가치' 층위의 '리'·'상제'·'운화기' 같은 초월적 존재가 경험적으로 어떤 의미를 갖는지에 대한 평가는 보이지 않는다. 그것은 실학 내부의 복합적 성격, 즉 서로 다른 패러다임으로 이해되는 '사실의 영역에 대한 경험적 사유'와 '가치의 영역에 대한 초월적 사유' 가운데 전자에만 과도하게 집중한 까닭으로 보인다. 이는 실학자들이 본래 지향했던 유학의 실용주의적 전환이 무엇 때문에 모호한 모습으로 남아 있게 되었는지에 대한 논의에 취약성을 드러낸다. 이렇게 보면 '연속'과 '단절'을 주장하는 연구자들의 상반된 두 시각은, 성리학과의 유사성에 시선을 고정시킴으로써 실학의 진화된 자연주의적 사유를 미처 보지 못하거나, 실학의 경세적·실용적 사유에 집중한 나머지 모습만 바꾼 채로 여전히 존재하는

현대적 의미」, 『한국 실학과 동아시아 세계』(송영배 외, 경기문화재단, 2004), 20~21쪽 참조; 송재소, 「동아시아 실학 연구가 가야 할 길: 한국의 실학 연구와 관련하여」, 『한국실학연구』 12(2006); 윤사순, 『실학의 철학적 특성』(나남, 2008), 7쪽 참조; 구만옥, 「조선 후기 '자연'인식의 변화와 '실학'」, 『다시, 실학이란 무엇인가』(한영우 외 저, 한림대학교 한국학연구소 편, 푸른역사, 2007), 171~77쪽 및 197~201쪽 참조; 임형택, 「동아시아 실학의 개념정립을 위하여」, 『한국실학연구』 18(2009), 28~37쪽 참조; 김용흠, 「조선 후기 실학과 사회인문학」, 『동방학지』 154(2011).

초월적 구도를 간과하고 말았다. 이러한 실학에 대한 편향된 이해들은 '실용주의적 도약이 어떤 구조적 난점에 부딪혔는지'에 대한 반성적 탐색과 '우리는 어떤 모습으로 유학을 재구성할 수 있는지'에 대한 현실적 논의로 나아가지 못하게 한 결정적 걸림돌로 작용하게 된다.

이와 같은 기존의 논점들을 보완하기 위해 우리에게 필요한 작업은 ① 실학 내부에 존재하는 초월 / 경험, 사실 / 가치의 이분법적 인식체계를 규명하고, ② 유학의 실용주의적 전환에 있어 주된 걸림돌이 무엇이었는지에 대한 한계를 명확히 보여 주며, ③ 성리학과의 차이를 경험적으로 해명함으로써 실학의 실용주의적 성과를 좀 더 선명하게 드러내는 일이다. 우리는 이러한 해명을 통해 '지금 우리에게' 유효한 조선 후기 실학의 실용주의적 전환의 성공적인 모습을 재구성해 낼 수 있을 것이다.

이 책의 핵심적 과제는, 조선 후기 실학이 유학의 실용주의적 전환에 성공한 듯 보이지만 초월의 영역에 모든 존재와 인식, 가치의 절대적 기준을 가정함으로써 초월적 사유에 갇히게 되었음을 보이는 것이다. 이 해명은 구체적으로 조선 후기 실학이 거두었던 경험적 · 실증적 차원의 성과들이 과연 초월의 절대화를 극복한 자연주의적 진화를 의미하는 것이었는지를 반성적으로 검토하는 것이다. 논의의 대상은 '실학의 비조'로 불리는 반계磻溪 유형원柳馨遠(1622~1673), '실학의 중조'로 평가되는 성호星湖 이익李瀷(1681~1763), '실학의 집대성자'로 불리는 다산茶山 정약용丁若鏞(1762~1836), '실학과 개화사상의 가교자'로 평가되는 혜강惠岡 최한기崔漢綺(1803~1879)의 철학적 논의들이 될 것이다.

실학자들은 근세지향성, 경세치용적 실용성, 수기치인의 실천성 강조를 통해 성리학의 비현실성을 넘어서려는 도약을 시도했지만, 다른 한편으로 모든 도덕적 정당화의 근거였던 정신적·추상적 층위의 초월적 실체를 포기하지 않으려 했기 때문에 자신들이 그토록 극복하고자 했던 성리학과의 거리를 충분히 확보하지 못했다. 이처럼 실학은 사실의 세계에는 과학적 실증성을 강조하면서도, 가치의 문제에서는 '초월에 의한 정당화'에 강하게 의존함으로써 성공적인 도약을 이룰 수 없었다. 결국 실학이 표방했던 '공맹유학으로의 회귀'는 초월적 구도에서 온전히 발을 빼지 못한 이유로 요원한 일이 되어 버렸다. 실학이 성취했던 근세지향성, 경세치용의 실용성, 수기치인의 실천성 등 과감했던 자연주의적 도약은 결코 공존할 수 없는 초월적 실체에다 합리성의 근거를 둠으로써 마침내 이론적 암초에 부딪히고 만 것이다. 이로부터 우리는 조선 후기에 새롭게 등장했던 실학이 철학적 진화에 결정적 한계를 갖고 있음을 깨닫게 된다. 또한 이전 성리학과 구분되는 조선 후기 실학의 독자적인 성격을 '경세적 차원으로의 진화'라는 제한적 규정만이 가능함을 인정할 수 있게 된다.

2. 객관주의와 경험적 본성

1) 객관주의에 대한 열망

우리는 왜 '확실하고도 명료한 기준'을 원하는가? 예측 불가능한 변화들과 우연성, 그리고 대립적 상황들과 지속적으로 맞닥뜨려야 하는 인간은 한없이 나약하고 불완전한 존재이다. 그럼에도 불구하고 인간의 욕구는 제한된 자원에 대한 생존적 성취에 만족하지 않는다. 인간은 생존적 욕구가 충족되었을 때조차도 타인은 물론 자신에게까지 끝없는 공격성을 드러낸다. 상대적 가치들의 충돌로 인해 맛보아야 하는 불일치의 경험들, 우리는 그것들을 정리해 줄 단일한 기준을 열망하게 된다. 불편한 상황을 깔끔하게 정리해 줄, 그리고 우리 자신을 정당화해 줄 '객관적 기준'은 인간에게는 꽤 매혹적인 유혹이다.

조선 후기 실학은 이론의 중심부에 리·상제·운화기 등의 객관적 기준을 가정한다. 실학자들에게 리·상제·운화기는 도덕의 원천이자 경험적·물리적 성과를 정당화해 줄 궁극적 목적으로 이해된다. 또한 그것들은 현상에서, 혹은 내면에서 발견될 수 있는 것이라고 가정된다. 이렇듯 실학은 모든 시대와 상황을 관통하는 항구적 보편 원리로 리·상제·운화기 등의 초월적 존재를 상정한다는 점에서 객관주의(objectivism)[3]에 대한 지향을 갖는다.

그러나 지각되지 않는 것이 어떻게 우리에게 알려질 수 있는가? 초월적으로, 그리고 그 자체로 존재하는 그것이 어떻게 우리의 도덕적 목적과 합리성의 원천이 될 수 있는가? 또 우리는 어떻게 그것에 대해 '동일한' 지식을 가질 수 있는가? 도덕적 목적은 어떻게 사회적 맥락, 신체적 욕망과 상관없이 '그 자체로' 존재할 수 있는가? 인간의 사유는 여러 차

3) 번스타인(R. Bernstein)은 '객관주의'(objectivism)를 "합리성이나 인식, 진리, 실재, 선, 옳음 등의 본성을 결정하는 데 궁극적으로 호소할 수 있는 영원하고 초역사적인 어떤 기반이나 구조 틀이 존재하며 존재해야 한다는 기본적인 확신"이라고 규정한다. 리처드 번스타인, 『객관주의와 상대주의를 넘어서』(정창호 외 역, 보광재, 1996), 25쪽.

원의 경험적 지반과 몸의 욕구들에 따라 각기 다른 모습으로 끝없이 확장되어 간다. 인간의 다양한 차원의 관심과 주체할 수 없는 다각적 욕망들은 지속적으로 다른 사유를 양산할 수밖에 없는 현상적 조건들에 놓여 있다. 이러한 인간의 조건에 대한 성찰은, 물리적 영역 너머에 있는 리·상제·운화기를 각기 상상할 수는 있어도 같은 내용의 리·상제·운화기를 인식할 방법이 없음을 깨닫게 해 준다. 이 점에서 인간의 '객관적 기준'에 대한 추구는 안타깝게도 지금 우리의 지각조건이 고려되지 않은, 단지 안정을 바라는 열망의 산물일 뿐이다.

이제 우리는 '객관적 기준'에 대한 믿음이 무엇에 대한 혼동으로부터 비롯된 것인지를 인간의 물리적 조건을 고려한 경험적 시각에서 진지하게 검토할 필요가 있다. 이를 통해 현상에서, 혹은 내면에서 발견될 수 있는 것이라고 가정되는 리·상제·운화기의 본성을 경험적으로 재검토할 수 있을 것이다.

2) '원하는 것'에 대한 추구

다양한 차원에서 발생하는 인간의 관심과 욕구들, 다원화된 사회에서 개인들이 갖는 각기 다른 욕망들을 충족시킬 수 있는 '좋음에 대한 단일한 기준'의 추구는 안타깝게도 안정을 바라는 우리의 열망일 뿐이며 성취될 수 없는 꿈에 불과하다. 도덕적 진리 혹은 자유, 사랑 등의 추상적 개념들은 사회적·정치적 지향에 따라, 그리고 경험 방식의 층위에 따라 끊임없이 변화할 수밖에 없기 때문이다. 우리는 하루에도 몇 번씩 상충하는 좋음, 가치, 목표, 이상들의 다양성에 마주치지만, 그것들을 서열화

할 수 있는 그 어떤 단일한 원리도, 유일한 해답도 갖고 있지 않다. 사람 수만큼이나 다양한 가치가 공존하는 다원화된 사회에서 모든 상황을 정당화해 줄 '객관적 관점'이란 분란 없는 통일처럼 무척이나 매력적인 것이지만, 그것은 안타깝게도 요청에 따른 상상적 산물일 뿐이다.

객관주의는 확실성의 탐구를 중심 과제로 삼고, 모든 시대의 사회적·정치적 맥락을 관통하는 합리적 원리를 가정한다. 그것은 우리 삶의 다차원적 관점이나 가치의 다양성 등이 보편적 기준에 의해 통합될 수 있다고 확신한다. 객관주의는 그러한 보편적 기준이 선험이나 초월의 영역에 '그 자체로' 존재하며, 우연적인 세계에 아무런 영향을 받지 않는다고 '믿는다'.

그러나 객관주의가 간과한 것은 역사적 변화와 도덕적 지식의 성장, 그리고 지속적인 세계와의 상호작용을 통한 이해의 변형이다. 우리는 우리의 사유가 철저히 특정한 사회적·정치적 구조와 맥락에 기반을 두며, 그것에 따른 합리성을 추구하고 있음을 상기해 볼 필요가 있다. 그런 점에서 객관성이란 정확한 이해에 기반을 둔 일의적 개념이 아니라, '맥락적 가치'에 의해 정의되는 것임을 깨닫게 된다. 특정한 문제 상황에 대한 도덕적 평가는 '그 자체로' 존재하는 원리를 추론하는 문제가 아니라, 좀 더 큰 사회적·정치적 구조, 그리고 맥락과의 관련성을 탐색하고 그 의미를 상상하며 판단하는 일이다. 이에 대한 고려는 하나의 도덕적 문제에 대해 다수의 추론적 구조가 존재할 수 있으며, 그에 따른 다양한 도덕적 귀결이 존재할 수 있음을 의미한다. 우리는 이를 통해 우리에게 강요되는 특정한 도덕법칙들이 전 인류가 받아들여야 할 규범이 아니라, 특정 사회의 집단적 경험에 의해 구축된 특정 프레임의 산물임을 깨닫게 된다. 그런 점에서 객관주의가 말하는 절대적 객관성은 '우리가 원하는 것'일 뿐, '우리의 것'이 아니다.[4)]

3) 객관주의의 위험성

객관주의는 공공의 영역에 대한 부분적 설명력을 가질 수 있다. 그것은 인간이 경험적으로 공유하는 차원에 한해 보편의 원리를 적용할 수 있음을 의미한다. 체험주의의 형성에 주도적 역할을 하고 있는 존슨(M. Johnson)의 이해에 따르면, 도덕적 개념을 포함한 우리의 모든 일상적 개념들은 '원형적(prototypical) 구조'를 갖는다.[5)] 예컨대, 우리는 '새'를 이해할 때 그 범주의 가장 '원형적 구성원'인 참새를 식별함으로써 정의하려는 경향을 가지며, 나아가 원형적 구성원들과는 다양한 방식으로 다른 여타의 '비원형적 구성원'들인 타조, 펭귄, 닭을 인식한다.

같은 맥락에서, 원형적 범주의 중심부에 해당하는 도덕성은 정상적인 사고를 하는 사람이라면 그 누구도 부정할 수 없을 정도의 '절대성'을 갖는다. 살인, 도둑질 등 타인에 대한 해악에 해당되는 명백한 원형

---

4) '우리가 원하는 것'과 '우리의 것'의 구분은 노양진의 견해를 따른 것이다. 노양진은 검증을 통해 확보할 수 있는 안정적 지식을 배제하고 세계·존재·선·진리·옳음 등의 철학적 문제들을 하나의 기준에 의한 하나의 이론으로 설명하려는 것은 '우리가 원하는 것'에 대한 '열망'일 뿐이라고 지적한다. '열망'을 표출하는 이론은 '우리의 것'과 '우리가 원하는 것'의 혼동을 초래하며, 그 본성을 넘어서서 하나의 독단으로 자리 잡고 나아가 그것이 우리 자신과 세계를 기술하는 이론을 자임하게 되면서부터 오히려 우리 자신을 왜곡하고 억압하게 된다. 노양진, 『몸·언어·철학』(서광사, 2009), 231쪽 및 331~32쪽 참조.

5) 존슨은 로쉬(E. Rosch)의 원형 이론을 중요한 발견으로 간주하여, 그것을 도덕적 개념에 적용하고 있다. 마크 존슨, 『도덕적 상상력: 체험주의 윤리학의 새로운 도전』(노양진 옮김, 서광사, 2008), 41쪽 참조.

적 사례들은 그 누구도 부정할 수 없는 무조건적이고 강제적인 도덕법칙의 적용을 요구한다. 이러한 사례들은 도덕성에 있어 매우 안정적인 부분의 것으로, 칸트의 정언명령과 같은 절대적 관점이 매우 적절히 적용될 수 있는 것들이다. 그러나 사실 우리가 쉽게 판단할 수 없는 도덕적 문제들은 대부분 비원형적 차원의 사안들이다. 우리는 도덕, 옳음, 진리, 정의에 대한 비원형적 차원의 문제에 직면하게 되면 '오류주의'(fallibilism)를 포함한 더 나은 선택을 찾을 수 있을 뿐, 도덕적 확실성을 지닌 절대적 법칙을 적용할 수 없다.

객관주의는 비원형적 구조에도 마치 절대적 도덕 원리가 있는 것처럼 초월적·선험적 준거를 들어서 도덕적 추론을 일반화한다. 도덕적 객관주의는 원형적 구조에서 비교적 안정적인 층위에 해당하는, '금지의 영역'에만 적용 가능한 불변의 절대적 도덕 원리를 비원형적 구조에 해당하는 '권고의 영역'에까지 전면적으로 확장하여 규범화함으로써 '반드시 실천해야만 하는' 도덕적 의무처럼 받아들이도록 주입한다. 도덕적 의무의 불이행은 스스로의 죄책감과 외부로부터의 비난을 감당해야 한다. 이렇게 보면 도덕적 객관주의의 결정적 오류는 '금지의 도덕'과 '권고의 도덕'을 혼동한 데 있는 것으로 보인다.[6] 질서와 안정을 향한 우리의 열망이 결국은 명백한 원형적 사례들에만 적용될 수 있는

---

6) '금지의 도덕 / 권고의 도덕'의 가르기는 노양진의 「도덕의 영역들」이라는 논문의 도덕적 구분을 따른 것이다. 노양진은 보편적 도덕 원리를 추구하는 절대주의적 도덕 이론의 난점을 드러내기 위해 본성상 매우 다른 층위의 도덕을 '금지의 도덕'과 '권고의 도덕'으로 구분한다. 그의 구분에 따르면, 금지의 도덕은 전형적으로 "~하지 않아야(해야) 한다"라는 형태를 띤 것으로 '규범적 강제성'을 수반하는 반면, 권고의 도덕은 더 나은 인간의 삶을 위한 다양한 이상들을 제시한다. 노양진, 「도덕의 영역들」, 『범한철학』 47(2007) 참조.

절대적인 도덕성을 비원형적 차원에까지 확장하여 절대적 통제를 감행하게 되는 것이다. 결과적으로 도덕적 객관주의의 '금지의 영역/권고의 영역'에 대한 혼동은 우리 삶의 전 영역을 도덕적 절대의 통제 속에 가두고 만다.

이러한 객관주의의 오류는 인간의 인지적 조건에 대한 그릇된 이해에서 비롯된 것으로 보인다. 우리의 현재와 같은 두뇌와 몸으로는 똑같은 내용의 초월적 이성, 순수한 선험에 접근할 방법이 없다. 설령 초월적 이성, 순수한 선험과 같은 객관적 본질이 있다고 해도 우리는 그것을 식별할 수 있는 인지적 조건을 갖추지 못했기 때문이다. 매번 낯선 도덕적 문제를 판단할 때 우리의 안정된 토대는 인간으로서의 공유된 신체적 지반이지, 선험·초월의 영역이 아니라는 점을 좀 더 진지하게 고려해야 할 필요가 있다. 우리는 각자의 경험에 비추어 순수한 선험, 초월적 이성을 상상할 수 있지만, 그것들의 객관성을 입증할 그 어떤 방법도 갖고 있지 않다. 오히려 도덕적 객관성은 사유의 결과로 도출되는 순수한 선험, 초월적 이성의 영역이 아니라, 몸의 작동 방식에 기반을 둔 '종적 공공성'에서 적절하게 탐색될 수 있을 것이다.

우리가 직면하는 도덕적인 문제는 대부분 비원형적 차원의 것들이며, 그런 점에서 도덕적 추론은 법칙을 발견하는 일이 아니라 모든 경험적 증거들을 최대한 확보하고 또 발생할 수 있는 여러 상황들을 예측해 보는 일이다. 지나친 욕망이 어떤 불행한 결과를 초래할 것인지, 타인의 자유를 침해하지 않는 선에서 나는 그들과 어떻게 조화를 이루어 낼 수 있는지, 어떻게 우리의 행위를 도덕적으로 고양시킬 수 있는지 등을 탐색하기 위해 우리는 종적 공공성에 토대를 두고 도덕적 상상력을 통해 적극적으로 추론해 나갈 수밖에 없다. 그런 점에서 우리의 상상적 추론은 도덕적 이해에 있어 필수조건인 것이다.

이상의 논의를 통해 우리는 객관주의가 '우리의 것 / 우리가 원하는 것' 그리고 '금지의 도덕 / 권고의 도덕'의 구분을 혼동하고 있으며, 결정적으로 절대주의적 위험성을 함축하고 있다는 점을 추론할 수 있게 된다. 조선 후기 실학 역시 이러한 혼동과 위험성으로부터 자유롭지 못하다. 실학의 중심부에는 리 · 상제 · 운화기 등의 객관적 원리가 자리 잡고 있고, 그것들은 모든 존재와 인식, 가치를 정당화하는 궁극적 원천으로 이해되고 있기 때문이다. 이제 이러한 주장이 좀 더 설득력을 얻을 수 있도록 우리의 신체적 조건이 반영된 경험적 탐색을 시도할 필요가 있다.

이 책이 주된 관점으로 의존하고 있는 '체험주의'(experientialism)는 신체화된 경험의 해명을 통해 정신적 · 초월적 시각이 왜 우리의 인지 조건을 고려하지 않은 사변적 관점의 한 유형일 수밖에 없는지, 그리고 그것이 인간을 제약하는 계기로 설정될 때 어떤 왜곡과 위험성을 갖게 되는지 선명히 보여 준다.[7] 우리는 이러한 체험주의적 관점을 통해 조선 후기 실학의 이론적 본성에 경험적으로 접근할 수 있을 것이다.

---

7) 조선유학에 대한 기존의 체험주의적 접근은 이향준의 연구가 있다. 이향준의 작업은 구체적으로 조선 성리학의 이론적 본성에 대한 '개방적 자연주의'(liberal naturalism)의 해석으로 특징을 수 있다. 이향준은 은유 분석을 통해 성리학 속에 함축된 개념적 구조를 파악하고 담론의 제반 형태들을 재해석한다. 그의 최종적 결론은 몇몇 성리학적 담론들이 은유적 사고의 구성물이라는 것이다. 이러한 이향준의 연구는 성리학에 대한 현대적인 분석 방법론의 한 모형을 제공했다는 점에서, 그리고 자연주의적 해석이 갖는 상대적 장점을 부각시켰다는 점에서 의의를 갖는다. 이향준, 『조선의 유학자들, 켄타우로스를 상상하며 理와 氣를 논하다』(예문서원, 2011), 6~15쪽 참조

3. 체험주의적 읽기

1) 경험적으로 책임 있는 철학

'체험주의'는 1980년대에 레이코프와 존슨(G. Lakoff and M. Johnson)의 주도로 출발한 새로운 철학적 시각이다. 체험주의는 주로 제2세대 인지과학(the 2nd generation cognitive science)의 경험과학적 탐구 성과를 적극적으로 수용함으로써 우리의 진 경험에서 몸의 중심성 회복을 시도한다.[8] 체험주의는 경험적 증거들에 기초하여 인간이 어떻게 세계를 경험하는지, 마음 그리고 추상적・초월적 개념들이 어떻게 신체적 근거를 갖는지, 그것들은 어떻게 은유적으로 형성되는지에 대한 해명을 시도한다. 이러한 해명은 '우리의 조건'과 '세계와의 상호작용 방식'을 토대로 합리성이 왜 초월이 아닌 신체적 근거를 가질 수밖에 없는지, 인간은 왜 그 자체로 도덕적 가치를 지닌 본체적・개별적 자아가 아니라 사회적 패러다임에서 자유로울 수 없는 조건적・상호적 자아일 수밖에 없는지, 우

8) 초기 제1세대 인지과학은 마음의 작용에 대한 법칙적 해명이 가능할 것이라고 보아, 마음이 몸과 무관하게 그 형식적 기능들에 의해 특징지어진다는 엄격한 이원론을 견지했다. 그러나 1970년대에 들어 마음이 은유, 환유(metonymy), 심적 영상(mental imagery), 원형 효과(prototype effect) 등의 기제를 통해 작동한다는 사실이 드러나면서부터 마음의 본성에 대한 시각은 결정적인 변화를 맞게 된다. 이렇게 등장한 제2세대 인지과학은 모든 면에서 신체화된 마음의 인지과학으로 규정될 수 있다. 그 발견들은 의미의 모든 양상에 있어서, 그리고 우리의 사고 구조와 내용에 있어서 우리의 신체화된 이해의 중심적 역할을 밝혀 준다. 마크 존슨, 『마음 속의 몸: 의미, 상상력, 이성의 신체적 근거』(노양진 역, 철학과현실사, 2000); 마크 존슨, 『도덕적 상상력: 체험주의 윤리학의 새로운 도전』; 마크 존슨, 『몸의 의미: 인간 이해의 미학』(김동환・최영호 역, 동문선, 2012); G. 레이코프 & M. 존슨, 『몸의 철학: 신체화된 마음의 서구 사상에 대한 도전』(임지룡 외 역, 박이정, 2002); G. 레이코프 & M. 존슨, 『삶으로서의 은유』 수정판(노양진・나익주 역, 박이정, 2006).

리는 왜 절대적 진리를 포기해야 하는지 등에 대한 경험적 통찰로 규정될 수 있을 것이다. 체험주의가 주목하는 인지과학의 새로운 발견은 다음과 같은 세 가지 논제로 집약된다.

① 마음은 본유적으로 신체화되어 있다.
② 사고는 대부분 무의식적이다.
③ 추상적 개념들은 대체로 은유적이다.[9)]

체험주의의 이러한 기획은 '몸을 마음 안으로 되돌려놓는 것'(putting the body back into the mind)이라는 기치로 요약된다. 체험주의적 논의는 단지 우리 사유의 대부분을 차지하는 몸의 중심적 역할에 대한 강조에서 그치는 것이 아니라, 도덕, 선·악, 미·추와 같은 추상적 개념들이 어떻게 신체적 근거를 갖고 있으며 또 가져야만 하는지를 탐색한다. 또한 초월이나 선험에 근거한 절대적 진리를 추구하는 전통 철학을 부정하고 '신체화된 이해'(embodied understanding)를 바탕으로 '우리가 무엇인지, 그리고 무엇이 될 수 있는지'를 다룬다. 보편적 도덕 원리의 탐구로 특징지어지는 객관주의적 도덕 이론에 대해 체험주의는 근원적인 의문을 제기하며, 새롭게 구성되는 상상력 이론에 근거한 새로운 도덕적 탐구의 가능성과 필요성을 제안한다.

우리는 모든 층위의 경험이 동일하지 않다는 것을 안다. 또한 우리의 모든 일상적 개념들이 획일적이고 동질적으로 구조화되지 않는다는 것도 충분히 인식한다. 그런데도 왜 우리는 '객관의 원리'가 있으며, 그것을

---

9) 레이코프 & 존슨, 『몸의 철학』, 25쪽.

'알 수 있다'고 믿는 것일까? 인지과학의 경험적 증거들은 우리의 추상적인 개념들이 '그 자체로' 순수한 것이 아니라 우리의 '환경과 몸에 강하게 제약된' 상상적 활동임을 선명하게 보여 준다. 또한 우리의 마음 속에서 일어나는 모든 사유들의 핵심적 토대는 '인지적 무의식'(the cognitive unconscious) 속에 내재하는 개념체계들이라고 본다.[10] 그런 점에서 고원한 철학적 성찰을 포함한 모든 이론은 개인적 신념이나 일상적 사고와 마찬가지로 모두 무의식 속의 동일한 개념체계로부터 은유적으로 확장된 사유의 산물들이다. 은유는 우리의 신체화되고 살아진(lived) 경험을 토대로 사물을 이해하여, 추상적 영역을 포함한 새로운 영역으로 사유를 확장해 가는 도구이다. 인간의 '경험'은 단순히 감각적 인상들이 결합한 원자적 경험들의 총합이 아니라, "우리를 인간으로 만들어 주는 모든 것"[11]이다. 따라서 은유 없이는 어떤 철학적 이론도 구성될 수 없다. 이러한 인지과학적 통찰은 우리의 모든 사고가 다음의 다섯 가지 기본 패턴을 토대로 형성된다는 사실을 구체적으로 제시한다.

① 우리는 특정 층위의 경험을 다른 층위들에 비해 훨씬 더 중요하게 인식하는 '기본 층위'(basic level)의 경험을 갖는다.

② 우리의 모든 일상적 개념들은 '원형적 구조'로 형성되는데, 그것은 비교적 안정적인 의미를 확보하는 원형적 부분과 그것을 벗어난 비원형적 부분으로 나뉜다.

---

10) 인지과학자들이 말하는 '인지적 무의식'이라는 개념은 '억압되어 있음'이라는 프로이트적 의미가 아니라, 의식이 접근할 수 없으며 또 너무 빨리 작용하기 때문에 집중할 수 없는 방식으로 인지적 의식 층위 아래에서 작용한다는 뜻을 담고 있다. 레이코프 & 존슨, 『몸의 철학』, 36~41쪽 참조.

11) 존슨, 『마음 속의 몸』, 9쪽.

③ 모든 개념은 관련된 상황의 좀 더 큰 프레임(frame)이나 도식과의 관련 속에서 그 의미를 얻는다.
④ 우리의 이해(understanding)와 합리성(rationality)은 대부분 '은유적 이해', 즉 상상적 구조화(imaginative structuring)와 투사投射(projection)를 통해 구성된다.
⑤ 우리는 '서사'(narrative)를 통해 사물을 경험하는 방식을 구성한다.[12)]

이러한 인지과학적 지식은 상황을 구조화하는 방식들에 제한이 있으며, 따라서 특정한 경우에 대한 도덕적 평가의 폭에도 차이와 제한이 있을 수밖에 없음을 함축한다.

인지과학적 통찰은 인간이 어떻게 세계를 경험하고 인식하며, 어떻게 우리의 관념들이 생겨나며, 왜 우리가 믿고 있는 것을 믿으며, 어떻게 우리 삶의 방향을 계획하는지에 대한 유용한 단초를 제공한다. 따라서 이는 매일 부딪히는 현실과 그것에 대응하는 '몸'이 어떻게 현재의 '나'를 만드는지, 그리고 자기 지식과 타인에 대한 이해의 본질이 구체적으로 무엇이며 우리가 어떤 종류의 존재인지에 대한 경험적 해명으로 규정될 수 있다. 이러한 인지과학의 경험적 발견들은 이해의 상상적 방식을 구체적으로 보여 줌으로써 보편적 도덕 원리를 상정하는 전통적인 도덕 이론이 근본적으로 우리의 인지에 관한 그릇된 가정에 근거하고 있다는 사실을 알려 준다.

인지과학의 이 새로운 발견을 토대로 체험주의는 2천 년 동안 지속되었던 사변적 전통이 끝났으며 철학적 사유는 더 이상 과거와 같은 것이 될 수 없다고 주장한다. 경험적 발견들은 그 자체로 철학 이론을 구성하

12) 존슨, 『도덕적 상상력』, 41~45쪽 참조

지 않는다. 철학 이론은 항상 경험적 사실을 넘어서 확장되기 때문이다. 그러나 적어도 새롭게 제기되는 철학 이론들은 우리 시대에 주어진 경험적 기초 사실들에 근거한 것이어야 하며, 또 그것을 포괄하는 것이어야 한다. 경험적 사실에 반하는 이론들은 확정적으로 반박될 수밖에 없기 때문이다. 이러한 관점에서 체험주의는 미래의 철학적 탐구가 '경험적으로 책임 있는 철학'(empirically responsible philosophy)[13]이 되어야 한다고 제안한다.

2) 신체화된 합리성

객관주의에 따르면, 세계는 인간의 이해로부터 자유로운 독립된 속성을 가지며, 또 다양한 관계를 이루고 있는 대상들로 구성되어 있다. 세계는 인간이 그것에 관해 어떤 신념을 갖는가에 상관없이 '그 자체'로 존재하며, 또한 세계가 무엇인가에 관해서는 하나의 올바른 '신적 관점'(God's-Eye View)이 존재한다. 말하자면 특정한 사람들의 신념에 상관없이 실재에 관한 합리적인 구조가 있으며, 올바른 이성은 이 합리적인 구조를 반영한다는 것이다.[14]

체험주의는 이러한 도덕적 객관주의가 우리의 조건을 고려하지 않은 세 가지 환상을 가정하고 있다고 본다. ① 맥락중립적 합리성이라는 이상, ② 도덕적 추론의 단일한 방식, ③ 도덕적 계율의 참된 집합을 식별해 주는 하나의 궁극적 관점이 있다는 환상이 그것이다.[15] 체험주의가

---

13) 레이코프 & 존슨, 『몸의 철학』, 42~43쪽 참조

14) 존슨, 『마음 속의 몸』, 20쪽.

보기에 이 세 가지 환상은 확정적인 제약이 함축된 절대적인 도덕적 진리를 추구함으로써, 문제 해결에 대한 더 나은 방식으로의 상상적 탐색을 허용하지 않는다. 이는 다른 방식의 좋음, 가치, 이상에 대한 절대적 거부를 의미하며, 그것의 위험한 귀결은 절대적 가치에 대한 '강요'이다.

체험주의는 인간으로부터 이상적 관망자(Ideal Observer)의 관점을 기대하지 않는다. 체험주의가 보기에 인간은 인지적으로 제약을 가진 '관점적 존재'일 수밖에 없으며, 그런 점에서 인간은 공평한 입장에서 누가 옳은지를 판단하는 재판관 또는 갈등조정자의 관점, 즉 신적 관점을 가질 수 없다. 체험주의의 합리성은 오히려 특정한 가치나 관심, 의도에 따라 상대적으로 정의되며, 그런 점에서 철저하게 평가적이다.[16] 결국 맥락중립적 합리성은 우리의 이상일 뿐, 우리가 도달할 수 있는 어떤 것이 아니다. 다만 문제 상황을 해소하는 데 인간이 할 수 있는 일이란, 신체적·물리적 차원의 맥락에서 최선으로 보이는 것을 탐색하여 더 나은 것이 무엇인지를 상상적으로 추론하는 일이다.

체험주의에 따르면 환경 및 타인에 적응하기 위한 인간의 이해는 우리가 '세계 안에서 존재하는 방식 또는 세계를 갖는 방식'이다. 체험주의는 세계와 상관없이 절대적인 진리가 존재한다는 객관주의적 입장을 거부하고, 진리가 '상상력'을 통해서만 얻어질 수 있다고 본다. '신적 관점'을 거부하는 이러한 체험주의의 입장은, 세계에 대한 인간의 이해 또는 신념과 상관없이 '그 자체로' 합리적 구조를 갖는 절대적 관점에

---

15) 존슨, 『도덕적 상상력』, 450쪽.
16) 존슨, 『도덕적 상상력』, 447~48쪽 참조

대한 부정을 의미한다.

반면, 체험주의가 중시하는 상상력은 인간이 공유할 수 있는 '합리성'과 '실재에 관한 모든 지식', 그리고 그것들을 구성하기 위한 '의미'(meaning) '이해'(understanding)에 있어서 중심적 역할을 담당한다. 우리는 수많은 신체적 · 물리적 층위의 경험들을 의미 있는 정신적 표상(지각, 영상, 영상도식 등)으로 구조화하고, 다시 은유적 확장과 정교화를 통해 추상적 · 초월적 도덕 개념들을 정합적으로 조직해 낸다. 상상력은 아무런 토대 없이 파편적으로 확장되지 않는다. 그것은 종적種的 차원의 신체적 · 물리적 경험과 인지적 조건에 의해 철저히 제약되어 있기 때문이다. 이렇듯 '신체화된 경험'을 구조화하는 상상력은 하나의 공유된 세계를 살아갈 수 있는 핵심적 토대이며, 그런 점에서 결코 주관적이지도, 비합리적이지도 않다.

상상적 이해의 중요한 두 가지 중심축은 '영상도식'(image schema)과 '은유적 투사'(metaphorical projection)이다. 이해는 선개념적(preconceptual)이고 비명제적(nonpropositional)인 '영상도식'과 같은 수많은 경험의 구조들에 근거를 두고 있으며, 그 구조들은 은유적으로 투사되고 명제적으로 정교화되어 의미체계를 형성한다.[17] 체험적 게슈탈트(experiential Gestalt)로서의 영상도식은 우리의 수많은 지각활동 중 무의식중에 인식하는 '경험의 반복적 패턴들'이다. 신체적 · 물리적 경험으로부터 직접적으로 발생하는 '영상도식'들은 '은유적 투사'를 통해서 다른 영역의 새로운 경험을 구조화하여 추상적 · 초월적 사유로까지 나아갈 수 있도록 하는 사유의 핵심

17) 존슨, 『마음 속의 몸』, 31쪽.

적 기제이다. 또 '은유적 투사'는 "개념체계 안의 영역 간 사상"(cross-domain mapping)[18]으로, 이미 구성된 '원천 영역'(source domain)의 경험을 새롭게 경험하는 '표적 영역'(target domain)에 투사함으로써 우리의 수많은 경험들을 정합적으로 구성해 가는 기본 수단이다.

단적으로 말하면 우리는 '영상도식'과 '은유적 투사'가 없이는 도덕적 사유는 물론이고 생존조차 할 수 없다. 이들의 존재는, 마음과 분리되어 '그 자체로' 존재하는 세계는 없으며, 더욱이 신체화된 의식과 무관한 초월적 이성은 존재할 수 없음을 말해 준다. 이렇듯 우리의 모든 추상적·초월적 도덕 개념은 은유적으로 구조화되며, 철저히 우리의 몸과 사회적 상호작용들의 방식에 근거를 두고 형성된다.[19]

> 순수도덕이성은 없으며, 또한 '그 자체로서만' 이해되거나 오직 다른 순수한 윤리적 개념들에 대한 관계 속에서만 이해되는 순수도덕 개념은 없다. 우리의 도덕적 이해는 은유적이어서, 가치와 선, 목적, 의도를 포함하는 방대한 체험적 영역들로부터 구조와 추론 패턴을 끌어낸다. 도덕적 개념들에 대한 우리의 체계가 단층적이지 않으며, 완전히 일관성이 있는 것도 아니며, 고정되어 있거나 완성되어 있지도 않으며, 또한 자율적이지 않다는 것은 확실하다.[20]

---

18) George Lakoff, "The Contemporary Theory of Metaphor", *Metaphor and Thought*, 2nd ed. (Andrew Ortony ed., Cambridge: Cambridge University Press, 1993), p.203.

19) 어떻게 초월 개념이 은유적으로 형성되는지, 어떻게 도덕 이론이 은유적 근거를 갖게 되는지에 대한 상세한 설명은 레이코프 & 존슨의 『몸의 철학』과 존슨의 『도덕적 상상력』에서 제시되는 구체적 은유 분석 사례를 통해 검토할 수 있다. 또한 우리는 존슨의 『몸의 의미』에서 추상적·비물리적 실체에 대한 사고가 어떻게 우리의 몸에 기초하는지, 그리고 개념적 은유가 어떻게 추상적 개념을 정의하는지에 대해 구체적 해명을 읽을 수 있다. 레이코프 & 존슨, 『몸의 철학』, 509~639쪽; 존슨, 『도덕적 상상력』, 145~73쪽 및 『몸의 의미』, 274~317쪽 참조.

모든 도덕적 개념이 영상도식, 은유 등의 상상적 구조들에 의해 정의된다는 사실은 합리성의 본성이 결코 '절대적일 수 없음'을 의미한다. 또한 우리의 모든 추상적 · 초월적 사유가 신체적 · 물리적 경험에 철저히 제약될 수밖에 없다는 사실은 우리가 일상적으로 믿어 왔던 몸 / 마음, 감성 / 이성, 사실 / 가치 등의 이분법이 우리가 원하는 것을 선택적으로 강조하기 위한 부적절한 가르기의 산물이라는 점을 함축한다. 이러한 결론은 도덕 이론에 대해 객관주의와는 전혀 다른 차원의 해명 방향을 제시한다. 도덕적 지성의 핵심은 객관주의가 주장하듯 단일한 기준을 찾는 일이 아니라 "주어진 상황에서 행위의 가능성을 상상적으로 파악하여, 어떤 행위가 의미와 평안함을 고양시킬 가능성이 가장 큰지를 식별하는 일"[21]이다. 결국 '영상도식'과 '은유적 투사'에 의한 상상적 이해는, 절대적 도덕 이론이 가정한 도덕 원리는 우리 자신과 같은 인간이 실현할 수 있는 어떤 것이 아니라 우리가 원하는 이론적 요청의 산물이라는 점을 알려 준다.

체험주의는 한 발 더 나아가서, 인간은 경험을 신체화된 상상적 이해를 통해 구조화하며, 그것이 문화적 · 역사적 차원과 단절되지 않도록 '서사'를 통해 포괄적 통합을 시도한다고 본다. 존슨은 "서사는 도덕적 자아와 행위의 시간적 차원을 파악하는 가장 포괄적인 구조를 제공한다"라는 리쾨르(P. Ricoeur)의 견해에 따라, 모든 도덕 이론들은 도덕적 숙고에 있어서 '상상적 구조'와 함께, 경험의 구조로서의 '서사'

---

20) 레이코프 & 존슨, 『몸의 철학』, 492쪽.

21) Mark Johnson, "How Moral Psychology Changes Moral Theory", *Mind and Morals* (Larry May et al. eds., Cambridge, Mass.: MIT Press, 1996), p.66.

의 중심적 역할을 고려해야 한다고 본다.[22] 상상적 도구들의 저변에는 이해의 기본적인 양식으로서의 서사적 프레임이 자리 잡고 있다는 것이다. 한 개인의 특정 행위에 대한 도덕적 평가는 문화가 함축된 '서사적 맥락' 안에서만 적절하게 판단될 수 있다. 우리의 모든 숙고와 행위는 서사적 맥락 안에서만 이해되고 평가된다. 우리가 추구하는 '이상화된 합리성'도 역시 서사를 전제로 설정되어 있으며, 서사적 지향과 목표 안에서만 의미를 획득할 수 있다. 인간은 신체화된 상상적 이해와 서사적 구조를 토대로 무의미 / 유의미한 행위를 가르고, 도덕 / 비도덕적 행위를 구분한다. 신체화된 상상적 이해와 서사적 구조는 지속적으로 인간의 인지, 추론, 의사결정, 행동을 제약한다. 인간은 문제 상황의 불확실성, 비정합성에 대응하기 위해 의도나 목표가 함축된 서사적 맥락을 구성하여 자신이 경험하는 삶을 의미 있는 것으로 정당화한다.

우리는 사유의 지반인 서사적 프레임이 확정적인 모습으로 유지되는 것이 아니라 개인 혹은 공동체적 지향에 따라 지속적으로 다양한 변형을 거듭한다는 사실을 음미해 볼 필요가 있다. 그것을 통합적으로 종합 판단하는 결정적 근거는 '생존과 번영'이 될 것이다. 결국 우리의 서사적 구조와 상상적 이해가 의미하는 것은, 인간이 기본적으로 '해석적 동물'이며, 통시적 · 공시적인 차원에서 누구에게나 옳은 '이상화된 합리성'은 존재하지 않는다는 사실이다.

---

22) 존슨, 『도덕적 상상력』, 313쪽 참조

3) 과정적 자아

도덕객관주의는 인간에 대해 다음과 같은 '합리적 자아'를 가정한다.

첫째, 인간은 합리성을 실현시킬 원자론적 자아로서 '개별자'로 규정된다. 인간은 결코 타인과의 상관관계에 의해 정의되지 않는다. 개인은 사회적 · 정치적 상황과 전혀 상관없이 '그 자체로' 존재하며, 자신의 정체성을 유지할 수 있다. 한 인간은 선 행위와 무관하게 그 자체로 도덕적 가치를 지닌 '본체적 자아'(noumenal self)이다.

둘째, 인간은 몸과는 독립된 탈신체화된 보편적 이성을 갖는다고 가정된다. 인간의 이성은 오직 마음의 능력이다. 이성은 짐승과 구별되는 인간 고유의 본질로서, 모든 도덕적 행위자는 동일한 본질을 갖는다. 이성은 결코 변하는 법이 없으며, 그것을 본질로 지닌 인간은 '무역사적 존재'이다. 인간은 이성의 활동을 통해 자신의 모든 주관적 편견을 극복하고 신체화를 넘어서서 보편적 관점인 '신적 관점'에 도달할 수 있으며, 실천적 원리들을 제시해 줄 수 있다. 물론 합리적 판단은 모든 인간이 공유하는 객관적인 능력이다.

셋째, 인간은 몸 / 마음이 이분화된 존재이다. '합리적인 이성'에 대비되는 '비합리적인 몸'은 차이의 근거가 되며, 동물적 욕망의 원천으로서 인간의 도덕적 지향을 방해한다. 객관주의에서 말하는 합리성은 개별자의 신체적 감각이나 정서, 욕망 등의 주관성, 특수성을 넘어서는 것이다. 객관주의적 자아관은 도덕적 지향과 거리가 먼 인간의 동물적 욕구를 비합리적인 것으로 규정하여, 합리적 이성에 의해 억제되어야 할 대상으로 생각한다. 동물적 본성을 내재한 몸의 세계는 객관성을 함축한 마음의 세계와 불화한다.

체험주의는 이러한 객관주의적 자아관에 대해, 인간의 삶은 본질적으로 서사적 구조에서 자유로울 수 없으며, 우리의 사유는 사회적·정치적 패러다임에서 형성된 영상도식과 기본 층위의 개념을 토대로 은유적으로 확장되는 것이라고 주장한다. 이러한 주장은 인간을 몸/마음의 이분화된 존재로 규정했던 객관주의적 사유를 근원적으로 거부하는 것이다. 체험주의에 따르면, 도덕적 판단을 포함한 모든 추상적 사유는 몸을 근거로 형성되며, 나아가 사회적·정치적 배경 안에 철저히 조건화되어 있다. 따라서 우리가 상상하는 이성적 태도와 행위는 탈신체화된 보편 이성에 의해 결정된 것이 아니라, 조건화된 사회적·정치적 의도 및 목표에 적합할지 어떨지 지속적·상상적으로 판단하고 결정한 결과이다. 그런 점에서 인간은 객관주의에서 말하는 원자적 자아로서의 개별자가 아니라, 통시적·공시적 좌표 안의 패러다임에서 자유로울 수 없는 '조건화된 존재'이며 끊임없이 변화해 가는 '과정적 존재'이다.

이러한 체험주의적 통찰은 인간이 상충된 가치들의 시험대 위에서 늘 고민하고 환경 및 타인과의 지속적인 상호작용을 통해 끊임없이 변화하며 세계에 적응해야만 하는 존재라는 것을 잘 설명해 준다. 한 개인의 정체성은 고정된 것이 아니다. 그것은 타자와의 관계, 문화와 역사에 대한 상호적 인식으로부터 벗어나지 않도록 지속적으로 변화해 가야 한다는 점에서 과정적 성격을 함축하고 있다. 그런 점에서 세계와 나는 분리되어 있지 않으며, 인간은 철저히 세계 속에 조건화된다.

우리에게 지금 필요한 것은 '도덕적 상상력'뿐이다. 우리는 모든 순간에 우리 앞에 놓인 다양한 좋음과 가치들 중 무엇을 선택할 것인지, 그것이 어떻게 자신을 변화시키며 타인과의 관계에 어떤 영향을 미칠 것인지, 그 선택이 자신의 고양된 삶과 관련해서 어떤 의미를 갖는지를 끊임없이 상상하고 탐색해야만 한다. 우리에게 당장 필요한 것은 객관적 진리를 찾는 일이 아니라, 통관점적인 합리성을 상상적으로 탐색하는 작업과 행동을 적절히 변형해 가는 능력이다.

4) 절대 없이 살아가기

도덕객관주의의 잘못된 전제는 보편의 지반을 초월과 선험에 두고서 '우리가 원하는 것'을 실현시키려 한다는 점이다. 체험주의에 따르면, 우리가 공통적으로 공유하고 있는 것은 초월과 선험의 층위가 아니라 오히려 신체적·물리적 층위의 경험이다. 인간의 몸은 개별성과 차이의 원천이며, 따라서 우리는 '관점적 존재'일 수밖에 없다. 그러나 그렇다고 해서 우리의 경험이 허무주의를 불러올 만큼 자의적인 상대성을 드러내는 것은 아니다. 체험주의에 따르면, 신체적 층위의 경험에 보편적 구조가 존재하며 이해의 상상적 구조 역시 일정 부분 공유되어 있다. 우리의 주관적 경험에 해당하는 느낌이나 감각, 정서는 소통 가능한 차원이 존재한다는 것이다. 신체화는 세계에 대한 공유된 경험의 근거이다.[23] 따라서 우리의 도덕적 개념은 '그 자체로' 존재하는 초월과 선험에서 결정되는 것이 아니라, 역사적 맥락에서 사회적·정치적 지향을 배경으로 한, 좀 더 넓은 맥락과의 상관성 속에서 결정된다. 인간의 욕망이 타자와의 관계, 사회·정치·문화에 대한 인식 속에서 생산되듯,

---

23) 존슨, 『도덕적 상상력』, 445쪽 참조

도덕 역시 그것들의 지향과 긴밀히 연결되어 있기 때문이다.

우리에게 영원히 확정된 절대적 진리란 존재하지 않는다. 그런 점에서 신적 관점은 열망에 따른 모형화된 이상일 뿐이다. 도덕적 객관성은 '그 자체로' 있는 것이 아니라 사회적·문화적 요청에 의해 지속적으로 구성된다. 무엇이 진리인가는 그에 대한 우리의 신체적 이해가 어떻게 상상적으로 구조화되는지에 달려 있으며, 상상적 구조화는 우리가 처해 있는 사회적·정치적 구조와 지향적 가치, 개념체계, 목적 등에 포섭된다. 따라서 우리에게 필요한 것은 상상적 합리성에 근거한 경험적 '객관성'과 '공평성'(impartiality) 개념에 도달하는 일이다. 상상력은 신체적 층위의 경험에 근거하며 공동체의 보편적 차원들을 포함하므로 전적으로 주관적이거나 전적으로 사적이지는 않다. 결국 우리의 도덕적 객관성은 절대적인 '신적 관점'을 확보하는 일이 아니라, 신체화된 상상력을 통해 개인적 주관성을 넘어서는 관점을 비판적으로 수용하고 포괄하는 데 있다.

절대적 진리를 포기한다고 해도 우리의 삶이 위태로워지는 것은 아니다. 오히려 우리는 우리가 처한 현재적 조건에서 공유된 신체적 지반을 통해 언제든 맥락에 맞는 진리 개념을 가질 수 있다. 뿐만 아니라, 절대적 진리의 포기는 상상된 보편에 의해 제약된 우리의 삶을 해방시키는 일이기도 하다.

조선 후기 실학의 체험주의적 분석이라는 새로운 읽기는 우리의 초월적·가치론적 경험이 몸의 활동을 통해 드러나는 확장적 국면이라는 사실을 보여 줌으로써, 실학의 초월/경험, 사실/가치가 혼재된 이분법적 인식체계의 문제를 드러내는 데 유용한 시각을 제공한다. 우리는 실학이 현실적 실천력을 강하게 주장하는 것은 인정하지만, 그 실천력이 여전히 초월의 '리'·'상제'·'운화기' 아래 제약되도록 구조화되어 있음을 상기할 필요가 있다. 실학자들은 현실의 영역에서는 신체적·물리적 층위의 근세지향성, 경세치용적 실용성, 수기치인의 실천성을 강조하면서도, 가치의 영역에는 정신적·추상적 층위의 리·상제·운화기 등 초월의 실체를 정당화의 최종 근거로 삼는다. 이는 신체적·물리적 층위의 모든 현상이 정신적·추상적 층위의 실체에 의해 강력하게 제약되어 있음을 의미한다. 뿐만 아니라 탄생의 시대를 달리하는 리·상제·운화기 등의 초월자들이 모두 현실을 적극적으로 통제하는 것으로 이해된다는 점에서, 그들을 포함하고 있는 이론들 간의 간극 역시 커 보이지 않는다. 실학자들에게 리·상제·운화기는 오히려 '능동적 실체'로 재해석됨으로써 한층 더 적극적으로 현실을 통제하게 되었다. 그러나 체험주의적 시각에 따라 몸이 초월적·추상적 개념의 발생 원천이라는 가정을 받아들인다면, 우리는 실학의 상층부에 위치하는 초월자들이, 더 나아가 유학 전반이 가정했던 수많은 도덕적 개념들이 '그 자체로' 순수하게 존재하는 것이 아니라 우리의 '환경과 몸에 강하게 제약된' 상상적 활동의 은유적 산물임을 깨닫게 된다. 이는 이것들 중 그 어떤 것도 우리의 삶을 제약하는 객관적·절대적 원리가 될 수 없음을 의미한다.

이 책에서 시도하고 있는 체험주의적 분석은 자칫하면 초월적 절대성의 그늘에서 벗어나기 어려웠던 실학의 시대적 한계가 고려되지 않은 접근으로 보일 수 있다. 그 체험주의적 관점 또한 자칫 실학의 형이상학적 체계만을 표적으로 삼는 편협된 시각으로 비춰질 수 있다. 그럼에도 이 책을 펴내는 것은, 최근 밝혀진 인지과학의 경험과학적 탐구 성과에 의존해서 실학 전반을 검토함으로써 '우리의 것'과 '우리가 원하는 것'의 경계를 가르고, 그것을 토대로 경험적 정당화의 방식을 제안하기 위함이다. 이러한 맥락에서 필자가 특히 주목하는 것은, 실학 내부의 '초월 자체'가 아니라 '초월이 갖는 절대성'이다. 우리는 수많은 초월적 존재를 얼마든지 구성해 낼 수 있으며, 그것에 객관성·절대성을 부여할 수 있다. 그러나 그것은 '원하는 것'을 성취하기 위한 의도적 정당화의 한 방식일 뿐이다. 실학은 초월적 존재를 중심으로 한 절대적 가치체계를 끝까지 포기하지 않음으로써 '상상된 보편'의 늪에서 벗어나지 못했다. 이러한 필자의 주장은 단순히 초월적 존재의 은유적 본성과 그것이 함축하는 객관주의적 위험성에 대한 경고에서 그치려는 것이 아니다. 이것은 실학의 재구성을 위한 예비적 작업으로, 실학자들이 거두었던 이론의 자연주의적 진화를 재평가하고, 탈초월적인 정당화 방식만이 실학자들이 궁극적으로 지향했던 유학의 실용주의적 전환을 온전히 성취할 수 있음을 제안하려는 것이다.

필자는 리·상제·운화기 등에 의존하는 초월적 정당화의 방식이 철학적으로 실학일 수 없다고 했지만, 이러한 주장이 근세지향성, 경세치용적 실용성, 수기치인의 실천성을 꿈꾸는 실학적 요청까지 폐기해야 한다는 의미는 결코 아니다. 이는 오히려 적극적 의미에서 인지과학을 통해 실학의 도덕적 명제를 경험적으로 재구성하기 위한 새로운 접근일 수 있다. 인지과학의 성과에 의존하고 있는 체험주의적 설명이 완전한 것은 아니라 하더라도, 우리는 이 시각이 우리를 넘어서는 정신적인 것 또는 초월적인 것에 보편의 뿌리를 설정하는 시도들에 비해 분명히 상대적 장점을 갖는다는 것을 인정할 수 있을 것이다. 실학사상의 재조명을 위한 우리의 주된 목적은 경험적으로 안정된 이론적 정당화의 성취이며, 그러한 접근은 형이상학적 방식이 아니라 자연주의적 방식으로 이루어져야 할 것이기 때문이다.

제1장 유형원과 리의 규범화

유학은 후대로 올수록 초월화되어 왔으며, 실학 역시 그로부터 자유롭지 못하다. 그러한 초월화는 예외 없이 은유적 방식으로 진행되어 왔으며, 특히 유학적 초월화는 정치와 도덕의 영역에서 우리의 실재를 은폐해 왔다는 점에서 결코 간과할 수 없는 측면이 있다. 여러 유형의 초월적 개념의 등장은 사회 현상을 규율하는 본체로 재규정되었고, 그렇게 만들어진 개념들은 현실과의 상관관계 속에서 각각의 시대에 맞게 새롭게 해석되면서 그 내용과 실현 방식이 더욱 다양해지고 섬세해졌다. 그런 개념들 중의 하나가 바로 '리'이다. 유학에서 '리'는 세계를 있게 하는 존재론적 개념인 동시에 현실을 통제하는 가치론적 개념이기도 하다. 실학의 비조로 불리는 반계 유형원柳馨遠(1622~1673)에게서도 초월의 '리'는 그의 사상 전반을 관통하는 핵심 개념으로 이해된다.

유형원은 리를 '실리實理'로 규정한다. 유형원에게 있어 '실리'는 지극히 참된 것으로서, '기'에 대해 본원자라는 가치론적 위상을 차지하면서도 현실과의 상관성 속에서 파악된다는 점에서 진실하고 실제적인 것으로 이해된다. 이 점은 정주의 진실무망眞實无妄의 '리'가 '기'와 본질적으로 다른 지위에 있으면서도 사물로부터 인식되는 '실리'였음을 상기시켜 주며, 그런 의미에서 유형원의 실리론이 정주 리학의 체

계 안에 있음을 확인할 수 있다.[1])

이 장에서는 유형원의 실리론이 정주 리기론의 이론적 구도를 계승하고 있지만, 법·제도를 '리'의 실현체로 규정함으로써 '리법일치理法一致', '도법일치道法一致'의 현실적 구현 방식을 제안하고 있음을 보이려고 한다.[2]) 그의 철학은 '리의 본원성 인식'을 현실 인식의 토대로 삼고 '도덕이

---

1) 기존의 연구는 유형원의 '실리'를 대체로 두 가지 의미로 해석한다. 하나는 진실하여 거짓이 없는 '진실무망의 리'로, 또 하나는 '사실적 · 실제적인 리'로 보는 것이다. 그러나 필자는 "리는 지극히 진실하고 지극히 실제적이다"(理是至眞至實), "만약 지극히 참된 것이 아니면 리라고 할 수 없다"(若非至實 無以爲理), "리는 매우 실제적이다"(此理甚實)라는 유형원의 언급을 근거로 그의 '실리'가 이 두 의미를 모두 함축한다고 본다. 김낙진은 유형원이 사용하는 '실'의 뜻이 실제성의 의미라기보다는 주희의 설명인 '진실하여 거짓이 없음'과 같다고 보아 전자의 의미로 이해한다. 안재순, 정병련, 이우성은 후자의 의미로 이해하는데, 안재순은 특수한 '사실적 리'로 해석하고 정병련은 현실성을 갖는 '실제적인 리'로, 이우성 역시 '實事에 대처하는 실리'로 해석한다. 김낙진, 「유형원 실학 사상의 철학적 성격」, 『실학의 철학』(예문서원, 1996); 안재순, 「반계 유형원 실학사상의 철학적 기조」, 『조선조 유학사상의 탐구』(여강출판사, 1988); 정병련, 「유반계의 이기, 심성론」, 『동양철학연구』 13(1992); 이우성, 「초기 실학과 성리학과의 관계 – 반계 유형원의 경우」, 『동방학지』 58(1988).

2) 기존의 연구들은 유형원의 철학을 '리 중심적 사유' 혹은 '기 중심적 사유'로 규정한다. 이처럼 상반된 견해로 나뉜 이유는 유형원이 리의 본원성을 강조하면서도 리기 관계의 현상적 不離性을 중시하기 때문이다. '리 중심적 사유'로 해석한 주장은 천관우, 금장태, 이우성, 김준석, 김낙진, 김태영, 이봉규, 정호훈, 정도원 등의 입장으로, 이들은 유형원 철학이 정주학적 사유에 근거한다고 주장한다. 그들이 제시하는 주요 논거는 "리가 있기 때문에 기가 있다", "리와 기의 나뉨은 본래부터 분명한 것"이라는 등의 유형원의 언급이다. '기 중심적 사유'로 해석한 주장은 정병련, 윤사순, 유인희 등의 입장으로, 이들은 유형원을 주기론자로 규정하거나 그의 사유가 주희 리기론에 대한 의심으로부터 시작한다고 주장한다. 이들이 제시하는 주요 논거는 "리는 단지 기의 리일 뿐", "기를 떠난 리는 없다"는 등의 유형원의 언급이다. 안재순은 유형원이 자연관에서는 기 중심의 리기불상리의 입장을, 심성관에서는 리 중심의 리기불상잡의 관점을 보인다고 해석해 절충적 입장을 보인다. 필자는 유형원 실리론이 가치론적 구도에서는 '리 중심적 사유'를, 현실적 구도에서는 '기 중심적 사유'를 견지함으로써 현실적 실현방식을 제안한다고 본다. 천관우, 「한국실학사상사」, 『한국문화사대계 6』(고려대 민족문화연구소 출판부, 1970); 금장태, 「실학의 第一祖–반계 유형원」, 『한국실학사상사』(다운샘, 2002); 이우성, 「초기 실학과 성리학과의 관계–반계 유형원의 경우」(1988); 김준석, 『조선 후기 정치사상사 연구–국가재조론의 대두와 전개』(지식산업사, 2003); 김낙진, 「유형원 실학사상의 철학적 성격」

상사회의 구현'을 궁극적 목적으로 삼는다는 점에서 정주 리학의 구도 안에 있다. 그러나 그는 '리'를 '실리實理'·'물리物理'로 이해하고 법·제도 등의 구체적 실체로 규정함으로써 현실적 문제 상황을 직접 통제할 수 있는 실질적 계기로 삼는다. 정주에게 '리'의 구현이 위정자의 '도덕성 회복'에 달려 있었다면, 유형원에게 있어 그것은 '법·제도의 현실적 적용'을 통해 성취될 수 있는 것이었다. 정주의 '리'는 유형원에 와서 '리법일치'·'도법일치'의 사회적 차원으로 전환되어 적용되었던 것이다. 도덕 이상의 실현이 도덕적 권고를 넘어서 법·제도의 현실적 구현을 통해 이루어진 민생의 안정과 건실한 국가를 토대로 한다는 점에서 유형원의 제안은 실제적으로 보인다. 우리는 이 지점에서 유형원 철학이 실용학으로의 과감한 전환을 시도하고 있음을 확인할 수 있다. 이러한 유형원의 제안은 정주 리학의 구현 방식이 도덕적 권고에 그치는 것과 구분되는 점이며, 그가 실학의 비조로 불리는 결정적 이유일 것이다.

유형원은 정주의 리 해석 즉 리에 대한 도덕중심적 인식을 법·제도라는 구체적 사회 원리로 재해석함으로써 리가 현실적 차원으로 응용될 수 있음을 확인시켜 주었다. 정주의 리에 대한 유형원의 사회적 차원의 응용은 '정주학에 대한 회의 또는 극복'의 차원에서부터 논의를 전개하는 여타의 시각들을 환기시킨다.

(1996); 김태영, 『국가개혁안을 제시한 실학의 비조 유형원』(민속원, 2011); 이봉규, 「유교적 질서의 재생산으로서 실학」, 『철학』 65(2000); 정호훈, 『조선 후기 정치사상 연구-17세기 북인계 남인을 중심으로』(혜안, 2004); 정도원, 「반계 유형원 실학의 철학적 기저」, 『한국사상과 문화』 7(2000); 정병련, 「유반계의 이기, 심성론」(1992); 윤사순, 「실학사상의 철학적 성격」, 『아세아연구』 19(1976); 안재순, 『조선 후기 실학의 비조 유형원』(성균관대학교 출판부, 2009); 유인희, 「실학의 철학적 방법론(1)」, 『동방학지』 35(1983).

1. 리기론의 정주학적 구도 계승

유형원의 리기론적 사유는 정주학적 이해에 토대를 둔다. 그는 "리는 기 때문에 있는 것이 아니다"[3], "리가 있기 때문에 기가 있다"[4]라고 하여 리의 본원성을 강조한다. 37세 때 유형원은 정동직에게 보내는 서한을 통해 자신의 리기론에 대한 관점의 변화를 언급한 적이 있다. 그 서한에 따르면, 유형원은 이전에 "리는 단지 기의 리일 뿐"[5]이라고 생각했다가 문득 '리는 기에 상관없이 있는' 것임을 깨닫게 되어 비로소 리의 본원성을 깊이 인식하게 되었다고 고백했다.

> 대개 리와 기가 혼융하여 틈이 없기(理氣渾融無間) 때문에 비록 기를 벗어난 리는 없다고(氣外無理) 할지라도, 그러나 리는 기 때문에 있는 것이 아닙니다. 대개 상천上天의 일은 소리도 없고 냄새도 없지만, 도리어 지극히 참되고 지극히 실제적입니다. 본체로부터 말하면 도道라고 하고, 그 진실로부터 말하면 성誠이라고 하고, 총회總會로부터 말하면 태극太極이라고 하고, 조리條理로부터 말하면 리理라고 하지만, 실제는 '하나'(一)일 뿐입니다. 이 리가 밝게 드러나서 상하(모든 영역)를 관통하고 물物의 체體가 되어 빠뜨림이 없으니, 천지가 자리한 까닭이 이것(理) 때문이요, 일월日月이 밝은 까닭이 이것 때문이요, 귀신의 그윽함(幽)이 이것 때문이요, 인물人物이 사는 까닭이 이것 때문입니다. 성명性命 · 인의仁義 · 예악禮樂 · 형정刑政이 이것 때문이 아님이 없습니다.[6]

---

3) 『磻溪雜藁』, 「與鄭文翁東稷論理氣書」, 73쪽, "理非因氣而有也."

4) 『磻溪雜藁』, 「與鄭文翁東稷論理氣書 · 別紙」, 76쪽, "以其有此理, 故有此氣也."

5) 『磻溪雜藁』, 「與鄭文翁東稷論理氣書」, 72쪽, "理只是氣之理也."

6) 『磻溪雜藁』, 「與鄭文翁東稷論理氣書」, 73쪽, "蓋理氣渾融無間, 雖氣外無理, 然理非因氣而有也. 蓋上天之載, 無聲無臭, 而却至眞至實. 自其本體而謂之道, 自其眞實而謂之誠, 自其總會而

유형원은 만물에 대한 리의 본원성을 체득함으로써 리가 성명·인의뿐만 아니라 예악·형정 등 모든 사물의 체體가 되는 것임을 깨닫는다. 이는 "기를 벗어난 리는 없다"(氣外無理)는 이전의 관점을 전면 수정한 것이다. 이러한 관점의 변화는 '기' 중심의 시각에서 '리' 중심의 시각으로의 전환을 의미한다.

유형원은 정주의 '리일분수론理一分殊論'을 통해 리의 본원성에 대한 확신을 갖게 된다. 그는 세상에 존재하는 모든 사물의 변화작용에는 법칙적 근거가 있다고 생각했다. 음양오행이 착종錯綜하는 가운데 그 질서를 잃지 않은 것, 온갖 사물이 난잡스럽지 않은 까닭은 일관되게 존재하는 '리' 때문이다.

> 내가 일찍이 자나 깨나 구하고 침잠하여 체험한 지 여러 해였는데, 어느 날 아침 황연恍然히 그 본말本末을 꿰뚫어 볼 수 있을 것만 같았다. 가만히 생각하기를 '성명性命의 묘는 리일분수理一分殊 넉 자의, 간이하면서도 지극하고 간략하면서도 통하지 않음이 없는 것에서 벗어나지 않는다'라고 여겼다.[7]

유형원이 체득한 '리일분수론'에 따르면 리는 기 때문에 존재하는 것이 아니다. 사물이 존재하는 한 그 사물을 존재하게 하는 근원자가 있다. 그것은 바로 '하나의 리'(理一)이다. 비록 기의 구속에 의해 '개별성·

謂之太極, 自其有條理而謂之理, 其實一也. 此理昭著, 貫徹上下, 體物不遺, 天地之所以位者此也, 日月之所以明者此也, 鬼神之所以幽者此也, 人物之所以生者此也. 性命仁義禮樂刑政無非此也."

7) 『磻溪雜藁』, 「雜錄」, 120쪽, "愚嘗寤寐以求, 沈潛以體之, 積以年歲, 一朝恍然, 似有洞見其本末者. 竊以性命之妙, 無出理一分殊四字簡而盡. 約而無所不通."

차별성'(分殊)이 생길 수밖에 없지만, 차별성의 세계에서도 질서가 유지되는 까닭은 바로 '리' 때문이다.

'리'의 본원성에 대한 유형원의 자각은 나흠순과 서경덕의 철학에 대한 비판적 인식에서 선명히 읽어 낼 수 있다. 유형원은 나흠순과 서경덕이 리의 본원성에 대한 이해가 철저하지 못하다고 비판한다. 그는 "나흠순의 논의는, 기를 리라고 한 것은 아니지만 리의 본원에 통하지 못한 점이 있다. 서경덕은 거의 기를 리로 인식한다"[8]라고 평하였다.

나흠순은 "리는 곧 기의 리"(理卽是氣之理)라고 하여, 리를 단지 기에 내재하는 법칙 정도로 해석할 뿐 기에 대한 리의 본원적 가치를 인정하지 않았다. 물론 "리는 반드시 기에서 인식해야 하지만 기를 리로 간주하는 것은 옳지 않다"[9]라는 말에서 드러나듯 그는 서경덕처럼 본체인 리를 기로 대체해 버리는 데까지는 나아가지 않았지만, 분명히 리를 본체론적 차원에서 인식하기보다는 현상 속에서 파악되는 조리 정도로만 이해하고 있었던 것이다. 이러한 나흠순의 주장은 이황에게서도 비판받은 적이 있다. "리와 기가 둘이 아니다"라는 나흠순의 언설은 리와 기를 다른 층위에 두고 기에 대한 리의 본원성을 강조하려는 이황에게 절대 용납될 수 없는 것이었다.[10]

'기를 리로 인식'하는 서경덕의 관점 역시 유형원에게 수용될 여지가 없다. 서경덕에게 본원은 '리'가 아니라 '기'이기 때문이다. 그에게

8) 『磻溪雜藁』, 「與鄭文翁東稷論理氣書 · 別紙」, 86쪽, "羅整菴之論, 亦非以氣爲理者, 然於理之本原, 有所未透. 花潭則近於認氣爲理."

9) 『困知記』, 卷下, 35章, 32쪽, "理須就氣上認取. 然認氣爲理便不是."

10) 『退溪集』, 卷41, 「非理氣爲一物辯證」, 416쪽, "且羅整菴於此學, 非無一斑之窺, 而誤入處正在於理氣非二之說, 後之學者, 又豈可踵謬襲誤, 相率而入於迷昧之域耶" 참조.

‘리’는 “밖으로부터 와서 주재하는 것이 아니라, 기의 용사用事가 소이연所以然의 바름을 잃지 않도록 하는”11) 조리일 뿐이다. 그러므로 “리는 기보다 앞서지 않는다.”12) 서경덕에게 만물의 본체는 ‘선천기’이다. 서경덕은 “태허는 담연·무형하므로 선천先天이라 부른다. 그 크기는 밖이 없고, 그 앞섬에는 시작이 없고, 그 유래는 궁구할 수 없다. 그 담연하고 허정虛靜함이 기의 본원이다”13)라고 말한다. 그에게 있어 기는 활성적이며 무소불위의 광범위한 활동 영역을 지니는 반면, 리의 역할은 확연히 축소된다. 이러한 서경덕의 리기론적 관점은 리를 형이상 즉 궁극적 원리로 상정하는 정주학과 대비되는 것이며, ‘기’에 대한 ‘리’의 본원성과 지대한 역할을 강조하는 유형원에게도 수용될 수 없는 것이었다.

유형원이 보기에 리를 기의 조리 정도로 취급하는 나흠순과 서경덕의 시각은 리의 본원성을 간과하는 것이며, 기를 리로 인식하는(認氣爲理) 오류에 빠질 수 있는 것이었다. 그러나 비록 리의 본원성을 강조하며 나흠순과 서경덕의 기 중심적 관점을 비판했다고 해도, 그가 리기의 현상적 관계를 설명하는 ‘기의 리’라는 시각을 포기했던 것은 아니다. 다음의 언명에서 우리는 유형원의 생각을 좀 더 구체적으로 확인할 수 있다.

---

11) 『花潭集』, 卷2, 「雜著·理氣說」(한국문집총간 24, 306c), “非自外來而宰之, 指其氣之用事, 能不失所以然之正者而謂之宰.”

12) 『花潭集』, 卷2, 「雜著·理氣說」(한국문집총간 24, 306c), “理不先於氣.”

13) 『花潭集』, 卷2, 「雜著·原理氣」(한국문집총간 24, 305b), “太虛湛然無形, 號之曰先天. 其大無外, 其先無始, 其來不可究. 其湛然虛靜, 氣之原也.”

> 사물이 이미 드러난 것으로부터 보면 리는 단지 기의 리일 뿐 기 밖에는 리가 없습니다. (그러나) 본연으로부터 본다면 리가 있기 때문에 이 기(의 작용)가 있는 것입니다. 기가 한 번 가고 한 번 오며 한 번 닫히고 한 번 열리는 데에는 반드시 원인이 있으니, 이것이 이른바 리입니다.[14)]

유형원이 보기에, 존재론적 관점에서 보면 리는 기의 본원자임이 분명하지만, 사물이 드러난 현상적 관점에서 보면 리는 '기의 리'이다. '기의 리'는 리와 기가 실제적으로 나뉠 수 없다는 '불리不離'의 관점을, '본연의 리'는 존재론적으로 기와 섞일 수 없다는 '부잡不雜'의 관점을 표현한 것이다. 유형원이 보기에 "리는 단지 기의 리"라고 말하는 것도 안 될 것은 없지만, '기의 리'라고 말하는 순간 마침내 '기 쪽으로 치우치는 이해'를 양산할 수 있다. 이는 곧 리의 본원을 가려 버리는 일로서, 결과적으로 성명의 근원을 되돌아 볼 수 없게 한다.[15)] 만약 '기의 리'라고만 규정한다면 본원에 근거하여 법칙적으로 발현되는 현상세계를 온전히 설명할 수 없기 때문이다. 유형원은 "후세 사람이 리와 기를 이미 대거對擧하여 말했으므로, 분별할 때는 둘인가를 의심하고 일체一體를 말할 때는 분별이 없음을 의심한다"[16)]라고 하였는데, 이것은 리의 본원성만을 강조하여 리와 기를 분별하려는 입장과 현상적 측면만을 강조하여

14) 『磻溪雜藁』, 「與鄭文翁東稷論理氣書 · 別紙」, 76쪽, "自物之已然者而觀之, 則理只是氣之理, 氣外無理. 自其本然者而觀之, 則以其有此理, 故有此氣也, 氣之一往一來一闔一闢, 必有所以然, 是則所謂理也."

15) 『磻溪雜藁』, 「與鄭文翁東稷論理氣書 · 別紙」, 80쪽, "理只是氣之理, 亦無不可, 然才謂氣之理時, 終是氣邊意思, 便重掩了理之本原, 今人見不得性命之原" 참조.

16) 『磻溪雜藁』, 「與鄭文翁東稷論理氣書 · 別紙」, 86쪽, "後之人, 以理與氣, 旣爲對擧而言之, 故爲有辨時, 疑於有二, 謂一體時, 疑於無別."

리와 기를 무조건 합하여 보려는 입장 모두를 경계한 것이다.

유형원에 따르면, 리와 기는 현상적으로 서로 떨어져 존재할 수 없지만, 본체론적으로는 서로 섞일 수 없다.[17] 이러한 사유는 현상을 논할 때는 기가 있고 나서 리가 갖추어지지만 본원을 논할 때는 리가 있고 나서 기가 있다는 주희의 리기론적 구도와 상통한다.[18] 유형원은 존재 근거인 리의 위상을 확보하고 싶었지만, 동시에 현실적 작용의 차원에서 '불리'의 리기관계를 배제하고 싶지도 않았던 것이다.

사실 『반계잡고』에는 유형원이 여러 차례 주희의 설을 인용하여 논의의 근거를 제시하면서도 몇몇 곳에서는 주희의 설에 대한 회의적 입장을 표명하는 부분도 보인다. 그러나 이는 주희 설에 대한 비판이라기보다는, 오해를 불러일으킬 수 있는 논지에 대한 우려로 보인다. 몇 가지 사례를 살펴보기로 하겠다.

첫째, 유형원은 정동직에게 보내는 편지에서, 리기론에 대한 스스로의 확신이 없을 때에는 주희의 설에 대해 의심나는 것이 많았음을 고백한 바 있었다. 그러다가 후에 반복하여 생각한 끝에 리와 기가 합리合離의 관계에 있음을 깨닫게 되었다는 것이다.

> 반복하여 생각해 보았는데, (리기를) 일물一物로 여기자니 분명 하나가 아니었고, 이물二物로 여기자니 둘이 될 수 없었습니다. 그런데 일물이라 할

17) 『磻溪雜藁』, 「與鄭文翁東稷論理氣書・別紙」, 78쪽, "蓋理氣二者, 本不相離, 又不相雜" 참조

18) 『朱熹集(五)』, 卷59, 「答趙致道」, 3078쪽, "所疑理氣之偏, 若論本原, 卽有理然後有氣, 故理不可以偏全論. 若論稟賦, 則有是氣而後理隨以具, 故有是氣則有是理, 無是氣則無是理, 是氣多則是理多, 是氣少卽是理少, 又豈不可以偏全論耶?" 참조

> 때는 그나마 합일의 묘(合一之妙)를 볼 수는 있었지만, 이물이라 할 때는 둘이 되는 실상(현실)을 볼 수 없었습니다. 이에 다시 「계사전」 및 주염계와 정자의 책을 모아 조용히 살펴보았더니 불현듯 깨달음이 있었습니다.[19]

유형원은 이전에 주희의 리기론에 대해 의혹이 많았으나 「계사전」, 주돈이, 정자의 책 등을 통해 리기의 불리·부잡 관계를 체득하게 되었고, 리기의 그러한 관계를 체득한 후에 주희의 논지를 깊이 이해하게 되있던 것이다. 그가 "일물로 여기자니 하나가 아니었고 이물로 여기자니 둘이 될 수 없었다" 한 것은 주희가 리기를 '하나이면서 둘이고, 둘이면서 하나'(一而二, 二而一)의 관계로 설명한 것에 대한 의혹이다.[20] 그리고 오랜 사색 끝에 유형원은 드디어 '리기의 불리·부잡의 오묘한 관계'를 파악해 낸다.[21] 그리하여 주희와 마찬가지로 리와 기가 존재론적으로는 서로 떨어질 수 없는 '불리'의 관계에, 가치론적으로는 엄격히 구별되는 '부잡'의 관계에 있음을 강조하게 된다.

둘째, 태극에 대해 주희는 "음양을 떠날 수 있는 것이 아니며, 음양에 나아가서 그 본체를 가리킨 것이니, 음양과 뒤섞어서 말할 수 있는 것이

---

19) 『磻溪雜藁』, 「與鄭文翁東稷論理氣書」, 73쪽, "思之反覆, 以爲一物, 則明是非一, 以爲二物, 則不成爲二. 然一之方見合一之妙, 二之未得爲二之實. 乃更聚集繫辭傳及周程之書, 從容以觀, 飜然似有覺得."

20) 정병련은 여기에서 주희의 '一而二, 二而一'과 유형원의 '一則非一, 二則非二'의 차이를 드러내어 해석하고 있다. 정병련은 二와 非一, 一과 非二의 차이를 말한다. 그는 논리적 모순관계는 같지만 전자는 리기론에서 두 가지 인자만을 긍정하고 있는 반면 후자는 자체의 긍정과 부정이 동시에 공존한다고 본다. 그리고 전자를 相涵的 긍정적 관계로, 후자를 內涵的 융화적 관계로 설정한다. 정병련은 유형원을 주기론자로 규정한다. 정병련, 「유반계의 이기, 심성론」(1992), 13, 7~8쪽 참조.

21) 『磻溪雜藁』, 「與鄭文翁東稷論理氣書·別紙」, 77~78쪽 및 「又論人心道心書·又別紙」, 102쪽 참조.

아니다", "움직이면 양이 되고 고요하면 음이 되는 것의 본체"라고 했는데, 이에 대해 유형원은 '리기의 불상리와 불상잡의 오묘함'을 잘 드러내지 못한 것으로 "이 말만을 관찰하면 비록 이것이 분명할지라도 그리 폭넓게 본 것이 아니다", "매우 명백하기는 하지만 지나친 비약이다"라고 평가했다.[22] 그러나 이것은 주희의 해석이 지나치게 본원의 측면에서 부잡 관계에 초점을 맞춰 설명함으로써 현실적으로 오해의 소지를 안고 있다는 점을 비판한 것일 뿐, 주희의 견해에 대한 전면적 부정을 의미하는 것이 아니다.

셋째, 유형원은 "성인은 일음일양을 도라 하고 형이상과 형이하만 말했을 뿐 주자처럼 리선기후理先氣後를 말하지는 않았다"라고 하였다.[23] 언뜻 보면 주희의 리선기후설을 부정하고 있는 것 같지만, 사실 유형원의 본의는 리의 우위성을 강조하는 리선기후설은 자칫 오해를 불러일으킬 수 있다는 점을 우려한 것이다. 유형원 스스로도 본원에 대한 인식 없이 무조건 리기를 합하여 보는 것을 온당치 않은 것이라고 경계한다. 하지만 지나치게 리기의 대거·선후·분합의 문제에 치중한 공부 방법 역시 현실을 도외시하는 결과를 초래하게 된다고 본다. 그러한 공부 방법은 결과적으로 현실 문제를 냉철히 파악하고 대처할 수 없게 하기 때문이다. 유형원은 선후 문제에 집착할 필요 없이 다만 리기의 불리·

22) 『磻溪雜藁』, 「與鄭文翁東稷論理氣書·別紙」, 77쪽, "朱子解太極曰, 非有以離乎陰陽, 而卽陰陽而指其本體, 不雜乎陰陽而爲言. 若止觀此言, 雖是分明, 然看來未甚活. 其上文曰太極者, 所以動而陽, 靜而陰之本體也. 已極明白, 試觀聖人之言, 直是大快活" 참조.

23) 『磻溪雜藁』, 「與鄭文翁東稷論理氣書·別紙」, 82~83쪽, "或問有是理, 便有是氣, 似不可分先後. 朱子曰 要之, 也先有理, 只不可說今日有是理, 明日却有是氣, 也須有先後, 今按此是極本窮源之意. 然聖人言之不如此, 只說一陰一陽之謂道, 形而上形而下而已" 참조.

부잡 관계를 깨닫는 것이 성인의 본의에 접근하는 일이며, 현실에 처한 인간의 합당한 이해방식이라고 생각한다.24) 요컨대 유형원은 주희의 '리선기후'를 부정하는 것이 아니라, 도의 본원성은 분명히 인식하되 현실과 유리되지 않은 리를 인식함으로써 직면한 현실 문제에 적극 대처하고자 한다.

사실 『반계잡고』에서 유형원이 주희에 대해 의혹을 표명한 부분은 모두 주희가 부잡不雜의 측면에서 '리'의 우위성만을 강조할 때였다. 그리고 이것은 주희설에 대한 부정이 아니라, 리기불리의 현실을 등한시하는 등의 오해를 불러일으킬 만한 논지에 대한 경계였다. 이를 감안하여 유형원의 의도를 유추해 본다면, 그는 리의 본원성을 확보하면서도 현실과 유리될 수 없는 리를 상정함으로써 당면한 문제의 해결 근거로 삼으려 한 것으로 보인다. 이러한 검토를 통해 우리는 유형원이 성리학의 본체론적 사유 체계를 계승하면서도, 리기불리의 현실을 배제하는 리기론적 언설들에 대해 경계했음을 확인할 수 있다.

2. 리학의 실학적 적용

철학적 구조가 같다고 할지라도 현실 적용에 있어서 '어떤 부분에 중점을 두는가'에 따라 그 실현 방식은 달라진다. 예컨대 정주철학 체계 내에 리기의 불리·부잡 관계가 함께 언급되어 있다 하더라도, '리

---

24) 『磻溪雜藁』, 「與鄭文翁東稷論理氣書·別紙」, 81쪽, "蓋理氣不可以先後論, 不必以分合論. 惟形而上形而下最盡. 墨而觀之, 其妙矣乎" 参조

기부잡'에 중점을 둔 현실화는 모든 사물과 현상의 보편적 근거 확립 혹은 도덕적 가치 구현에 집중하는 방식으로 구체화되는 반면, '리기불리'에 중점을 둔 현실화는 직면한 사회적 · 정치적 문제 해결에 주력하는 경향으로 드러난다. 사실 '리기부잡'에 중점을 두는 것은 리의 본원성 · 절대성 강조를 통해 모든 사물과 현상의 존재 가치를 중시하려는 의도인 반면, '리기불리'는 모든 사물과 현상의 현실성에 초점을 맞추려는 것이다.

유형원은 불리 · 부잡의 리기론적 구조를 계승하지만, 리기론의 현실 적용에 있어서는 정주와 강조점이 다른 실현 방식을 내놓는다. 우리는 이황과 이이의 리기론적 관점에 대한 유형원의 평가를 통해 그의 강조점을 좀 더 선명히 읽어 낼 수 있다.

> 제 견해는 대개 율곡의 논의와 같은 것으로, 제 뜻 역시 그대가 제시한 것과 같습니다. 오직 퇴계의 설만이 주자와 같으니, 아마도 이것은 대순大舜의 본지를 얻었다고 여겨집니다. 다만 기수리승氣隨理乘이라는 말은 조금 분명하지 않은 것 같은데, 어떻게 생각하십니까?(아마도 율곡의 견해만 못한 것 같습니다. 이미 "리가 발하면 기가 따르고, 기가 발하면 리가 탄다"[理發而氣隨之, 氣發而理乘之]라고 말하게 되면 마음을 둘로 나누어 그 두 마음이 각각 리기를 갖추게 됨을 면치 못할 듯하니, 이것은 모두 분명하지 않은 것 같습니다.)[25]

유형원은 리의 본원성을 중시하는 이황의 설에 대해 '주자와 같으며',

25) 『磻溪雜藁』, 「答裵公瑾」, 108쪽, "鄙見大概與同栗谷之論, 區區之意, 亦如高明所示矣. 惟退陶之說, 與朱子相同, 恐此得大舜本旨也. 但其氣隨理乘之語, 似小有未瑩, 如何如何?(所疑非如栗谷之見. 但旣曰理發而氣隨之, 氣發而理乘之, 則似於未免爲兩心, 而各具理氣者, 然是疑於未盡明透耳.)"

'대순의 본지를 얻은 것'이라고 높이 평가한다. 그러나 이황의 리기호발설理氣互發說에 대해서는 이이의 견해만 못하다고 평가한다. 그것은 이황이 말하는 기수·리승의 설은 자칫 학자들로 하여금 마음을 둘로 나누어 인심과 도심이 '각각 독립적으로 리와 기를 갖는다'고 오해하게 만들 수 있다고 보았기 때문이다. 유형원은 지나치게 리와 기를 분리시켜 보려는 이황의 시각이 오히려 현실의 문제를 잘못 이해하는 계기가 될 수 있다는 우려를 표명했다.

유형원은 이이의 기발리승일도설氣發理乘一途說에 대해 '자신의 견해와 같다'고 평가한다. 이이는 리기관계에서 불리의 차원에 강조점을 둔다. 본원성에 치중되어 있는 내향적인 이황의 설에 비해, 이이의 논의들은 본원과 현실적 측면을 함께 드러낸다는 측면에서 내외를 겸하는 철학으로 일관되어 있다. 유형원은 가치론적 측면에서는 기에 대한 리의 본원성을 중시하는 이황의 설을 높이 평가했고, 작용의 측면에서는 리기의 불리 관계에 중점을 두는 이이의 설을 긍정했다. 부잡의 측면에서 리의 본원성을 깊이 인식하면서도, 불리의 측면에서 지나치게 리기관계를 나누어 보려는 경향을 경계하고 있는 것이다. 그는 리의 본원성에 대한 과도한 강조는 현실 문제를 제대로 인식하지 못하는 편향을 불러올 수 있다고 생각했다. 이렇듯 유형원은 이이의 설을 긍정함으로써 나뉘어 존재할 수 없는 리기관계의 냉철한 현실인식을 요구한다.

정주의 도기론道器論과 유형원의 도기론에 대한 인식의 차이는 리기론의 적용 방식에 대한 관점 차이를 해명하는 데 유효한 시각을 제공해준다. 송대 도기론은 '기器를 떠난 도道를 상정할 수 없다'는 것을 곳곳에서 언급함으로써 도기합일의 현실적 관계를 인식하면서도, 다른 한편으로 '도는 기보다 우위를 점유한다'는 점을 한층 더 강조함으로써 현상보다는 가치의 차원에 훨씬 더 비중을 둔다. 정주는 형이상과 형이하의 엄격한 구분을 강조하며, 기器와는 다른 층위에 있는 '도道'에 대한 선명한 인식이 상·하를 가장 분명하게 나눌 수 있는 결정적 계기라고 생각한다.

> 「계사전」에서는 "형이상자를 도道라고 말하고, 형이하자를 기器라고 말한다"라고 했다…… 도를 말하는 까닭은 오직 이 용어만이 상·하를 가장 분명하게 나눌 수 있기 때문이다. 원래 이 도일 뿐이니, 요체는 사람이 묵묵히 그것을 깨달아야 한다.[26]

정호는 '도와 기를 분명히 구분할 줄 아는 것'이 학문의 요체라고 생각했다. 이는 보편과 특수, 본체와 현상을 나누는 일이지만, 그 본의는 기보다 도를 강조하려는 의도로 보인다. 정이 또한 "한 번 음하고 한 번 양하는 것을 일컬어 도라고 한다 했는데, 도는 음양이 아니다. 한 번 음하고 한 번 양하는 까닭이 도이다"[27]라고 말하여, 도와 기가 현실적으로 나뉘어 작용하는 것은 아니지만 도는 기가 그렇게 운동하게 만드는 내재적 근거로서 있는 것임을 강조한다. 도기분리의 차원에서 본체인 도를 중시하는 정호, 정이의 견해는 주희의 도기론으로 계승된다. 주희에게 도는 기에 내재된 것으로, 현상적으로 알아보기 어렵다.[28] 하

---

26) 『二程遺書』, 卷11, 92上, "繫辭曰, 形而上者謂之道, 形而下者謂之器.……而曰道者, 惟此語裁得上下最分明. 元來只此是道, 要在人默而識之也."

27) 『二程遺書』, 卷3, 58下, "一陰一陽之謂道. 道非陰陽也. 所以一陰一陽道也."

28) 『朱子語類(五)』, 卷75, 「易十一·上繫下」, 1935쪽, "形以上底虛, 渾是道理, 形以下底實, 便是器.……'形而上者'指理而言, '形而下者'指事物而言. 事事物物, 皆有其理, 事物可見,

지만 주희는 "형이상·하의 측면에서 보면 어찌 선후가 없을 수 있겠는가!"[29]라고 하여 형이상자인 도의 본원적 가치를 강조한다. 이는 주희의 도기분리적 관점을 잘 보여 주는 대목이다.

정주의 이러한 관점은 결국 현실 문제에 있어 '도덕적 본성 회복'을 중심으로 나타난다. 예컨대 주희의 시대에 남송의 관료 윤리는 금과의 위급했던 군사 대치 상황에도 불구하고 북송 대에 비해 훨씬 더 부패하고 타락한 것이었다. 주희는 남송 당시의 어지러운 사회 상황이 황제를 비롯한 고위 관료들의 부패에서 비롯되었다고 보고, 혼란한 사회상을 회복하기 위해서는 황제를 비롯한 고위 관료 그리고 각급 지방관원들의 공직 윤리를 바로잡는 일이 절실하다고 보았다.[30] 주희에게 '수기修己'는 '치인治人'의 전제조건이다. 주희가 『대학』의 '성의·정심·수신·제가·치국·평천하'라는 조목 앞에 '격물·치지'라는 조목을 보충한 까닭은, 치국·평천하라는 사회적·정치적 가치 실현에 앞서 '사물의 이치 궁구'와 '도덕적 본성 회복'이 선결되어야 한다고 설정했기 때문이다. 정주는 '도'가 밝아지면 '기'에 해당하는 현실적 폐단은 자연히 회복될 것이라고 생각했다. 이렇게 보면 정주에게 도기는 분리될 수 없는 것이기는 하지만, '기'의 현실 앞에 '도'의 구현을 전제한다는 측면에서 본말·선후의 구분이 분명해 보인다. 요컨대 정주는 도기합일적 관점을 견지하면서도 사태에 직면해서는 성리학적 가치와 이상인 '도'의 실현

而其理難知" 참조.

29) 『朱子語類(一)』, 卷1, 「理氣上·太極天地上」, 3쪽, "自形而上下言, 豈無先後!"

30) 이승환, 「주자의 형이상학에 담긴 사회철학적 함의」, 『유가사상의 사회철학적 재조명』(고려대학교 출판부, 1998), 329~30쪽.

을 우위에 두는 '도기분리'의 관점에 초점을 두었고, 이를 위정자의 도덕성 회복의 근거로 삼았다.

도기론에 대한 유형원의 기본적 입장은 합일·분리 관계를 모두 고려한다는 점에서 정주의 시각과 다를 바 없다.[31] 그러나 그 현실 적용에 있어서 '도기합일'의 차원에 중점을 둔다는 점에서 정주와 그 실현 방식이 다르다. 유형원은 합일의 도기론을 양란으로 파탄에 이른 조선의 사회체제를 재정비하기 위한 이론적 토대로 삼는다. 이는 위정자의 정심正心 회복으로부터 시작하는 정주의 도기분리적 실현 방식과 다른 지점이다. 오광운은 『반계수록』 서문에서 정주와 구분되는 유형원의 도기론 적용 방식을 밝혔다.

> 정주는 대현大賢으로서 개연慨然히 삼대三代의 다스림에 뜻을 두었는데, 그 논저를 보면 '도'에는 상세하지만 '기'에는 부족하니 이는 무슨 까닭인가? 대개 그 때가 맹자의 시대로부터 내려올수록 '도'의 잃음 또한 날로 멀어진 까닭에 여러 군자의 마음이 이 '도'에만 급급하고 바빠서 '기'에는 겨를을 두지 못했기 때문이다. 대개 '도'가 밝아지면 '기'는 자연히 회복되리라고 여겼던 것이다…… 정주 이후로 '도'가 밝아지지 않았다고 말할 수는

31) 기존의 연구들은 흔히 실학의 도기론을 합일적 차원으로, 성리학의 도기론을 분리적 차원으로 파악한다. 또 실학을 도기합일적 차원으로 이해하는 일부의 논의는 실학의 도기론이 반주자학적 성격을 갖는다고까지 주장한다. 윤사순은 실학의 특징으로 도기일치론을 제기한다. 김준석은 실학의 도기일치론은 기존의 성리학적 구조를 벗어난 반주자학적인 것이라고 주장한다. 원재린은 성리학의 도기론을 분리적 관점에, 실학의 도기론을 합일적 관점에 있다고 주장한다. 정병석은 송대 도기론을 분리적 관점으로 규정한다. 윤사순, 「실학사상의 철학적 성격」, 『아세아연구』 19(1976); 김준석, 『조선 후기 정치사상사 연구: 국가재조론의 대두와 전개』(2003); 원재린, 「조선 후기 성호학파의 '下學'觀과 '道器一致'론」, 『역사학보』 180(2003); 정병석, 「易傳의 道器結合的 聖人觀」, 『유교사상연구』 28(2007).

> 없는데도 '기'의 흩어짐은 여전했으니, '도'가 어찌 일찍이 '기'를 떠나 홀로 이루어지겠는가! 이에 후일의 군자(유형원)가 황왕皇王의 도·기를 품고 정주가 미처 이루지 못한 것을 보완하려 하여 이 '기'에 급급히 하고 바빠함을 마땅히 하니, 이것이 또한 어찌 정주가 이 '도'에 급급하고 바빠했던 것과 다를 바 있겠는가?[32]

오광운은 도기론의 적용 방식에 있어서 정주가 '도'의 실현에 중점을 두었다면 유형원은 '기'의 실현에 중점을 두었다고 본다. 물론 유형원이 '기'의 현실에 급급히 하고 바빠했던 것은 본체인 '도'의 실현을 위한 것이었다. 그러므로 이러한 유형원의 노력은 정주가 혼란한 사회상을 극복하기 위해 '도'를 현실에 구현시키려는 노력과 본질적으로 다르지 않으며, 그런 점에서 보완적 성격을 갖는다. 이 점은 그들의 이론적 토대와 그 궁극적 목적은 같지만 현실 적용에 있어 중점을 두는 대목이 다를 뿐이라는 것을 함축한다. 그래서 오광운은 유형원이 '도기합일'을 현실 문제 해결의 근거로 삼았다고 본다. 전쟁으로 인한 국가 질서의 붕괴 현상을 재정비하는 일, 군사력을 강화하는 일, 민생을 안정시키는 일 등 나라 안팎으로 제기되는 문제들에 대한 유형원의 입장은 위정자의 정심 회복보다 법·제도의 정비와 그 적용이 우선적인 것이었다. 유형원의 학문 범위가 정치·경제·군사·교육뿐만 아니라 역사·지리·언어 등 각 방면으로 넓게 포진되어 있음은 그것을 잘 입증해 준다.

---

32) 『磻溪隨錄』, 「隨錄序」, "夫以程朱之大賢, 慨然有意於三代之治, 而其所論著, 詳於道而闕於器何也? 蓋其時視孟子之時又益降矣, 道之喪也日遠, 故諸君子之心, 汲汲皇皇於斯道, 而於器則未遑焉. 蓋其意以爲道明則器自復爾.……然程朱以後, 道不可謂不明, 而器之蕩然者自如, 道何嘗離器而獨行哉! 後之君子, 抱皇王之道器, 補程朱之未遑者, 宜其汲汲皇皇於斯器, 亦何異於程朱之汲汲皇皇於斯道也."

정리해 보면, 유형원의 도기론은 이론적인 측면에서 정주 도기론 체계를 계승한 것이었다. 그러나 현실 적용의 측면에서 유형원은 도덕적 권고가 아니라 '도기합일'의 시각을 근거로 법·제도의 직접적 실현을 통한 국가의 사회적·정치적 안정을 이루려 했다. 이는 정주가 도의 실현을 우선시하여 '도기분리'적 차원에서 위정자의 도덕성 회복을 현실 문제 해결의 선결과제로 삼았다는 점과 대비를 이룬다. 이렇듯 유형원은 정주 도기론의 구조를 계승하면서도 현실 문제의 적극적 해결에 중점을 두는 결과를 도출하게 된다. 이는 도덕적 '권고'의 차원에서 현실의 직접적 '규제'의 차원으로의 시각 전환을 의미한다.

유형원은 리의 '실제적 역할'에 주목하여 리를 '법·제도' 등의 현실적 규범에 적용함으로써 현상을 제어할 수 있다고 생각했다. 이는 '리'를 실리實理·물리物理로 해석할 수 있는 계기가 된다. 유형원은 본원자인 리에 도덕법칙의 의미보다는 당면한 문제를 직접적으로 해결할 수 있는 법·제도의 의미를 보다 강하게 부여한다. 유형원에게 '리'와 '도'는 '법·제도'로 현실화되는데, 우리는 이러한 그의 이해를 '리법일치'·'도법일치'의 사유로 규정할 수 있을 것이다. 유형원에게 법·제도의 실현은 곧 리의 실현이자, 개별자 모두에게 실질적 이로움과 안정을 줄 수 있는 것이었다. 유형원의 이러한 견해는 실리론에 근거한 제도론으로 구체화된다. 성리학의 도덕 중심의 철학 체계가 유형원에 와서 사회적 차원으로 응용되고 있는 것이다.

3. 물리物理의 제도적 전개

유형원은 리를 '실리實理'·'물리物理'로 정의한다. "리는 단지 실리實理일 뿐"[33], "리는 매우 진실하고 매우 실제적인 것임을 체험으로 깨달았으니, 만약 지극히 참된 것이 아니면 리라고 할 수 없다"[34]라는 유형원의 규정은 리에 대한 존재론적 해석에서 벗어나려는 경향을 잘 보여주는 대목이다. 유형원에게 실리는 본원적 위상을 가지면서도 현실과의 상관성 속에서 파악된다는 점에서 실제적인 것으로 이해된다. 유형원은 '리'를 좀 더 현실적·물리적 차원에서 규정하려 한다.

> 만약 단지 "리는 기의 리이다"라고만 말한다면, 인의仁義는 기인가, 리인가?(인의를 사람의 理라고 한다면, 리는 마땅히 物의 리라고 말해야지, 氣의 리라고 말한다면 온당치 않다. 여기에서 리의 본체는 순수해서 기에 섞이지 않음을 알 수 있다.)[35]

유형원에게 리의 본체는 가치론적으로 순수하여 기에 섞이지 않는다. 동시에 현실적으로는 '기의 리'(氣之理)가 아닌 '물의 리'(物之理)이다. 그는 "성인이 준칙을 세우는 도는 물리物理에서 벗어나지 않는다"[36]라고 하여 리의 위상을 좀 더 현실적 차원에서 설정하려 한다. 물론 정주의 리도 본원성을 가지면서도 실제성을 갖는 실리이고 물리이다.[37] 다만 유

---

33) 『磻溪雜藁』, 「與鄭文翁東稷論理氣書·別紙」, 79쪽, "理只是實理."

34) 『磻溪雜藁』, 「與鄭文翁東稷論理氣書·別紙」, 81쪽, "覺得理是至眞甚實, 若非至實, 無以爲理."

35) 『磻溪雜藁』, 「與鄭文翁東稷論理氣書·別紙」, 80쪽, "若但謂理是氣之理, 則所謂仁義者, 是氣耶理耶.(仁義, 卽人之理, 則理當謂物之理, 不當謂氣之理. 可於此處, 見得理之本體, 粹然不雜乎氣處也.)"

36) 『磻溪雜藁』, 「與鄭文翁東稷論理氣書·別紙」, 79쪽, "聖人立極之道, 非外於物理也."

형원이 정주의 실리·물리를 수용하면서도 굳이 리를 '기의 리'가 아닌 '물의 리'로 설명하려는 의도는 다음 두 가지로 해석된다. 첫째, 유형원은 '기의 리'를 부정하는 것이 아니라, 다만 '리는 단지 기의 리일 뿐'이라고 말해 버리면 나흠순이나 서경덕이 말한 '기의 리'처럼 기에 대한 리의 주재성이 왜곡될까 우려했던 것이다. 그는 "'리는 단지 기의 리일 뿐'이라고 말하는 것은 기를 위주로 한 것이니, 리는 주재함이 없게 된다"[38]라고 말한다. 둘째, '기의 리'는 존재 중심의 설명이고, '물의 리'는 현상 중심의 설명이다. 유형원은 리를 '물의 리'로 규정함으로써 존재의 차원에서 현상의 차원으로 끌어낸다. 유형원에게 "도는 처음부터 하늘과 인간의 구별이 없다. 백성은 하늘이 낸 것이고, 인간의 사업은 곧 하늘의 조화를 이룬 공효이다."[39] 그에게 현상에서의 물리 실현은 곧 천리의 실현을 의미한다.

유형원은 물리를 사물에서 파악될 수 있는 객관적 법칙성으로 이해한다. 유형원의 사물에 대한 객관적 인식의 기본 기조는 사적 감정을 배제하는 것이다. 인간의 사적 감정을 배제하고 사물의 객관적 이치를 인식한다는 것은, 사물의 이치로써 사물을 살피는 일이다. 그는 "도라는 것은 모든 사물이 마땅히 행하는 이치이기 때문에, 사물 밖에서 이치를 구하면 얻지 못하게 된다"[40]라고 말한다. 이러한 인식 방법은 현상의

37) 오하마 아키라, 『범주로 보는 주자학』(이형성 옮김, 예문서원, 1997), 45~52쪽 참조
38) 『磻溪雜藁』, 「與鄭文翁東稷論理氣書 · 別紙」, 79쪽, "理只是氣之理而已, 則是以氣爲主, 理不爲宰也."
39) 『磻溪雜藁』, 「與鄭文翁東稷論理氣書 · 別紙」, 81쪽, "道未始有天人之別. 人之民, 卽天之物, 人之事業, 卽天之造化之功也."
40) 『磻溪雜藁』, 「答梁退叔」, 113쪽, "所謂道者, 皆是事物當行之理, 故外事物求理不得也."

객관적 법칙을 정확하게 인식하고 운용하기 위한 요체이다.

유형원의 물리에 대한 객관적 인식의 연원은 장재·정호·소옹·주희로 거슬러 올라간다. 장재는 "리는 인간에게 있는 것이 아니라 사물에 있다"[41]라고 하였다. 장재의 물리는 인식자 개인의 사적 감정으로 결정되는 것이 아니라 객관적으로 사물에 존재하는 것이다. 그는 "만일 궁리를 모른다면 평생을 꿈꾸며 사는 것과 같다"[42]라고 하여 객관적 물리의 궁구를 강조한다. 정호 역시 그의 격물설에서 "사물을 사물 그대로 대할 뿐 사물을 자기의 입장에서 대하지 않으니, 무아無我이다"[43]라고 하였다. 사물을 인식할 때 개인의 사적 감정을 개입시키지 않는다는 점에서 정호의 인식 방법 역시 객관성을 확보하려는 것으로 보인다. 또한 소옹의 관물법도 장재·정호와 같은 맥락에 있다. 그가 사물을 보는 방법은 눈이나 마음으로가 아니라 '사물로써 사물을 보는 것'이다.[44] 소옹의 이러한 관점은 관찰자의 사적 감정의 개입을 배제하는 것이다. 주희의 경우도 "격물이란 오직 한 사물에서 그 사물의 이치를 끝까지 궁구하는 것이다"[45]라고 하여 객관적 물리 인식 방법을 제시했다. 이렇듯 장재·정호·소옹·주희는 각기 다른 철학적 시각에도 불구하고 '사물로써 사물을 살피는' 물리의 객관적 인식 방법을 제시한다는 점에서 그들의 의견은 일치한다.

이러한 물리의 인식 방법은 유형원에게 그대로 수용된다. 유형원은

---

41) 『張載集』, 「張子語錄上」, 313쪽, "理不在人皆在物."
42) 『張載集』, 「張子語錄中」, 321쪽, "若不知窮理, 如夢過一生."
43) 『二程遺書』, 卷11, 97上, "以物待物, 不以己待物, 則無我也."
44) 『皇極經世緒言』, 「內篇」, 12장 12절 참조
45) 『朱熹集(五)』, 卷51, 「答黃子耕」, 2510쪽, "格物只是就一物上窮盡一物之理."

정동직에게 보내는 편지에서 소옹의 학문 경향에 대한 깊은 긍정을 표명하고,[46] 특히 그의 관물법에 관심을 보인다. 그는 "소옹은 물리의 학문이다. 물物을 관찰하여 그 이치를 알고, 물을 완색하여 그 오묘함을 터득한다"[47]라고 하여 소옹의 관물법을 정동직에게 소개함으로써 자신이 추구하는 물리의 인식 방법을 간접적으로 표명한다. 유형원에게 사물에 대한 온전한 인식은 사적 감정을 개입시키지 않고 그 사물을 있게 하는 근거인 '리'를 살피는 것이다. 이렇듯 유형원은 물리의 객관적 인식을 중시한다.

그러나 장재·정호·소옹·주희에게서는 물리 인식이 도덕 원리를 찾는 것이었다면, 유형원의 경우에는 현실 문제를 능동적으로 해결할 수 있는 객관적 준거를 찾는 일에 집중된다. 유형원에게 획득된 객관적 물리는 사회의 제도적·법적 준거로 기능하게 된다. 유형원은 실리를 보다 실질적 개념으로 끌어내려 제도론으로 정착시킴으로써 사회적·정치적 방향의 직접적 적용을 모색한다. 그에게 실리의 실현은 국가적 폐단을 보다 능동적으로 해결하는 것이었다. 유형원은 법·제도를 통해 국가적 안정을 실질적으로 이루어 낼 수 있다고 생각했다.

> 대저 법이란 장인匠人의 승척繩尺과 같고, 백성 다스릴 때의 모범과 같다. 이른바 승척을 승척으로 여기지 않고 이른바 모범을 모범으로 여기지 않으니, 비록 천하에 뛰어난 장인이 있다고 하더라도 집 한 칸, 그릇 한 개도 만들지 못하게 되었다. 세상에서 한갓 뛰어난 장인만을

46) 『磻溪雜藁』, 「與鄭文翁東稷論理氣書」, 72쪽, "往往讀康節之書, 自不覺其可喜, 似有秩然者."
47) 『磻溪雜藁』, 「與鄭文翁東稷論理氣書·別紙」, 83쪽, "康節物理之學也. 觀物而知其理, 玩物而得其妙."

> 말하기만 하고 그 승척과 모범을 쓸 필요가 없다고 여기는 자는 그 생각이 너무나 짧은 것이다.[48]

이는 나라를 다스림에 있어서 '승척'이나 '모범'과 같은 객관적이면서도 실질적인 법·제도가 필요함을 언급한 것이다. 유형원에게 도를 갖춘 법·제도의 실현은 곧 천리의 실현이다. 법과 제도가 실현되면 자연스럽게 인간은 악을 멀리하고 선을 행하게 된다.[49] 이제 유형원의 실리는 법·제도로 현실화되고, 실리의 제도적 전개는 개별 리의 실질적 실현을 의미하게 된다. 물론 실리 실현의 궁극 지점은 정주와 마찬가지로 도덕이상이 실현되는 사회이다.

정주에게도 치민책인 제도는 있었다. 주희의 『근사록』에 의하면 정호는 '고경잔폐孤煢殘廢'에 대한 실질적인 구제책을 강구한다.[50] 그러나 정호는 법치法治보다 도치道治가 바람직하다고 말한다.[51] 주희 역시 리를 인간 삶의 표준, 즉 당위적 근거로 규정하고 실천의 원리로 삼는다. 『대학』의 선후본말론은 바로 '실천'의 차원에서 논의된 것이었다. 그러나 주희가 '수기'와 '치인'을 본말의 관계로 설정하고 선후의 순서를 정한 것은 근본적으로 모든 인간관계를 '감응'의 관점에서 이해했기 때문이

48) 『磻溪隨錄』, 卷4, 「田制後錄下·國朝名臣論弊政諸條附」, "大抵法者, 猶匠人之繩尺也, 猶治人之模範也. 所謂繩尺非繩尺, 所謂模範非模範, 雖有天下良工, 無以成一間室一箇器. 世之徒談良工而謂不必用其繩尺模範者, 其不思甚矣."

49) 『磻溪隨錄』, 卷25, 「續篇上·女樂優戲」, "古者, 上自朝廷郊廟, 以至官府閭巷, 政敎號令, 衣服飮食燕樂, 莫非以天理, 而爲之制度. 故人皆習其事, 安其俗, 而不自知其日遷善遠罪也" 참조

50) 『近思錄』, 卷9, 599~600쪽, "度鄕村遠近爲伍保, 使之力役相助, 患難相恤, 而姦僞無所容. 凡孤煢殘廢者, 責之親戚鄕黨, 使無失所, 行旅出於其塗者, 疾病皆有所養" 참조

51) 『二程遺書』, 卷1, 9上, "先王之世, 以道治天下, 後世只是以法把持天下" 참조

며, 치인에 앞서 수기를 전제한 것은 덕치를 중심으로 치인을 이해했기 때문이다.[52] 주희에게 정치의 근본은 군주의 정심 회복이다.[53]

> 성인이 천하를 순종시켜 잘 다스릴 수 있었던 것은 사물마다 법칙을 만들어 따르게 해서가 아니다. 단지 각기 머물러야 할 곳에 머물도록 했기 때문이다.[54]

이처럼 정주는 법·제도 같은 '규범'보다 위정자의 '도덕성 회복'과 '솔선수범'을 우선시한다. 이를 통해 얻은 백성들의 감화는 리 실현의 궁극적인 도덕화된 이상사회에 도달하게 되는 전제조건이 된다.

이와 달리 유형원의 실리는 법·제도의 '규범성'을 갖는다. 이는 도덕적·당위적 근거로서 '도덕적 권유'를 통해 실현되는 정주의 실리와 구분된다. 정주 역시 제도를 강조하기는 하지만, 위정자의 정심 회복과 솔선수범을 통한 백성의 도덕적 감응을 우선시한다는 점에서 규범성을 갖는 유형원의 실리 실현 방법과 차별성을 갖는다. 유형원은 인간에게 개인적인 자제나 절욕 등의 당위적 도덕을 권유하는 것은 현실적 문제에 실효성이 없다고 보았던 것 같다. 그는 인성의 회복을 기대하기보다는 사회적 차원의 이익 조정이 더 유효하다고 판단했다. 그리하여 인간의 이기적 본성의 상호 충돌을 인정하고, 그것을 변화시키거나 억제하려하기보다는 법·제도를 통해 조절하려고 했다. 그런 점에서 유형원이

---

52) 이상익, 「주자와 율곡의 경세론」, 『율곡사상연구』 11(2005), 54쪽.

53) 『近思錄』, 卷8, 585쪽, "治道亦有從本而言, 亦有從事而言. 從本而言, 惟是格君心之非. 正心以正朝廷, 正朝廷以正百官" 참조.

54) 『近思錄』, 卷8, 581쪽, "聖人所以能使天下順治, 非能爲物作則也, 惟止之各於其所而已."

제시한 제도개혁안 역시 사회라는 공동체에서 인간 상호간의 사적 이익을 조절하고 보장해 주는 데 중점적 역할이 있다. 물론 사회에 실현될 법·제도는 당연히 도를 담고 있어야 하며, 그 절목 또한 자세해야 한다. 다음 인용문은 도와 제도의 관계, 절목에 대한 유형원의 견해를 잘 드러내 준다.

> 어떤 사람이 공(유형원)에게 묻기를 "선비가 평소 생활하면서 마땅히 밝아야 할 것은 도道입니다. 일을 행하는 것에 대해서는 다만 마땅히 그 대체大體만을 알면 그만입니다. 지금 그대는 꺼리거나 번거로워하지 않고 절목들을 두루 궁구하니 무엇 때문입니까?" 하였다. (이에 공이) 대답하였다. "천지의 이치는 만물에 드러나기 때문에 물物이 아니면 이치가 드러날 곳이 없고, 성인의 도는 만사에 행해지기 때문에 일(事)이 아니면 도가 행해질 곳이 없습니다. 옛날에는 밝은 지혜를 가르치고 행동을 교화시킴에 대경대법大經大法으로부터 하나의 사소한 일에 이르기까지 그 제도와 규식을 구비하지 않음이 없었습니다."[55]

어떤 사람이 유형원에게 '사물에 대해 대체만 알면 되지 왜 세세한 절목까지 번거롭게 궁구하는가'를 묻는다. 이는 '도'와 '대체'에 대한 자명한 인식만을 강조하는 도기분리적 차원의 본체론적 물음이다. 이에 대해 유형원은 '도는 사물에 드러나는 것이기 때문에 대체를 사물과 나누어서 볼 수 없다'고 대답하여 도기합일의 현상적 관점으로 대응한다.

---

55) 『磻溪雜藁』, 「磻溪柳先生行狀」, 247~48쪽, "或有問於公曰, 士當平居, 所當明者, 道也. 而至於事爲, 則但當識其大體而已. 今子之不憚煩而幷究思於節目間何也? 曰天地之理, 著於萬物, 非物理無所著, 聖人之道, 行於萬事, 非事道無迪行. 古者敎明化行, 自大經大法以至一事之微, 其制度規式, 無不備具."

이러한 언급은 개별 리, 즉 법·제도의 현실적 실현이 결국 도의 실현과 별개가 아님을 주장하는 것이다. 법·제도의 실현으로 이룬 국가의 안정은 결국 인간에게 도덕적 자각을 일깨워 줄 계기를 제공할 수 있기 때문이다.

유형원에게 실리의 실현은 더 이상 도덕적 권고에 머무르지 않는다. 유형원의 리는 규범성을 갖춘 법·제도의 형식으로 실용적 차원에서 기능한다. 법·제도 실현의 결과로 얻어진 국가의 안정이라는 실질적 이익은 곧바로 도덕의 사회적 실현으로 이어지는데, 이것이 바로 보편 리의 실현이다. 이런 점에서 유형원의 실리론은 '리법일치', '도법일치'로 규정될 수 있을 것이다.

4. 맺는 말

이 글의 주된 목적은 유형원의 실리론이 정주 리기론의 구조를 그대로 계승하면서도 법·제도를 '리'의 실현체로 규정함으로써 '리법일치', '도법일치'의 현실적 실현 방식을 제안하고 있음을 보이는 것이다. 유형원에게 정주의 '리'는 '도덕의 원리'가 아닌 '법·제도의 원리'로 새롭게 재규정된다. 유형원은 피폐된 사회에, 그리고 끝없는 욕망을 가진 인간에게 당위의 도덕을 권유하는 일보다는 본원자로서의 리를 함축한 '법·제도'를 실현시키는 일이 더 큰 현실적 실효성을 갖는다고 생각했다. 각각의 사물에서 추출된 객관적 실리는 법과 제도로 정립되며, 그렇게 정립된 법·제도의 실현은 국가의 안정을 이루어 주고 나아가 도덕이상을 실현시킬 수 있는 기반이 된다. 실리론을 제도론으로 정립시킨 유형원의 철학적 사유는 다음 두 가지로 정리된다.

첫째, 유형원에게 '리'는 가치론적으로 '기'와 섞일 수 없는 본원자로서의 위상을 가지면서, 동시에 현실적으로 '기'와 나뉠 수 없는 관계에 있다. 이는 유형원의 리기론이 정주의 리기론 체계를 그대로 계승하고 있음을 의미한다.

둘째, 유형원의 '리'는 도덕적 근거가 아닌 제도적 근거로 현실화된다. 유형원의 '실리'는 그 실현 방식에 있어서 '규범성'을 확보함으로써 정주보다 더 실질적이고 적극적인 차원에서 이루어진다. 사물과의 연관성 속에 있는 객관적 '실리'는 '법 · 제도'로 재정립되며, 현실적 적용을 통해 얻은 국가의 사회적 · 정치적 안정은 자연스럽게 도덕이상의 실현으로 이어질 수 있다. 이는 유형원의 실리론이 '리법일치', '도법일치'의 특징을 갖고 있음을 함축한다.

유형원의 실리론은 도덕성 회복의 근거가 되는 정주의 리기론을 '법 · 제도'라는 적극적 대응 원리로 재규정함으로써 침체된 사회 체제에 직접적으로 적용시킬 수 있는 계기를 마련했다. 유형원의 실학이 갖는 현재적 의미는, 시대적 격변 속에서 정주의 리학을 당시의 실질적 변혁 논리로 전환시킴으로써 현실을 극복할 수 있는 새로운 방향을 탐색하려는 시도였다는 점에서 중요성을 갖는다.

제2장 이익: '사실'과 '가치'의 이원성

이 장에서는 이익李瀷(1681~1763)의 사상이 '사실의 세계'에 실증적 검증에 근거한 자연주의적 시각을 견지하는 동시에 '가치의 세계'에 초월적 근거를 설정함으로써 사실적 통찰과 열망이 뒤섞인 '이원적 세계'를 상정하고 있음을 보이려고 한다.[1] 이러한 이익 사상 내부의 화해될 수 없

---

1) 송갑준, 안영상, 안영석, 윤사순의 연구들은 다양한 각도에서 이익 사상의 이원 구도를 조명하고 있다. 송갑준은 이익의 '경학'이 주자학적 범위를 넘어서지 못하며, '경세학'과도 상호 연계성이 보이지 않는다고 지적했다. 안영상은 이익이 '자연법칙'과 '규범법칙'을 분리, 이중성을 견지한 것은 전통의 계승과 합리적 과학 수용의 균형을 이루기 위한 것이라고 설명했다. 안영석은 이익의 성리설이 도덕적・형이상학적 성격의 '심성론'과 근세의 과학적・실증적 성과를 포괄한 '우주론' 간의 현저한 상위성・이중성을 함축하고 있다고 주장했다. 윤사순은 이익의 철학이 성리학적 측면인 傳乘과 실학적 측면인 改新의 이중성을 가진다고 보았다. 이들의 연구는 이익 사상에 함축된 이원 구도, 즉 형이상학적 속성과 과학적・실증적 속성을 풍부한 사례를 들어 설득력 있게 제시하고 있지만, 화해될 수 없는 이원적 구도의 내재적 본성에 대한 근본적인 물음이 없다는 점에서 한계를 갖는다. 김용걸, 김홍경의 연구는 이익 사상 자체의 체계성에 주목, 이익 사상에 내재된 규범적 인식과 과학적 인식의 갈등을 해소시키려고 했다. 하지만 이들의 시도는 '초월의 리가 어떻게 현상세계를 통제할 수 있는가? 또 초월적 본체를 상정한 이론이 의미하는 것은 무엇인가?'에 대한 반성적 물음이 결여되어 있다. 이 글에서 주로 의존한 체험주의적 관점은 '초월적 본체를 상정한 이익 사상의 이원성이 왜 화해될 수 없는 이원 구도인가?'에 대한 근원적 물음에 중요한 경험적 시각을 제공한다. 김용걸, 「성호의 자연 인식과 이기론 체계 변화」, 『한국실학연구』 창간호(1999); 김용걸, 『이익사상의 구조와 사회개혁론』(서울대학교 출판부, 2004); 김홍경, 「이익의 자연 인식」, 『실학의 철학』(한국사상사연구회 편저, 예문서원, 1996); 송갑준, 「이익의 경학관」, 『실학의 철학』; 안영상, 「성호 이익의 성리설 연구」(고려대학교 대학원 박사학위논문, 1998); 안영석, 「성호 성리설의 전개와 변용」, 『동양철학연구』 41(2005); 윤사순, 「성호 이익의 이중성: 그의 사상에 깃든 성리학과 실학의 성격」(한국실학연구회 제1회 학술발표회, 성균관대, 1991).

는 이원적 사유의 본성은 '우리의 것'과 '우리가 원하는 것'이 뒤섞인 사변의 결과로서, 그것은 그가 그토록 염원했던 경세제민의 유토피아가 비경험적·비실제적 가치에 통제되는 모습으로 그려진다. 그는 '사실의 세계'에 관찰과 검증의 과학적 방법을 적극 수용하여 실증적 합리성을 확보하면서도, '가치의 세계'에는 배타적 권위를 가진 보편의 리를 역동적 힘을 가진 실체로 재해석함으로써 우리의 신체적·물리적 영역에 대한 도덕적 제약을 강화했다. 그의 초월적 믿음은 현실에서 공적 효율성의 편향적 강조로 드러난다.[2] 그 결과 이익에게 그려지는 이상적 인간의 모습은 '본원의 세계'를 열망하는 '편향된 인간'이다.

이익에게 학문의 궁극적 목적은 '수기'와 '경세'의 양 날개를 실현하는 것이었다. 그는 17세기 이래 국가체제의 위기상황에서 의리명분만을 지나치게 강조하는 주자학자들의 비현실적 대응 태도와 폐쇄적 학문 태도를 강력히 비판하고, 경험과 실증에 근거한 통관점적 시각을 제안했다. 이익은 당시 학자들의 정주학에 대한 교조적 신봉을 비판하면서 끊임없이 '의심할 것'(致疑)을 강조했으며, 개방적 학문 태도에 대한 배타적 탄압을 두고 "오늘날의 학자들은 유가의 신불해와 상앙"이라고 비판했다. 대신 그는 박학과 경험에 기반을 둔 검증적 학문 태도를 표방했는데, 이러

2) 이 주장은 누구나 가질 수 있는 초월적 믿음에 대한 근본적 부정이 아니라, 초월이 특정한 '어떤 것'으로 재해석되어 삶의 영역에 합리적 근거로 강조될 때 가질 수 있는 위험성에 대한 지적이다. 이익의 합리성은 보편 원리인 '리'를 인식하고 따르는 것이며, 그 '리'가 함축하는 것은 '公'이다. 따라서 실제로 신체적·물리적 차원의 '私'적인 것들은 유감스럽게도 '위태롭고 위험한 것'으로 배척된다. 이익은 '리발'을 강조함으로써 현실적으로 공적 윤리의 강화를 열망했다. 하지만 그러한 열망이 의미하는 것은 사적 차원에 대한 억압이며, 그 이면에는 인간 조건에 대한 편향된 이해가 전제되어 있다.

한 그의 태도는 관념적·폐쇄적 세계관에서 경험적·개방적 세계관으로 나아가는 데 중요한 토대를 제공했다. 그의 경험적 사유는 시·공간을 초월한 '맥락중립적' 의리관을 강조하는 기존의 성리학자들과 달리, '형세'(勢)를 국가관·역사관의 중요 요소로 부각시킴으로써 '맥락의존적' 가치 척도를 제안하는 데까지 이르렀다. 그의 이러한 자연주의적 시각은 탈형이상학적 담론의 가능성을 여는 데 기여했으며, 그가 지향했던 경세제민을 실현시킬 결정적 계기를 제공했다.

그러나 이익은 다른 한편으로 성리학의 형이상학적 가정을 '의심 없이' 수용함으로써 경세의 지반인 '수기'의 기본 전제에 허점을 드러냈다. 이익은 성리학적 사유를 따라 ① '리'를 세계와 인성의 본질을 이루는 실체론적 개념으로 이해했고, ② 도덕을 본체화하는 형이상학적 도덕주의를 견지했으며, ③ 세계와 인간을 이원구조로 파악, 본체 세계와 마음에 배타적 우선성을 부여했다. 이익에게 초월과 선험의 영역은 '그 자체로' 순수한 선으로, 신체적·물리적 영역은 불선하고도 위험한 힘의 원천으로 이해된다. 때문에 그가 구성한 도덕 이론의 구도는 우리의 경험 지반인 신체적·물리적 영역이 시·공간을 초월한 준거에 의해 제약되는 모습으로 그려진다. 그의 이러한 이해는 '마음은 위 / 몸은 아래'라는 수직적 이원구도를 함축하며, 이 구도는 마음의 활동과 발현 양상을 그것이 정신적인 것이냐 신체적인 것이냐에 따라 도심과 인심, 사단과 칠정으로 이원화하는 데까지 이르렀다. 하지만 분열된 세계, 해체된 자아에 대한 이익의 견해는 검증된 결과가 아니라 도덕적 열망에 의한 편향된 사유의 산물일 뿐이다. 실제 우리의 정신적·추상적 사유는 신체적·물리적 경험에 근거하며, 동시에 강력하게 제약될 수밖에 없다.

그런 의미에서, '마음'을 다른 존재와 차별성을 드러내 주는 인간의 본질적 영역으로 규정하면서 '몸'을 합리적 사려를 가로막는 장애물로 보는 이원론적 이해는 부적절한 가르기의 결과이다. 결국 경험적·개방적 세계로 나아가는 데 중요한 토대였던 이익의 탈형이상학적 학문 태도는 '초월의 리'에 묶이게 되었다.

이상의 논의를 통해 도달할 수 있는 이익의 사유 구도는 화해 불가능한 '과학적·경험적 학문 태도'와 '직관적·관념적 학문 태도'가 양립한 모습이다. 이익은 경험적·물리적 차원을 토대로 과학적 검증의 학문 방법을 도입하여 관념적 추론보다는 '경험적 추론'을, 묵수적 수용보다는 '검증적 의심'을 추구함으로써 자연주의적 사유로의 전환에 중요한 계기를 마련했다. 하지만 다른 한편으로 초월의 리를 역동적 본체로 상정함으로써 능동적 차원에서 도덕적 제약을 강화한다. 이익에게 리는 공公적인 것으로 이해되지만, 그것이 은폐하는 것은 사私적인 것에 대한 억압이다. 결국 우리는 '가치 영역'에 대한 이익의 형이상학적 탐색이 그 자신이 그리도 갈구했던 '성경聖經의 뜻'에 부합한 것인지에 대해 의문을 갖게 된다. 공자의 도덕 이론은 시·공간적 조건을 고려한 공동체적 조화에 궁극적 목적이 있으며, 그것은 이익 혼자만의 지향에 그치지 않고 우리에게도 여전히 중요한 가치를 지닌다. 이익의 융합되지 않는 이원적 사유 구도는 인간의 '종적 신뢰'(specific committment)[3]에 기반을 둔

---

3) '종적 신뢰'라는 개념은 노양진이 보편의 지반인 종적 공공성이 현재와 같은 몸을 가진 인간들의 자연적 경험으로부터 도출될 수 있음을 구체적으로 설명하기 위해 도입한 용어이다. 필자는 보편적 준거를 초월적 영역이 아니라 신체적·물리적 경험으로부터 도출되는 종적 공공성에 근거함으로써 우리의 조건에 맞는 도덕적 근거를 확보할 수 있다고 본다. 노양진, 『몸·언어·철학』, 178~79쪽 참조

새로운 탐구의 필요성을 제기한다.

1. 유학적 묵수에서 경험적 의심으로

1) 실증적 사유

이익은 기존 유학자들의 여타 학문들에 대한 배타적 태도와 대비적으로, 이용후생의 학문에 대해 개방적 수용의 태도를 가졌다. 이러한 현실적 학문 태도는 '사실의 세계'를 인식하는 데 중요한 계기를 제공했다. 이익에게 자연과학적 지식은 이용후생의 측면에서 조선의 낙후성을 개선할 만한 획기적인 계기로 인식되었기 때문이다.

이익은 "이단을 전공하면 해로울 뿐이라고 하지만,…… 오히려 작은 도(小道)라도 참고할 만한 것이 있다"[4]라고 말하고, 또 "선 중에도 악이 있고 악 중에도 선이 있다"[5]라고 말한다. 또 "백성들을 편안히 살지 못하게 하고 생업에 힘쓸 수도 없게 하며 힘써 얻은 곡식을 마음 놓고 먹지도 못하게 하는 것이 노老·불佛과 무슨 관계가 있겠는가?"[6]라고 반문한다. 그는 천문, 지리, 역산曆算 등의 서학서를 두루 섭렵했는데, 특히 지리서와 지도는 그에게 세계를 바라보는 시각을 확장시키고 조선이

4) 『星湖僿說』, 卷14, 「人事門·異端」; 『星湖全書』 5, 496a, "子曰攻乎異端, 斯害也,……猶在小道可觀之內也." 이 글에서 이익의 원전은 『星湖全書』(全7卷, 驪江出版社, 1984)와 『星湖僿說類選』(安鼎福 編, 明文堂, 1982)을 저본으로 한다.

5) 『星湖僿說』, 卷20, 「經史門·古史善惡」; 『星湖全書』 6, 709c, "其實善中有惡, 惡中有善."

6) 『星湖僿說』, 卷14, 「人事門·異端」; 『星湖全書』 5, 496b, "南畝之民, 不得奠居, 不得用力, 又不得自食其力之所出, 與佛老何干措乎?"

처한 현실 문제를 실제적으로 접근할 수 있는 중요한 계기가 되었다.

이익은 자연의 물리적 현상을 탐구하면서 관찰과 검증의 학문 태도로 실증적 합리성을 확보하려고 했다. 그는 경험적 사실을 근거로 한대漢代의 천인감응설에 근거한 길흉화복 사상을 비판했으며,[7] 천문학적 이론을 근거로 해서 점성술을 인사人事의 길흉과는 전혀 상관이 없는 터무니없는 것이라고 부정하고[8] 또 점성술의 기초인 분야설은 세차歲差를 감안하지 않은 잘못된 것이라고 주장했다.[9] 또한 당시 음양가들이 길흉을 점칠 때 사용한 역서曆書였던 대통력은 오차가 크기 때문에 그것을 근거로 "운명을 추단하는 것은 믿을 만한 근거가 없다"[10]고 비판하면서, 대신 서양인 탕약망湯若望(Adam Schall)이 만든 '시헌력'이 해와 달의 교차와 일식, 월식에 착오가 없음을 증명하며 역도曆道의 극치라고 그 우수성을 인정했다.[11] 이익은 "기계와 수학에 관한 법은 후세 사람들이 정교하니, 비록 성인의 지혜라 하더라도 미진한 바가 있겠으나 후세 사람들이 그것을 계승하여 더욱 연구한다면 시간이 지날수록 더욱 정밀해질 것"[12]이라고 말해 자연 현상 탐구의 과학적 접근을 신뢰했다. 이러한 그의 실증적 학문 태도는 물리적 자연 현상에 대한 성리학의 '직관적 · 관념적 인식'에서 '과학적 · 경험적 인식'으로의 전환이라는 중요한

---

7) 『星湖僿說類選』, 卷1, 「天地上 · 天文門」, 畏災異, 20~22쪽 참조.
8) 『星湖僿說』, 卷2, 「天地門 · 老人星」; 『星湖全書』 5, 51d~52c 참조.
9) 『星湖僿說』, 卷2, 「天地門 · 分野」; 『星湖全書』 5, 35a 참조.
10) 『星湖僿說』, 卷1, 「天地門 · 時憲曆」; 『星湖全書』 5, 29b, "凡推命, 元無準信."
11) 『星湖僿說』, 卷2, 「天地門 · 曆象」; 『星湖全書』 5, 53b, "今行時憲歷, 卽西洋人湯若望所造於是乎, 曆道之極矣, 日月交蝕, 未有差謬, 聖人復生, 必從之矣" 참조.
12) 『星湖僿說類選』, 卷1, 「天地上 · 天文門」, 曆象, 31쪽, "凡器數之法, 後出者工, 雖聖智有所未盡, 而後人因以增修, 宜其愈久而愈精也."

의미를 갖는다. 이익의 서양 과학의 적극적 수용은 조선 사회에 만연했던 성리학의 초월적 세계관에서 벗어나 현실적 세계관을 견지하게 되는 중요한 계기였다.

이익의 경험적·실증적 차원으로의 관점 변화는 세계를 바라보는 가치관의 전환을 의미한다. 그는 '형세'를 국가관·역사관의 중요 판단 요소로 부각시킴으로써 시·공간적 맥락을 강조한다. 이익은 "천하의 일은 시대를 잘 만나는 것이 최상이고, 행·불행이 다음이며, 옳고 그름은 최하"[13]라고 말한다. 그에게 국가관·역사관의 중요 요소는 '형세'이며, 재덕才德이나 시비是非는 차후의 문제인 것이다. 이러한 이익의 생각은 '맥락적 가치'를 중시하는 것이며, 그런 점에서 시·공간적 맥락을 초월한 '확정적 가치'를 추구하는 기존의 성리학과 구분점을 갖는다.

> 적국과 이웃하는 길은 두 가지뿐이다. 화친해야 할 때는 화친하고, 끊어야 할 때는 끊어야 한다…… 스스로 내 힘을 헤아려서, 막을 수 있으면 막고, 혹시 세력이 대적할 수 없어서 막을 수 없다면 비록 잔패와 멸망을 당하더라도 후회하지 말아야 한다. 굳이 의義의 소재를 따질 필요가 없다.[14]

> 내가 생각하기에, 고금의 흥망은 어느 것이나 다 시세時勢에 몰려서 이루어지지 않은 것이 없으니, 반드시 사람의 재덕才德에 달려 있는 것만은 아니다.[15]

---

13) 『星湖僿說』, 卷20, 「經史門·讀史料成敗」; 『星湖全書』 6, 718d, "天下之事, 所値之勢爲上, 幸不幸次之, 是非爲下."

14) 『星湖僿說』, 卷13, 「人事門·和戰」; 『星湖全書』 5, 468b, "隣敵之道, 只有二. 可和則和, 可絶則絶.……自度我力, 可以禦則禦, 或勢不敵而不可禦, 則雖殘敗滅亡, 而無悔. 猶是義之所在, 無可如何."

15) 『星湖僿說』, 卷27, 「經史門·陳迹論成敗」; 『星湖全書』 6, 1039c, "余考之, 古今興亡, 莫非

이익은 당시 지식인들처럼 대의명분을 들어 숭명배청崇明排淸, 존화양이尊華攘夷의 입장을 끝까지 고수할 일이 아니라고 보며, 형세에 따라 얼마든지 외교정책이 바뀔 수 있음을 강조한다. 그가 보기에 국가의 안위를 위해서는 변화하는 정세에 대한 예리한 통찰과 탄력적 대응이 필요하다. 국가가 직면한 문제들은 결코 초월이나 선험에 근거한 확정적인 가치 기준으로 해결할 수 있는 것이 아니라, 형세에 따라 얼마든지 맥락적 가치가 새롭게 제안될 수 있기 때문이다. 요컨대 이익의 국가관·역사관에 적용된 합리성은 철저히 '맥락의존적'이다. 이익의 경험적·실증적 관점으로의 전환은 가치에 대한 확정적 관점을 넘어 상황윤리적 관점으로의 전환을 이루었다는 점에서 중요한 의미를 갖는다.

이러한 시각 전환에 따라 이익은 중국 및 주변 국가와의 관계뿐만 아니라 정치적·사회적 차원의 구조적 문제들까지도 철저히 반성적으로 재검토하게 된다. 이익은 사회적·정치적 구도에 대한 굳어진 편견들을 비판하고 나섰다. 그는 양반과 노비, 귀한 자와 천한 자의 확정적 신분 체계에 대해 비판을 가한다.

노비를 대대로 전하는 것은 고금을 통틀어 어느 곳에서도 없던 일이다.[16)]

천하에 태어나면서부터 귀한 사람은 없다. 오직 귀족 자제만 뽑는 것은 정치의 큰 폐단이다.[17)]

時勢所驅而成, 未必由於人之才德."

16) 『星湖僿說』, 卷12, 「人事門·六蠹」; 『星湖全書』 5, 410c, "奴婢傳世, 亘古今通, 四海無有者也."

17) 『星湖先生文集』, 卷30, 「雜著·選擧私議」; 『星湖全書』 1, 575c, "天下無生而貴者也. 獨取華胄, 乃爲政之大疵."

재능이 있는 사람이 태어나는 데에는 귀천의 차이가 없다. 지금은 오로지 문벌만 숭상하여, 소외된 사람들은 백 명에 한 명도 (벼슬길에) 나가지 못한다.[18)]

이익의 불합리한 계급구조에 대한 인식은 조선의 사회적·정치적 구조에 대한 근본적 문제 제기라는 점에서 의미를 갖는다. 임금과 백성의 관계 설정 역시 그 연장선상에서 이해될 수 있다. 이익은 군주와 백성을 '어느 한쪽도 없을 수 없는' 상호의존적 관계로 이해한다. 그의 사유에 따르면, 백성이 없으면 군주 또한 존재할 수 없는 만큼, 무한히 행사될 수 있었던 군주의 존귀한 권능은 축소되고 상대적으로 백성의 위상이 그만큼 확대된다.[19)] 이익의 이러한 관점은 불합리한 사회적·정치적 구조에 관한 근원적 반성이라는 점에서 '사실의 세계' 인식에 중요한 시각을 제공한다.

2) 닫힌 확장

이익은 학문의 궁극적 목적을 '수기안인'과 '경세치용'이라는 양 날개의 실현으로 보았다.

경서를 연구하는 자는 반드시 본뜻을 추구하고 방증을 철저히 해서 자기

---

18) 『星湖先生文集』, 卷30, 「雜著·論用人」; 『星湖全書』 1, 579a, "才器之生, 貴賤無別. 今也則專尙門閥, 疎遠者, 百無一進."

19) 『星湖僿說』, 卷14, 「人事門·一年兩秋」; 『星湖全書』 5, 489a~b, "夫君勞心以治之, 民勞力以事之, 兩相報惠, 如父育子其子孝其父, 不可闕一. 君而無民, 亦匹夫, 匹夫之養, 無以報, 尙猶可恥, 況億兆之養乎? 爲人上者, 常以匹夫之心爲心, 億兆亦將以君心爲心, 兩相報惠, 而無愧矣" 참조.

자신을 닦고 세상을 안정시키는(修己安人) 기본이 되게 해야 한다.[20]

경서를 궁구함은 장차 치용을 위해서이다. 경서를 말하면서 천하만사를 염두에 두지 않는다면, 이는 다만 책 읽는 것에만 능한 것일 뿐이다."[21]

그래서 이익은 당시 직면한 현실 문제에 대해서도 의리명분만을 앞세우는 당시 주자학자들의 비실제적·비실용적 태도를 불만스럽게 생각했다. 당시 주자학을 신봉하는 학자들은 경세치용, 부국강병 등 실질적 문제들을 제쳐두고 의리명분만을 지나치게 강조한 나머지 조선이 직면한 현실적 혼란을 온전히 직시하지 못했다. 특히 그들은 조선 사회 혼란의 근본적인 원인이 '도덕적 결핍'이라고 인식했기 때문에, 경세론보다는 수양론에 치우치는 경향이 강했다. 이에 대해 이익은 이렇게 지적하고 있다.

대저 가난한 선비가 집에 있으면서 위로 부모를 섬기고 아래로 처자를 기르는 것이 모두 학문의 일인데…… 손으로는 갈고 심는 것(耕稼)을 알지 못하고 입으로는 자산(資産)에 대해 말하지 않아 부모와 처자가 얼고 굶주리며 노비들이 흩어지고 떠나가게 되니, 쓸모없는 결과가 되지 않겠는가? 나라를 다스리는 데에 있어서도 무엇이 이와 다르겠는가?[22]

20) 『星湖僿說』, 卷27, 「經史門·窮經」; 『星湖全書』 6, 1008d, "窮經者, 必能推究本旨, 到底旁證, 爲修己安人之基."

21) 『星湖僿說類選』, 卷6, 「經史·經書門」, 誦詩, 46쪽, "窮經將以致用也. 說經而不措於天下萬事, 是徒能讀耳."

22) 『星湖僿說』, 卷13, 「人事門·永康事功」; 『星湖全書』 5, 472c~d, "夫貧士之居家, 仰事府育, 皆學問中事.……手不知耕稼, 口不言資産, 父母妻子凍餒, 臧獲散離, 豈不爲無用之歸耶? 其在國, 何以異是哉?"

이익이 생각하는 참다운 학문은 수기안인의 기본이면서 동시에 일상적 문제에 실질적 도움을 줄 수 있는 실용적인 것이어야 한다. 이런 점에서 그가 제안한 유학의 모습은 현실 문제를 해결할 수 있는 실제적인 것이어야 한다.

이익은 묵수적 학문 태도에서 과감히 벗어날 것과 철저한 의심으로부터 학문적 토대를 구축해 갈 것을 주문한다. 그는 '학문적 의심'(致疑)이 진정한 학문의 출발점이자 유학의 본래적 태도라고 보고, 당시 조선 사회의 폐쇄적이고 무비판적인 학문 태도를 비판한다. 그는 정주학에 대한 교조적 맹종에 대해 "후세 사람들의 주자 존모가 주자의 맹자 존모보다 더 심하다"[23]라고 비꼬면서 그들의 배타적 폭력성에 대해 "유가의 신불해요 상앙"[24]이라고 비판한다. 그는 경전의 정주학적 해석을 맹신하는 학문적 풍토가 오히려 유가의 본지를 거스르는 것이라고 생각해서, "한 글자만 의심해도 망발이라고 하고, 고증·비교·대조하면 범죄라고 한다. 주자의 글도 오히려 이와 같은데 하물며 고경古經에 있어서랴. 우리나라의 학문이 우둔함을 벗어나기 어렵다"[25]라고 당시의 폐쇄적 학문적 풍토를 한탄했다. 이렇듯 이익의 학문 태도는 관념적 추론보다는 '경험적 추론'을, 묵수적 수용보다는 '검증적 의심'을 추구한다는 점에서 이전의 직관적 추론 방식의 학문관에서 과감히 탈피하는 전환적 의미를 갖는다.

---

23) 『孟子疾書』, 「序」; 『星湖全書』 4, 491c, "後人之尊朱子, 殆有甚於朱子之尊孟子."
24) 『孟子疾書』, 「序」; 『星湖全書』 4, 491c, "今之學者, 儒家之申商也."
25) 『星湖僿說』, 卷21, 「經史門 · 儒門禁網」; 『星湖全書』 6, 763d, "但曰一字致疑則妄也, 考校參互則罪也. 朱子之文, 尙如此, 況古經乎? 東人之學, 難免魯莽矣."

그러나 이러한 이익의 실증적 학문 태도는 '가치의 세계'에까지 미치지는 못한 것으로 보인다. '가치의 세계'에 대한 그의 사유에는 여전히 '리'가 당위의 근원으로 확고한 자리를 차지하고 있으며, 인간이라면 누구나 그것을 '인식할 수 있다'는 강한 믿음이 깊게 뿌리내리고 있기 때문이다. '사실의 영역'에 근거한 그의 경세론은 경험적 · 물리적 차원에서 철저히 검증된 것에 의미를 부여한 반면, '가치의 영역'에 근거한 그의 수양론은 주희와 이황의 철학을 묵수적으로 계승하고 있는 것이다. 이익의 사회개혁사상은 율곡 이이와 반계 유형원의 개혁론을, 역사의식은 허목을 계승한 것이었다. 그는 토지, 화폐, 과거, 조세 문제에 이르기까지 조선 전반의 제도적 문제에 대해 실질적 차원의 문제 제기를 시도했다. 뿐만 아니라 그의 역사의식 강조는 동아시아의 세력 구도 안에서 조선이 현실적으로 가져야 할 자주의식을 고취시키는 차원에서 이루어진 것이었다. 물론 이 모두는 경험적 · 물리적 차원의 검토 결과로 도출된 것이다. 반면, 그의 도덕적 기반은 철저히 정주학을 따라 선험적 · 초월적 근거인 '리'로부터 유한의 '기'가 통제를 받도록 설정되어 있다. 그의 리는 기와 대립적 위치에 있는 것으로서 시 · 공간을 초월한 존재 근원, 도덕 원리, 활동 주체의 위상을 갖는다. 이익의 이러한 태도는 사실의 영역에 과학적 · 경험적 태도를 과감히 적용하면서도 가치의 영역에는 당시의 조류였던 리기론의 형이상학적 토대를 '의심 없이' 수용했기 때문이다.

군자는 이치(理)로써 기운(氣)를 통제하여, 움직일 때(動)나 고요할 때(靜)나 항상 도道와 합하도록 해야 한다. 그렇지 않은 경우는 이치가 막히고 기운이 작용하여, 영명한 마음이 도리어 (기운의) 부림을 받게 된다…… 이 지경에 이르면 비록 금수만 못하다 해도 괜찮을 것이다.[26]

이익은 인습적인 유학적 묵수를 배격하고 과학적·경험적 차원의 회의와 검증을 강조하였으며, '경세치용'의 실질적 구현을 위해 학문의 개방적 수용을 표방했다. 하지만 그가 실현하려던 또 다른 날개였던 '수기치인'은 그 근거로 초월적 리를 설정함으로써 상상된 도덕 원리를 상정하게 되었다. 상상된 도덕 원리가 갖는 태생적 한계는 공유 불가능한 영역에서 만들어진 것이라는 점이다. 결국 그의 실증적 사유에 근거한 학문적 의심과 통관점적 지향은 초월적 믿음에 의해 통제된다는 점에서 '닫힌 탐색'으로 규정될 수 있을 것이다. 요컨대 이익의 사상은 경험에 기댄 경세론과 초월에 기댄 수양론이 양존하는 이원적 구도를 갖는다.

이익의 경세론은 신체적·물리적 차원의 통찰이라는 점에서 직면한 문제로부터 우리를 구제할 수 있는 유효한 제안이었다. 하지만 그의 수양론은 초월에 근거한 이상적 근원, 원리에 대한 신봉이라는 점에서 오히려 우리를 혼란에 빠뜨리는 결정적 계기가 되었다. 전자가 '우리의 것'에 대한 탐색이라면, 후자는 '우리가 원하는 것'에 대한 탐색으로 규정될 수 있을 것이다. '우리가 원하는 것'에 대한 이익의 탐색은 그의 인간 이해에도 그대로 반영되어 이원화된 자아를 만들어 낸다.

26) 『星湖僿說』, 卷13, 「人事門·色欲」; 『星湖全書』 5, 467d, "君子以理御氣, 動靜合道. 不然者, 理閉而氣用事, 靈覺之心, 反爲所使.……到此謂之禽獸不若可也."

2. 해체된 자아

1) 마음은 본질, 몸은 비본질

이익은 '사실의 세계'에는 과학적 · 경험적 방식을 과감히 도입한 반면에 '가치의 세계'에는 직관적 방식을 고수함으로써 세계 인식에 대한 이원적 시각을 갖게 되었다. 그의 이러한 이원적 시각은 인간을 바라보는 시각에도 그대로 반영된다. 가치의 세계를 부각시키기 위해 이익은 인간을 몸과 마음의 영역으로 나눈 뒤 마음의 영역을 선택적으로 강조함으로써 '해체된 자아'의 모습을 그려냈다.

이익에게 몸과 마음은 철저히 이원화된 모습으로 그려진다. 성리학에 따르면 몸에서 비롯된 악은 우리를 도덕 본체인 리로부터 멀어지게 하고, 신체적 욕구에 부림을 당하는 노예로 만드는 강력한 힘들로 이해된다. 따라서 몸은 마음의 통제 대상이 되며, 그들은 '마음은 위 / 몸은 아래'의 수직적 구도로 이원화된다. 이러한 이원적 구도는 과학적 사유를 지향했던 이익의 철학에도 고스란히 수용된다. 그에게 몸은 자기 보존 욕구의 뿌리인 반면, 마음은 본체 인식과 대상에 대한 영웅이라는 문제에 깊이 관여하는 것으로 이해된다.

이익에게 영명의 실체인 마음은 경험적 탐구의 영역이 아니라 직관의 영역으로 해석된다. 마음은 하늘로부터 부여받은 리를 본성으로 갖는다. 본성은 "마음에 갖추어진 이치"[27]로서 선 자체이며 인간을 인간답게 하는 보편적 본질인 까닭에, 그 본성을 포함하고 있는 마음은 몸에

---

27) 『大學疾書』, 「經」; 『星湖全書』 4, 658b, "心之所具之理曰性."

대해 우월한 지위를 확보한다. 다만, 성리학에서 모든 존재를 관통하는 도덕적 본체인 '본성'(性)이 강조되었던 반면, 이익에게는 대상을 인식하고 능동적으로 반응하는 '마음'(活心)이 한층 더 부각된다. 이는 보편의 본성을 통해 만물에 대한 본체적 통합을 꾀하려는 이전 성리학자들의 시도와 달리, 현실적 문제에 '능동적으로 영응하는' 마음의 능력을 강조하려는 의도로 보인다. 이러한 시각의 차이는 세계를 하나로 이해하려는 통합적 관점의 '본체적 인식'에서, 급변하는 세계에 적극적으로 대응하는 '능동적 인식'으로의 전환을 의미한다.

이익의 마음은 다시 '신명의 심'(神明之心)과 '혈육의 심'(血肉之心)으로 구분된다. 신명의 심은 혈육의 심 가운데 있는 기의 정영(氣之精英)으로서, 인간을 인간되게 하는 '본질'의 위상을 갖는다. 반면 혈육의 심은 신명의 집으로서 생명을 유지시키는 기능을 수행하는 심장을 말한다.[28] 신명의 심이 인간의 본질인 까닭은, 거울에 비유되는 '비어 있음'(空處), 물에 비유되는 '살아 움직임'(活處), 원숭이에 비유되는 '지각함'(知覺處), 특히 어느 것에도 비유할 수 없는 '영명함'(靈處) 등 네 가지 속성을 갖기 때문이다.

> (마음의) 공처空處는 거울에 비유하고, 활처活處는 물에 비유하며, 지각처知覺處는 원숭이에 비유하고, 여기에 영명(靈)을 더하면 된다. 그러므로 사람을 마음(心)에 비유하는 것도 괜찮으니, 사람이 방안에 있는 것은 마치 마음이 몸 안에 있는 것과 같다.[29]

---

28) 『星湖先生文集』, 卷22, 「雜著 · 心統性情圖說」; 『星湖全書』 1, 443d, "心有血肉之心, 有神明之心. 血肉之心, 是五臟之一, 卽所謂神明之舍也. 神明之心, 是血肉之心, 中氣之精英, 卽所謂出入存亡者也" 참조.

29) 『星湖僿說』, 卷18, 「經史門 · 心」; 『星湖全書』 6, 662c, "空處喩鑑, 活處喩水, 覺處喩猿, 加之以靈則得矣. 故以人喩心亦可, 人居室中, 如心在身內也."

> 심은 활물活物이라서 취할 수 없다. 비유하자면 겨우 거울과 같다고 말하고 물과 같다고 말할 수 있다. 거울이나 물은 물건이 와서 비치는 것일 뿐 영명하게 감응할 수는 없다.[30]

마음은 흔히 허명虛明하다는 점에서 거울에, 외물에 닿으면 쉽게 반응한다는 점에서 물에 비유되지만, 그 어떤 것도 영명하게 '감응'하는 마음의 능동적 작용에 비유될 수 없다. 신명의 심이 인간의 본질인 까닭은 사물에 영응하기 때문이며, 그런 능동적인 마음은 인간의 모든 행동에 영향을 미치는 행위의 주관자이다. 이렇듯 이익의 철학에서 영응하는 마음은 변화하는 세상에 적극적으로 대응할 수 있도록 설정된 역동적 기제라는 점에서 중요한 위상을 갖는다.

마음의 영응성은 외물에 감촉되는 '기'의 단순한 감각적 반응만을 가리키는 것이 아니다. 그것은 이전의 축적된 경험적 지식을 토대로 발휘된다. 이익의 설명에 따르면, 감각지각 후 이전의 경험적 지식을 토대로 심의 리인 '성'이 시중時中의 '정情'으로 발현되는 것이다. 시중의 정으로 표출된다는 것은 축적된 경험적 지식을 토대로 한, 때에 맞는 시비선악의 판단과 희노애락의 발현을 의미한다. 정리해 보면, 이익에 있어서 영응 능력 발현의 1차 원인은 외부 대상에 대한 감각지각이며, 2차적으로는 축적된 경험적 지식을 기반으로 해서 시의적절한 '정'으로 표출된다.

---

30) 『星湖僿說』, 卷14, 「人事門 · 心體」; 『星湖全書』 5, 508c, "心活物無可取. 比不過曰鑑曰水. 鑑與水, 可以受物之來照, 而不足以靈應也."

> 사람이 10여 년 후에 서로 만나서도 문득 그 얼굴을 알아보고, 그 이름을 들으면 그가 어떤 사람인가를 알아본다. 이는 축적하지 않는 가운데에 축적되는 것이 있기 때문에 귀나 눈이 지각하는 즉시 알 수 있는 것이니, 이것이 바로 영응이다.[31]

마음의 영응성은 눈과 귀 등의 감각기관에 의한 물리적 지각과 이전의 축적된 경험을 종합 판단하여 대응하는 통합 능력이라는 점에서 경험적으로 보인다. 그러나 마음의 영응 능력에는 사물의 선천적 본성에 대한 철저한 인식이 전제되어 있다. 이익은 "사물이 있고 나서 일이 있으니, 사물의 정해진 본성(性)을 탐구하지 않고서는 일에 대처할 수 없다"[32]라고 하였다. 다시 말하면 사물의 본성에 대한 철저한 인식을 기저로 한 감각적 지각만이 영응 능력을 극대화할 수 있다는 것이다. 그는 또 "마음이라는 기관은 사유하는 것이다. 사유한 후에야 귀가 제 청력을 갖게 되고 눈이 제 시력을 갖게 된다"[33]라고 하였다. 이때의 청력과 시력은, 작은 소리까지도 듣고 멀리 있는 것까지도 볼 수 있다는 뜻이 아니라, 사물의 본성에 대한 철저한 인식이 소리나 색깔 등의 물리적인 감각으로부터 대응을 자유롭게 한다는 것을 의미한다. 이런 경지의 도달에는 본성에 대한 인식이 전제되어 있다. 이렇게 보면 이익의 마음 이론에는 세 가지 전제가 깔려 있음을 알 수 있다. 첫째, 모든 사물에는 하늘로부터 부여받은 정해진 본성이 있다. 둘째, 그 본성은 객관적인

---

31) 『星湖僿說』, 卷14, 「人事門・心體」; 『星湖全書』 5, 508c~d, "然有人相逢於十數年之後, 便識其面, 聞其名而知其爲何人. 是不留之中, 有留者存. 故耳目旣接, 便能識認, 方是爲靈應也."
32) 『大學疾書』, 「經」; 『星湖全書』 4, 658a, "有物而後有事, 不究此物之性, 則無以處此事."
33) 『大學疾書』, 「序文篇題」; 『星湖全書』 4, 650b, "心之官則思. 思而後, 耳得其聰, 目得其明也."

실체이다. 셋째, 마음은 사유를 통해 모든 사물의 본성을 인식'할 수 있고' '해야 하며', 이를 근거로 세계에 대응할 수 있다.

결국 사물에 능동적으로 대응하는 마음의 영응 능력에는 탄탄한 형이상학이 전제되어 있는 셈이다. 마음의 영응 능력은 그것이 감각지각과 축적된 경험에 근거한 작용이라는 점에서는 경험적으로 보이지만, 사물의 선천적 본성에 대한 철저한 인식이 전제되었다는 점에서는 형이상학적이다.

이익은 몸에 대해서도 성리학적 사유와 마찬가지로 매우 비관적이다. 그에게 몸은 모든 불편한 감정의 원천이다. 그는 "저 분노 등이 어디에서 생기겠는가? 몸이 있기 때문"[34]이라고 말한다. 몸의 영역에서 비롯되는 행위는 '도덕적 가치가 없기' 십상이므로, 마음은 끊임없이 의지에게 어떤 것이 도덕적 행위인지를 말해 주어야 한다. 그럼에도 불구하고 몸은 그러한 의지에 반하는 육체적 유혹 등의 강한 힘들을 생명이 다하는 한 지속적으로 발산한다. 유감스럽게도 몸은 마음의 규칙에 의해 통제되어야 할 수많은 감정들을 내재하고 있다. 그런 이유로 몸은 결코 인간의 본질적 요소가 '될 수 없다'.

영응하는 마음은 몸의 영역에서 발생되는 대립적 힘을 약화시키기 위해 끊임없이 '자기 통제'를 의무적으로 실천해야만 한다. 인간이 인간다움을 성취하기 위해서는 육체의 감각적 동기를 억눌러야 하며, 이때 마음은 몸의 통제 주체가 된다. 이렇듯 이익은 "마음은 몸의 주인"[35]이라는 주희의 논의를 따라 '마음은 위 / 몸은 아래', '마음은 본질 / 몸은

---

34) 『大學疾書』, 「傳」, 第7章; 『星湖全書』 4, 671b, "盖彼忿懥等, 何從而生乎? 由有身故也."
35) 『大學』, 「經」 第4節의 註釋, "心者, 身之所主也."

비본질' 등으로 몸과 마음의 영역을 철저히 구분하여, 마음의 영역에 육체적 욕구들을 통제할 수 있는 특권적 지위를 부여한다. 그러나 마음이 그려낸 모든 양상은 신체적·물리적 경험으로부터 창발된 결과라는 점을 상기한다면, 선험적 본성과 영응하는 마음을 가진 이익의 인간은 그가 원하는 모습일 뿐 우리의 모습이 아니다.

2) 도심은 리의 발현, 인심은 기의 발현

이익의 마음 발현 양상에 대한 논의를 통해 우리는 그가 설정한 몸/마음의 이원적 구도에 좀 더 가까이 접근할 수 있다. 그는 자신의 인심도심론이 기본적으로 주희의 학설에 의거하고 있다고 밝힌다.[36] 주희에 따르면, 도심은 성명性命의 바름에 근원하며 의리에서 생겨나는 것인 반면, 인심은 형기의 사사로움에 근원하며 몸에서 생겨나는 것이다.[37] 이익 역시 마음의 활동은 신체적인 것과 정신적인 것으로 나뉘며, 인심과

---

36) 『四七新編』, 「圖說」; 『星湖全書』 7, 18d, "依朱子諸說, 先爲人心道心圖, 以明與四七, 初非有異義" 참조.

37) 주희의 인심·도심 구분에 따르면, "어떤 것(인심)은 형기의 사사로움에서 생겨나고, 어떤 것(도심)은 성명의 바름에 근원을 둔다"(『中庸章句』, 「序」, "[以爲有人心道心之異者,] 則以其或生於形氣之私, 或原於性命之正, [而所以爲知覺者不同]"); "도리를 지각하는 것은 도심, 聲色臭味를 지각하는 것은 인심"(『朱子語類[五]』, 卷78, 「尙書一·大禹謨」, 2010쪽, "知覺得道理底是道心, 知覺得聲色臭味底是人心"); "몸(形骸)에서 생긴 견식은 인심, 의리에서 생긴 견식은 도심"(『朱子語類[五]』, 卷78, 「尙書一·大禹謨」, 2010쪽, "形骸上起底見識, 便是人心, 義理上起底見識, 便是道心")이다. 이를 표로 정리하면 다음과 같다.

	도심	인심
발현의 근원	性命의 바름	形氣의 사사로움
지각의 대상	도리	성색취미
지각처	의리	몸

도심의 두 양상으로 드러난다. 신체적인 인심은 비합리적이기 쉽기 때문에 도의적인 도심과 뿌리 깊은 긴장관계에 있다.

그러나 이익의 마음 이론에서 우리의 경험적 조건과 관련하여 주의 깊게 살펴야 할 것은, 도심이 신체적·물리적 영역과 전혀 상관없는 다른 차원에서 이해된다는 점이다. 그에게 생물학적 본능에 근거한 인심은 형기에서 비롯된 신체적 마음이지만, 인仁과 의義의 소재를 따르는 도심은 형기와 '전혀 관계없이' 발현되는 정신적 마음이다.

> 삼가 생각건대, 도심이 어찌 형기를 감동하여 발한 것이겠는가? '형形'자도 더욱 마땅히 몸소 궁구해야 한다. 인에 거하고 의에 말미암는 것(居仁由義)이 '형'자와 무슨 상관이 있겠는가?[38]

실증적 사유를 지향하는 이익임에도 인간이 어떻게 신체적·물리적 영역과 상관없이 발현되는 마음을 가질 수 있는지에 대한 반성적 물음은 보이지 않는다. 인과 의에 근거한 도심은 이익에게 '의심 없이' 어떤 신체적·물리적 경험과 상관없는 순수하고 합리적인 마음으로 이해된다. 이익은 인심이 불안정한 마음의 발현인 반면, 도심은 곧 마음에 내재한 가치와 원리의 실현이라고 본다. 이익에게 '그 자체로 순수한' 도심은 물리적 경험과 관계없이 발현된 것임에도 불구하고 '보편성'을 확보한 반면, 인심은 물리적 영역에서 우연적 욕망에 따라 발현되는 '신체적인 것'이라는 점에서 통제의 대상이 된다.

---

38) 『四七新編』, 「讀李栗谷書記疑」; 『星湖全書』 7, 24a, "謹按, 道心豈感動形氣, 而發者? 形字尤宜體究也. 欲居仁由義, 有何交涉於形字?"

이익에게 배타적으로 강조되는 도심은 본질적으로 인심과 다르다. 그는 도심과 인심을 철저히 가른 뒤, 천리·의리에서 생긴 '도심에 속하지 않는 것은 모두 인심'[39]이라고 규정한다. 설령 인심의 발현이 도심의 지향과 부합된다 하더라도 그것은 우연히 그렇게 된 것일 뿐, '근본적으로 다른 것'이기 때문에 못 믿을 것이며 위태로운 것이다. 이렇듯 철저히 이원화된 마음은 '도심은 사람 / 인심은 말' 은유로 구조화된다.

> 사람이 단지 말의 발만 믿고 간다면 어찌 궤도를 잃지 않을 수 있겠는가? 설령 말이 달아나지 않아서 궤도를 잃지 않았다 하더라도 이것은 단지 우연히 사람의 뜻과 부합되었을 뿐, 말을 모는 사람이 훌륭하게 통솔해서가 아니다. 비록 탁월한 지혜를 가진 자(上智)라도 인심이 없을 수 없으며, 인심은 쉽게 위태롭게 된다. 그러므로 도심은 항상 그것을 관섭하였고 인심은 항상 도심에게 통제받기를 일찍이 잠시도 쉬지 않았으니, 어찌 '리가 기를 믿는 시절'이 있었겠는가? 설령 기가 거꾸로 타고 오르지 않고 모두 순하고 바른 것에 근거한다고 하더라도, 단지 우연히 리와 부합된 것일 뿐 성인의 마음으로 그런 것이 아니다.[40]

인심은 당연히 성인에게도 있는 것이지만 인심으로 발현된 신체적 욕망들이 중도를 넘어서게 되면 가차 없이 짐승으로 끌어내려질 위태

---

39) 『四七新編』, 「圖說」; 『星湖全書』 7, 18b, "道心是四端, 人心非七情則, 亦有其說. 七者乃七情之大目也. 畢竟在人心道心之中旣不屬道心, 則非人心而何?" 참조.

40) 『四七新編』, 「演乘馬說」; 『星湖全書』 7, 17b~c, "人只信馬足而行, 不失軌途者幾希? 設或馬不奔驟, 不失軌途, 是特偶然, 與人意合者, 非良御之所爲也. 雖上智不能無人心, 人心易危. 故道心常管攝他, 而人心常統於道心, 未嘗頃刻間斷, 豈有理信氣之時節? 設或氣不騰倒, 皆由順正, 特偶然合理者也, 非聖人之心然也."

로운 것이기에 지속적으로 도심의 통제를 받아야 한다. 그렇다면 이익이 말하는 도심과 인심의 현실적 내용은 무엇일까? 이익의 규정은 '도심은 공公 / 인심은 사私'라는 것이다. 그에 따르면 "공과 사 두 글자는 도심과 인심의 표준"[41]이다. 결국 도덕적 인간은 '사적'인 감각적 욕구를 억누르고 성명의 바름에 근원하는 '공적'인 도심의 명령에 순응해야만 한다.

이익의 사단칠정론은 인심·도심의 구체적 조목에 관한 논의라는 점에서 '도심은 위 / 인심은 아래'의 수직적 구분을 좀 더 현실적으로 보여준다. 그에 따르면, '기'에서 발현된 희·노·애·구·애·오·욕의 칠정七情은 배우지 않고도 자연스럽게 발현되는[42] 인심의 조목들이고, '리'에서 발현된 측은·수오·사양·시비의 사단四端은 도심의 조목들이다. 사단과 칠정은 도심과 인심처럼 '근본적으로' 뿌리가 다르며, 사단은 형기와 관계없이 발현되는 '공적 감정'으로, 칠정은 형기를 따라 발현되는 '사적 감정'으로 현실화된다. 이익의 이러한 견해에 직접적 영향을 미친 것은 무형의 본성을 '공'으로, 유형의 기를 '사'로 분리시켰던 주희의 가르기이다.

> (본성은) 리를 주로 하여 형체가 없기 때문에 '공'하여 불선함이 없지만, (기는) 형체를 주로 하여 질質이 있기 때문에 '사'하여 간혹 불선하다. 또 '공'하여 선하기 때문에 그 발현은 모두 천리가 행한 것이지만, '사'하여 간혹 불선하기 때문에 그 발현은 모두 인욕이 지은 것이다.[43]

---

41) 『中庸疾書』, 「序」; 『星湖全書』 4, 616b, "公私二字, 爲道心人心之標準."

42) 『四七新編』, 「七情字義」; 『星湖全書』 7, 6a, "七情不學而能也."

43) 『朱熹集(四)』, 卷44, 「答蔡季通(2)」, 2057쪽, "以其主理而無形, 故公而無不善, 以其主形而有

주희의 이러한 가르기를 따라 이익 역시 "성명은 본래 바른 것이고, 형기는 본래 사사로운 것"[44]이라 말한다. 기뻐하고 화내며 슬퍼하고 즐거워하는 등의 온갖 감정은 기에 근거한 것으로 선·악의 구별이 있는 반면, 성은 선하지 않은 것이 없다.[45] 이익의 사단이라는 감정은 "리가 형기에 근거하지 않고 발한 것"[46]이기 때문에 공적이고 순선한 반면, "칠정은 분명 형기를 따라 발한 것으로 사사롭게 지니고 있는 정"[47]이어서 "묶어 두기만 해야 하고 풀어 놓을 수는 없는 것"[48]이다. "오직 그 불선의 죄과는 (칠정의 근거인) 기에 있는 것이지 (사단인) 측은에 있는 것이 아니기"[49] 때문이다. 이익에게 '공'은 개체인 나를 넘어 타인과 함께하는 것인데, 그것이 실현되지 못하는 까닭은 모두 몸 때문이다. 결론적으로 유형의 형체인 몸은 사적 근거이기 때문에 악을 저지를 가능성이 높고, 그래서 반드시 '통제되어야 할' 대상이 된다.

이익은 몸에 대한 통제를 통해 모든 사회 문제의 원천이었던 사적

質, 故私而或不善. 以其公而善也, 故其發皆天理之所行, 以其私而或不善也, 故其發皆人欲之所作." 이 내용을 표로 정리하면 다음과 같다.

	性	氣
핵심이 되는 것	理	형체(形)
형체 유무	형체 없음	형체 있음
公/私	공	사
선·악 여부	선함	간혹 불선함
발현 근거	천리	인욕

44) 『星湖先生文集』, 卷10, 「書·答睦士懋·別紙」; 『星湖全書』 1, 190d, "性命本正, 形氣本私."
45) 『中庸疾書』, 第1章; 『星湖全書』 4, 621c, "氣便有善惡之別, 未發則性而已. 性無不善" 참조.
46) 『四七新編』, 「序」; 『星湖全書』 7, 4a, "四端不因形氣, 而直發故屬之理發. 七情理因形氣發, 則屬之氣發" 참조.
47) 『四七新編』, 「聖賢之七情」; 『星湖全書』 7, 6d, "七情畢竟是從形氣發者, 故爲私有底情也."
48) 『四七新編』, 「四端有不中節」; 『星湖全書』 7, 6d, "只可約而不可縱也."
49) 『四七新編』, 「四端有不中節」; 『星湖全書』 7, 6d, "惟其不善之罪過在氣, 不在惻隱."

욕구를 억제하고 공리公利를 실현하려고 했다. 이러한 그의 사유는 정치적·사회적 불안을 해소할 수 있는 중요한 계기를 제공할 수 있다. 하지만 이익은, 성리학적 사유에 따라 오직 마음에만 모든 희망을 집중시킨 나머지 존재의 근원이면서 사유의 원천인 몸을 도덕적 탐구의 부적절한 대상으로 은폐시킴으로써 이론적 난점을 드러냈다.

우리의 마음은 본유적으로 신체화되어 있으며, 그런 의미에서 몸과 연속적 구조를 갖는다. 몸의 물리적 작용 없이는 마음이 구성될 방법은 없다. 그러나 이익에게 몸은 너무나 사적이고 주관적인 것으로서 공리의 실현을 가로막는 주범으로 이해된다. 이러한 이익의 사유는 정신 능력을 포함해서 우리의 삶 전반의 출발점이 되는 신체적·물리적 근거 즉 '우리의 경험적 조건'을 간과한 것이다. 이런 관점에서 본다면 이익의 '마음은 위 / 몸은 아래'의 수직적 구도에 함축된 ① 특권적 지위를 갖는 마음, 통제되어야 할 몸; ② 본질적인 마음, 비본질적인 몸; ③ 형기와 상관없이 발출되어 그 자체로 순수한 도심, 형기에서 비롯된 위태로운 인심 등의 이론적 구분은 공리를 실현하기 위한 그의 과도한 상상일 뿐 인간의 실제적 조건에 대한 담론이 아니다.

3. 힘을 가진 본원을 위하여

1) 선험적 도덕 원리 '리'

이익의 도덕 이론의 큰 구도는 성리학적 체계를 그대로 닮아 있다.

성리학적 설명에 따라 이익은 천명으로 리가 몸에 부여되면 성이 되고, 성으로부터 도가 생겨난다고 본다(리→성→도). 형기에 부여된 리인 성은 만물의 공통된 선천적 본성이다.[50] 또 성으로부터 생겨난 "도는 어디까지나 사람의 일상생활과 떨어질 수 없는 이치"[51]로서, 육신이 생겨난 후에 생겨난 인도人道이다.[52] 여기에서 언급되는 리, 성, 도는 모두 신체적·물리적 영역 너머에 있는 비경험적 개념들이다. 그들은 신체적 오염으로부터 분리된 순수 영역의 것들로, 도덕적 권위를 갖고 우리의 신체적·물리적 영역을 통제한다.

> '리'는 공공共公의 명칭이며, '성'은 형기에 타재墮在된 것이다…… '명命'은 정성스럽게 일러 주듯 명령하는 것이 아니다. 비유하자면 선생이 한 권의 책을 학생에게 주어서 보는 대로 모두 행하게 하는 것과 같다. 책을 받은 사람이 기꺼이 행하지 않으면 이는 명을 어기는 것이다.[53]

이익에게 초월의 본체인 '리'는 인·의·예·지라는 도덕적 본성으로 인간에 내재된다. 그는 이처럼 도덕의 선험적 계기에 대한 투철한 믿음을 갖고 있다. 주돈이, 정호, 주희 등은 만물의 존재원리를 '인仁'으로 파악했고, 이익은 이러한 성리학적 견해에 따라 '인'을 본체론적으로 이해한다.

---

50)『中庸疾書』, 第1章;『星湖全書』4, 618a, "理是共公之名, 性是墮在形氣者" 참조.
51)『中庸疾書』, 第13章;『星湖全書』4, 630c, "道之不離於日用如人之飮食" 참조.
52)『中庸疾書』, 第1章;『星湖全書』4, 619c, "有身然後有道. 如有天然後有天道, 有地然後有地道, 均是道也" 참조.
53)『中庸疾書』, 第1章;『星湖全書』4, 618a~b, "理是共公之名, 性是墮在形氣者.……命非諄諄然命之也. 此如先生以一部書, 付與學子, 其中許多道理, 皆合眼行. 彼受書者, 不肯行得, 則便是違命."

인仁은 본성이며, 본성은 리이다.[54]

본성은 리이다. 리에는 체體와 용用이 있으니, 인仁은 체이고 오륜五倫은 용이다.[55]

이익에게 인은 여타의 존재와 구별되는 인간적 본질로 이해된다. 그는 우리의 일상을 통제할 도덕의 준칙이 본유적으로 갖추어져 태어난다고 보는 것이다. 아버지와 아들, 임금과 신하, 형과 아우, 친구와의 관계 등 모든 인간관계에서 행해야 할 도덕적 준칙은 '선험적으로' 다 갖추어지는 것이다.[56] '남과 내가 같은 이치'(物我一理)를 지니고 있으며 타인의 마음을 미루어 볼 수 있는 혈구絜矩의 능력을 갖고 있기 때문에, 우리는 물리적 경험을 통하지 않고도 보편의 도덕적 준칙을 인식할 수 있는 존재이다.[57] 그것은 "모든 사람이 알 수 있고 행할 수 있는 것"[58]으로 간주된다. 그런 이유로 "사람으로서 윤리가 없으면 금수와 구별할 수 없는 것"[59]으로 규정된다. 이익에 따르면, 본성에 따르지 않는 행위는 가차 없이 짐승과 같은 비도덕적, 비인간적인 것으로 전락하고 마는 것이다.

---

54) 『論語疾書』, 「學而」, 第2章; 『星湖全書』 4, 434b, "仁者性也, 性卽理也."
55) 『中庸疾書』, 第20章; 『星湖全書』 4, 637b, "性卽理也. 理有體用, 仁爲體, 而五倫是用."
56) 『中庸疾書』, 第13章; 『星湖全書』 4, 631d, "盡己而施人, 推己而及人, 合己與人, 而一之也. 人己二字都帖在道不遠人之人, 彼盡己推己者, 具於率性之道, 豈有遠哉" 참조
57) 『中庸疾書』, 第13章; 『星湖全書』 4, 630c, "子思將言, 父子君臣兄弟朋友之道, 其要莫如忠恕. 將言忠恕, 必須先明物我一理. 將言物我一理, 又必須先言, 其道之初不遠人, 故引夫子之言, 先明道之不遠人也. 忠恕者, 絜矩也" 참조
58) 『中庸疾書』, 第13章; 『星湖全書』 4, 631b, "衆人之所能知能行者, 道也."
59) 『論語疾書』, 「八佾」, 第5章; 『星湖全書』 4, 442c, "人而無倫, 與禽獸無別."

정리해 보면, ① 인간은 누구나 인·의·예·지를 본성으로 갖고 태어나고, ② 우리는 그 본성을 '알 수 있으며', ③ 그 본성을 실현'해야만 하는 존재'이다. 이익의 이러한 생각은 초월적 본체에 대한 강렬한 믿음을 근거로 우리의 일상을 제약할 보편의 도덕적 토대 즉 '인도'를 설정한 것이다. 그는 인도가 모든 인간의 본성에 선천적으로 갖추어져 있는 것이기 때문에 사람들에게는 "반드시 ~해야만 한다"라는 확정적 행위 원리가 있다고 본다. 이렇게 보면 이익이 생각하는 도덕은 상황의존적인 것이 아니라, 인간의 내부에 '절대적'인 형태로 갖추어져 있는 것이다.

이익에게 도덕은 음식을 먹고 마시는 것처럼 지극히 일상적인 것으로서 오륜의 실천을 통해 현실화될 수 있다. 그의 말처럼 우리의 도덕은 날마다 볼 수 있고 들을 수 있는 일상적인 것이어야 하며, 그런 의미에서 당연히 신체적·물리적 영역으로부터 산출된 것이어야 한다. 하지만, 정작 그가 제안한 도덕 이론의 모습은 성리학적 논의를 따라 도덕적 덕목을 선천적 본성으로 내재화함으로써 공유 불가능한 영역의 도덕을 구상해 내었다. 그의 덕목은 행위의 결과로 성취되는 것이 아니라 선천적으로 타고난 본성이라는 점에서 경험적·물리적 영역 밖에 있는 것이다.

우리의 조건은 시시각각 변하며, 우리는 직면한 문제에 대해 충돌된 여러 가치들 중 무엇을 선택해야 할지를 늘 고민해야 하는 유기체에 불과하다. 우리는 누구나 인·의·예·지의 실현을 갈망하며 그것을 최종 목적으로 삼을 수 있다. 하지만 인·의·예·지의 실현은 본성에 순응한 결과가 아니라, 인간관계에서 벌어지는 문제 상황에 대해 가질 수 있는 마음가짐, 구체적 행동 등의 실천적 결과이다. 이익의 언설대로 설령 확정적 도덕 덕목이 인간의 내부에 본성으로 자리해 있다 하더라도 인간의 인지적 조건으로는 그것을 알 수 없다. 말과 소의 본성은 태우고 부림을 당하는 것이며 인간의 본성은 '인'이라고 한 이익의 규정[60]은 인간중심적 편견일 뿐이며, 우리의 조건을 간과한 지나친 사변의 결과이다. 특히 인간의 본성을 '인'으로 규정하여 '인을 실천하면 사람 / 인을 실천하지 못하면 금수'로 가른 것은 그가 '원하는 것' 즉 공적 질서의 회복을 강조하기 위한 작위적 규정으로 보인다. 이익은 그가 원하는 것을 실현시키기 위해 '리'의 강화라는 이론적 체계를 굳히게 된다. 그러나 형질에 근거하지 않은 '리'가 사물의 근원적 동인이라고 하는 그의 일관된 주장은 여러 가지 현실적 문제에 직면하고 있는 우리에게 그릇된 시각을 심어 주기에 충분하다.

2) 동력을 갖춘 '리'

초월의 존재 '리'에 대한 이익의 미련은 성리학적 사유에서 한 발 더 나아가 '능동성'을 부여하는 데까지 나아간다. 이익은 리에 '발용'이라는 역동적 힘을 가세시킴으로써 능동적 차원에서 도덕적 역할을 강화한다. 그의 리는 말라비틀어진 죽은 물건이 아니므로 기가 발동하듯 리도 발동한다.[61] 이는 아무런 정의情意도 계탁計度도 조작造作도 없이 기에 부착되어 있는 것일 뿐인 주희의 리와는 사뭇 달라 보인다.[62] 이것은 주희의

60) 『中庸疾書』, 第1章; 『星湖全書』 4, 618d, "率性者, 通人物而言, 仁者特擧人而言也.……性則通於人物, 馬則乘而牛則服" 참조.

61) 『近思錄疾書』, 「自性出於天以下十二條」; 『星湖全書』 4, 789d~90a, "理亦非枯然死物故曰, 理動而氣動也" 참조.

존재론이 이익에 와서 능동적 차원으로 재구성되고 있음을 의미한다. 이익의 '리발설理發說'은 리의 능동성을 강조한다는 점에서 기본적으로 이황 철학의 리기론적 구조를 계승한 것이다.

이익의 '리'는 허령한 마음이 '기'의 부림을 받아 내·외적인 악으로 빠져들지 않도록 기를 잘 통제하는 역할을 적극적으로 수행해야 한다. 이익은 "모든 움직임은 리가 먼저이니, 아마도 기가 먼저하고 리가 이에 뒤따르는 도리는 없다"63)라고 본다. 리의 발현은 도덕적 힘의 역동성을 의미하며, 그 이면에는 악으로 이끄는 기에 대한 강력한 제약이 함축되어 있다. 혼탁해지기 쉬운 '기'에 대한 이익의 불신은 '리'의 강화를 통해 극복될 수 있는 것으로 재해석된다. 이제 도덕적 권위자 '리'는 '발현'이라는 능동적 힘을 갖고 '기'를 통제할 수 있게 되었다.

여기에서 한 발 더 나아가 이익은 이황의 '리기호발설理氣互發說'을 재해석하여 사단과 칠정이 모두 리의 발용이라는 '리발기수일로설理發氣隨一路說'을 주장한다.64) 리가 발함에 기가 따르는(理發氣隨) '사단'은 물론이고 기가 발함에 리가 타는(氣發理乘) '칠정'마저 이익에게는 모두 '리발'로 이해되는 것이다. 이는 칠정을 포함한 모든 감정의 뿌리에도 기가 아닌 '리'를 상정함으로써 도덕적 동기를 강화하려는 의도로 보인다.

가는 것은 모두 말이요, 가는 까닭(所以)은 모두 사람이다. 이것은 사단·칠

---

62) 『朱子語類(一)』, 卷1, 「理氣上·太極天地上」, 3쪽, "蓋氣則能凝結造作, 理却無情意, 無計度, 無造作" 참조.

63) 『星湖先生續集』, 卷5, 「書·答權台仲」; 『星湖全書』 2, 1080a, "凡動皆理先也, 恐無氣先而理方隨後之道也."

64) 『四七新編』, 「讀李栗谷書記疑」; 『星湖全書』 7, 24b, "四端七情, 孰非理發?" 참조.

정이 모두 '리가 타고 기가 가는 것'(理乘氣行)임을 합쳐서 말한 것이다.[65)]

"기에서 발한다"(發於氣)는 말은, 기가 먼저 발하고 리가 비로소 따른다는 것이 아니라 마음의 움직임이 이 형기로부터 발한 것임을 말한 것일 뿐이다.[66)]

이익이 쓰고 있는 '리는 사람 / 기는 말' 은유는 기에 대한 리의 주도적 역할을 강조한 것으로, 사단 · 칠정이 모두 '리발'임을 선명하게 보여준다. 이익이 보기에 주희의 '기에서 발한다'는 말 또한 '발'의 직접적인 객체가 천리가 아닌 형기라는 것일 뿐 그 계기가 되는 것은 천리이므로, 근본적으로는 리발이라는 뜻이다. 이렇듯 그가 이해하는 '리'는 모든 존재의 본체일 뿐만 아니라 만사만물에 능동적으로 지각하고 감응하는 핵심적 주체이다.

이처럼 이익은 '발동'하는 리의 주체적 · 능동적 역할을 강조함으로써 기에 대한 탄탄한 제약의 근거를 마련한다. 리의 능동적 발출이 의미하는 것은 직면한 현실 문제에 대한 도덕적 준거의 강력한 통제이다. 이러한 능동적 동력을 지닌 도덕적 본체의 모습 이면에는 허령한 마음이 자칫 '기'의 부림을 받아 내 · 외적인 악으로 빠져들게 되지 않도록 기를 '잘 다스리고 통제해야 한다'는 강한 의지가 함축되어 있다. 그가 보기에 기는 욕망의 소재로서 악의 원천이며, 따라서 도덕적 행위에 대한 위협이

---

65) 『四七新編』, 「演乘馬說」; 『星湖全書』 7, 16d, "行者皆馬也, 所以行者皆人也. 此合言四七之理乘氣行也."

66) 『星湖先生續集』, 卷7, 「書 · 答李斯文」; 『星湖全書』 2, 1109c, "所謂發於氣者, 非氣先發而理方從之也, 謂心之動, 從這形氣發云爾."

다. 기는 우리를 도덕으로부터 벗어나게 하고 사적 감정의 노예로 만드는 강력한 힘을 내재하고 있는 것으로 이해되기 때문이다. 따라서 그에 맞서기 위해 리는 시시각각 변하는 시류에 대응할 수 있는 강력하고도 능동적인 힘을 갖추고 있어야 한다. '기'가 '리'에 의해 잘 통제되면 동할 때나 정할 때나 항상 도리에 합당한 군자가 되지만, 그렇지 않으면 '기'가 발산하는 욕망의 노예가 된다. '기'의 욕망은 합리적 사려를 가로막는 부적절한 행위의 계기이기에 인간은 도덕 원리인 '리'에 순응하는 방식으로 행위하도록 '강요받는다'.[67] 그런 점에서 이익이 표방하는 이상적 인간은 도덕법칙인 '리'에 의해 제약된 존재이다. 이익의 이러한 사유는 시원을 탐색하는 우주론이나 본원을 탐색하는 존재론을 중심으로 하는 성리학적 시각에서 벗어난 것으로, 우리는 그의 리기론을 '동력을 갖춘 리주기종理主氣從의 주리론'으로 부를 수 있을 것이다.

그렇다면 그가 리발의 강조를 통해 능동적으로 성취하려던 도덕적 본체의 실질적 내용은 무엇일까? 그것은 '리'가 함축하고 있는 것들을 검토함으로써 이익의 의도를 짐작할 수 있을 것이다. 이익의 현실에 대한 부정적 시선과 인간에 대한 절망은 오직 공적 질서를 회복함으로써만 극복될 수 있는 것이었다. 그는 철저히 개인의 욕심에 근거한 사리私利를 부정하고, 의에 바탕을 둔 공리公利를 강조한다. 그에게 의는 도에 넘치는 사적 이익의 추구와 정반대편에 설정된 것으로, 그 둘은 공존할 수 있는 것이 아니다. 육신의 자발성을 불신하는 이익에게 사적 이익이란 철저히 극복되어야 할 대상이다.

---

67) 『星湖僿說』, 卷13, 「人事門 · 色欲」; 『星湖全書』 5, 467d, "君子以理御氣, 動靜合道. 不然者, 理閉而氣用事, 靈覺之心, 反爲所使.……到此謂之禽獸不若可也" 참조.

'의義'가 성장하면 '사리'(利)가 쇠퇴하고 사리가 성장하면 의가 쇠퇴하니, (둘 중) 하나가 성장하면서 다른 하나가 쇠퇴하지 않는 법은 없다. 진실로 의가 성장하면 비록 절도에 맞지 않는 것이 있더라도 일마다 모두 실實하고, 진실로 사리가 성장하면 비록 우연히 절도에 맞는 것이 있더라도 일마다 모두 허虛하다. 우연히 절도에 맞는 헛된 것으로써 실질적인 효과를 바란다면 이미 먼 일이 아니겠는가?[68]

이익에게는 의리를 함축한 행위만이 진정한 공리 실현의 전제가 된다. 그는 이렇게 말한다. "나와 내 집안에 이로우면서 천하에 미룬다고 해도 폐해가 없다면 공리이다."[69] "성인은 천하를 한집안으로 생각하여 한결같이 모두를 사랑하며 지극히 이롭게 하고자 하기 때문에 이로움이 많아질수록 좋게 여긴다."[70] "인仁이란 사물(物)과 나(我)의 간격이 없는 것이다. 이미 나를 이기면 곧 '인'이 되니, 무아의 경지에까지 이르면 그 공효가 완전하게 된다."[71] 개인의 욕구는 공공의 이익에 피해를 주지 않는 범위 내에서 허용되며, 따라서 전체로부터 일탈된 개인은 '악'이다. 하지만 이는 사적 영역에 대한 철저한 억압을 함축한다. 결국 이익이 그리는 이상적 인간은 철저히 개인의 이익을 포기하고 '무아無我'의 경지를 실천한 사람이다. 이익에게 공리를 따르는 일은 무조건 '좋은

---

68) 『孟子疾書』, 「梁惠王上」, 第3章; 『星湖全書』 4, 496b, "義長則利消, 利長則義消, 未有一長而一不消也. 苟義之長也, 雖或有不中節者, 是事事都實, 苟利之長也, 雖或有偶中節者, 是事事都虛. 以偶中之虛, 望實力之效, 不旣遠乎?"

69) 『論語疾書』, 「里仁」, 第12章; 『星湖全書』 4, 447d, "若利吾身吾家, 而達之天下, 亦無害者, 亦不害爲公利."

70) 『論語疾書』, 「里仁」, 第12章; 『星湖全書』 4, 447d, "聖人者, 以四海爲家, 固欲同仁, 而極利之, 則愈利愈善."

71) 『星湖僿說』, 卷21, 「經史門・毋我」; 『星湖全書』 6, 768c, "仁者無物我之間. 旣克其己, 便是爲仁, 至於毋我, 其功全矣."

것', '의로운 것'이어서, 개인이 갖는 욕구나 느낌, 의도는 공리에 위배될 수 없다. 공리를 따르는 일은 도덕법칙을 실현하는 일이며, 인간에게 내재된 준칙인 '리'의 실현이다.

이제 이익이 말하는 도덕적 본체로서의 리의 발현이 의미하는 것은 철저히 사리를 극복하고 공리를 지향하는 일임을 짐작할 수 있게 되었다. 리의 능동성이 의미하는 것은 도덕적 상황에 대한 역동적 힘의 발휘이며, 공리에 반하는 영역에 대한 강화된 통제이다. 그는 신체적 조건에 의해 발산될 수밖에 없는 사적 감정을 인간의 가치 구조에서 배제시킴으로써 자연적 질서를 거부하게 되었다. 이익의 이러한 사유는 도덕의 영역에서 핵심적으로 검토되어야만 할 물리적 경험들에 대해 조정이 아닌 배제의 방식을 택함으로써 삶의 사실로부터 멀어지게 한다. '모두에게 이로움'은 우리의 현실에서 실현될 수 없는 '이상'일 뿐이다. 이것은 도덕적 열망에 의한 은폐일 뿐, 도덕적으로 고려되어야 할 우리의 조건은 아니다.

4. 맺는 말

이익은 정주학에 대한 교조적 맹종과 배타적 폭력성을 행사하는 주자학자들의 폐쇄적 학문 풍토에 대해 신랄하게 비판했다. 또 국가적 차원의 위기상황에서 대의명분만을 앞세우는 당시 위정자들의 비실제적, 비현실적 태도에 불만을 가졌다. 그는 학문의 궁극적 목적이 '수기'와 '경세'의 양 날개를 실현하는 것이며, 그것을 위해서는 묵수적 태도에서 벗어나 경험에 근거한 철저한 의심과 타 학문에 대한 포용적 태도를 가져야 한다고 생각했다.

이익은 경험적 관찰을 통한 실증적 학문 태도를 지향함으로써 검증되지 않는 비과학적 학문들을 철저히 배격했다. 그의 이러한 개방적 학문 태도는 객관주의적 의리관을 강조하는 기존의 성리학과 달리, '형세'를 국가관, 역사관의 중요 요소로 부각시킴으로써 현실적 합리성이 '맥락중립적'이 아니라 '맥락의존적'임을 제안하는 데까지 나아간다. 이익의 이러한 사유는 '사실의 세계'에 대한 실제적 탐색 결과라는 점에서 조선의 낙후성을 개선할 만한 중요한 경험적 계기를 마련해 준 것이었다.

하지만 이익은 다른 한편으로 신체적·물리적 영역을 제약할 초월적 본체인 '리'를 '의심 없이' 받아들인다는 점에서 성리학적 사유에 여전히 묶여 있는 것으로 보인다. 이는 그가 '가치의 세계'에 대해 '사실의 세계'와 전혀 다른 토대를 상정하고 있음을 의미한다. 여전히 이익에게도 천명으로 인간에게 주어진 '리'는 '그 자체로 선한 것'이며, 그것은 직관과 관조의 방식으로 인식하고 실현해야만 하는 만물의 공통적 본질로 규정되기 때문이다. 그에게 인·의·예·지의 실현은 행위의 결과가 아니라 본성에 순응한 결과이며, 비도덕적 행위는 금수와 같은 비인간적인 것으로 이해된다. 결국 그의 실증적 사유에 근거한 학문적 의심과 통관점적 지향은 보편의 '리'에 의해 재규정되는 '닫힌 탐색'의 한계를 지니게 되었다. 이익에게 초월적 근거인 리는 '발용'이라는 역동적 힘을 갖춘 보편 법칙으로 재해석됨으로써 기에 대해 한층 강화된 제약을 함축하게 된다. 이렇듯 이익은 사실의 세계와 가치의 세계에 전혀 다른 토대를 설정한다.

이상의 탐구는 다음 두 가지 결론으로 요약된다.

첫째, 이익의 이원적 관점의 본성은 '사실적 통찰'과 '열망'의 반영이며, 이러한 시각은 우리로 하여금 화해될 수 없는 '이원적 세계'를 인식하도록 했다. 이익의 경세론은 '사실'에 근거한 신체적·물리적 차원의 자연주의적 통찰이라는 점에서 국가체제의 위기상황을 타개할 수 있는 유효한 제안이었던 반면, 그의 수기론은 도덕적 '열망'에 따라 초월적 본체인 '리'를 상정하고 이원화된 세계를 구성함으로써 우리의 실제 모습을 잘못 인식하게 만드는 결과를 초래했다. 그의 경세론이 '우리의 것'에 대한 탐색이라면, 수기론은 '우리가 원하는 것'에 대한 탐색으로 규정될 수 있을 것이다.

둘째, 결국 이익의 실증적 검토는 능동적으로 대응하는 초월적 가치의 통제를 받는 모습으로 그려지게 되었고, 그것이 함축하는 위험은 '강력한 객관주의'이다. 리는 인·의·예·지의 '도덕적 본성'이며 이것을 실현하지 못한 인간은 금수와 다름이 없다고 한 이익의 결론은, 우리의 조건에 대한 실증적 검토가 아니라 도덕이 실현될 사회를 갈구하는 열망의 반영일 뿐이다. 또한 리를 '공'으로 규정하여 전체로부터 일탈된 개인적 '사'를 부적절한 '악'과 동일시하는 것은 공적 질서의 회복을 갈구하는 작위적 구획일 뿐이다. 이렇듯 경험적, 개방적 세계로 나아가는 데 중요한 토대였던 이익의 검증적 학문 태도가 '초월의 리'에 묶이게 되면서부터 그 자신이 표방했던 경세치용의 실현은 더욱 완고한 도덕적 절대에 묶일 수밖에 없게 되었다.

이제 우리는 이러한 모습의 이익의 사유를 '사실적 통찰과 열망이 뒤섞인 이원성의 철학'으로 규정할 수 있을 것이다. 우리는 인간이 역사적·사회적·문화적 맥락에서 자유로울 수 없는 서사적·과정적 존재라는 점을 상기해 볼 필요가 있다. 인간은 당연히 공동체의 생존과 번영을 위해 개별적 사유와 행위의 제약을 받을 수 있지만, 그 제약의 뿌리는 공유 불가능한 초월적 영역이 아니라 공유 가능한 신체적·물리적 영역에 내려져야 한다. 이익 사상의 이원적 구조에 함축된 본성의 탐구는 지금 우리가 구축해야 할 '경험적으로 책임 있는 철학'을 위한 실제적 문제 제기와 함께 재해석의 희망을 열어 줄 수 있을 것이다.

제3장 '리'에서 '상제'로

최근 성장하는 인지과학의 발견에 따르면, 인간은 실재하는 세계를 '있는 그대로' 인식할 만한 인지적 조건을 갖고 있지 않을 뿐만 아니라 자신의 경험을 직접적으로 타자와 공유할 수 있는 신경적 방식도 갖고 있지 않다. 따라서 우리는 각자 자신의 경험 안에 '갇혀 있을' 수밖에 없다. 이런 점에서 우리는 모두 '유폐된'(incarcerated) 존재이며, 이는 거부할 수 없는 우리의 종적種的 조건이다.[1] 주체할 수 없는 다양한 욕구와 그것을 충족시키려는 우리의 지향은 각기 다른 세계를 구성하는 결정적 계기가 된다. 이러한 사실들은 신체적·물리적 경험으로부터 확장된 사유들을 동일하게 경험할 방법이 없다는 것을 함축하며, 동시에 사유 확장으로 구성된 초월적·정신적 존재는 우리를 제약할 보편의 준거가 될 수 없음을 깨닫게 한다.

이 장에서는 정약용丁若鏞(1762~1836)의 도덕 이론이 초월의 존재인 상제上帝를 불러들임으로써 '도덕의 규범화'를 구현하려 한다는 점을 살펴보도록 하겠다.[2] 정약용은 인간의 삶 전반에 상제의 감시라는 '도덕적

---

1) 노양진, 『몸이 철학을 말하다: 인지적 전환과 체험주의의 물음』(서광사, 2013), 268쪽 참조.

2) 필자의 이러한 주장은 조선 격변기에 담론의 주류였던 성리학, 서학 등이 정약용의 사유에 어떤 형태로든 녹아들 수밖에 없었던 학문적 조건들을 도외시해 버린, 지나치게 급진적이거나 과도한 결론으로 보일 수도 있다. 그러나 우리는 오늘날 그 누구

제약'을 설정함으로써, 개인의 차원에서는 성리학보다 한층 더 강화된 '수신修身'을, 공동체의 차원에서는 '도덕의 사회적 구현'을 지속적으로 요구한다. 이는 개인의 은밀한 사적 영역에서부터 공적 영역에 이르기까지의 전 범위에 상제의 관여를 상정한 것이라는 점에서, 개인의 수양에 중점을 두었던 성리학적 사유보다 제약의 범위가 훨씬 더 확장되었음을 의미한다.

정약용이 주요 표적으로 삼았던 성리학은 ① 도덕원리주의적 사유, ② 리 '인식'의 우선성 강조, ③ 몸을 '악의 원천'으로 이해한다는 점 등의 이유로 인해 현실 문제에 대해 능동적일 수 없었고 실제적이지도 못했다. 정약용은 도덕 원리가 선천적으로 마음에 내재되어 있다는 성리학의 도덕원리주의를 거부하고 도덕 실천의 우선성을 강조했다. 그는 인·의·예·지의 덕이 확정된 원리로서 인간에 내재된 것이 아니라 인간의 실천 행위의 결과임을 주장함으로써 무형無形·무위無爲의 관념적 태도를 비판하고 유형有形·작위作爲의 실제적 행위를 중시했다. 이러한 정약용의 사유는 도덕 원리 인식의 우선성을 강조하는 성리학적 관점을 거부하고 도덕적 행위의 우선성을 제안한 것이었다. 이는 도덕이 '인식'의 문제가 아니라 '행위'의 문제로 전환되었음을 의미한다. 또한 정약용은 몸을 도덕의 주체로 복권시킴으로써 몸을 위태로운 것으로 철저히 배제시켰던 성리학적 사유의 현실적 한계를 넘어섰다. 이러한 정

도 '리'나 '상제' 등의 초월적 실재를 우리의 도덕적 근거로 상정하려 하지 않는다는 점을 상기할 필요가 있다. 그런 의미에서 이 글에서 핵심적으로 제기되는 "정약용의 상제는 '지금 우리에게' 무엇인가?"라는 메타적 물음은 정약용 철학에 대한 전면적 도전이 아니라, 오히려 그의 사유의 어떤 지점에 현재적 가치를 부여할 수 있는지를 밝히려는 긍정적 시도로 읽힐 수 있을 것이다.

약용의 시각은 정신적·추상적 영역을 선택적으로 강조함으로써 인간의 신체적·물리적 영역의 중요성을 간과하는 성리학적 한계를 극복하는 데 성공적인 것으로 보인다.

그러나 정약용은 자신의 철학 심장부에 ① 무형의 존재, ② 모든 사물의 근원자, ③ 유일한 절대자, ④ 조화造化하고 재제宰制하며 안양安養하는 존재로서의 '상제'를, 그리고 인간의 마음(心)에 상제와 소통할 계기인 '사단'·'영명성'·'도심'을 설정함으로써 도덕을 선택하도록 지속적으로 경계한다. 이러한 정약용의 설정으로 인해 인간은 ① 상제의 시선을 의식하며 계신공구戒愼恐懼·신독愼獨하게 되고, ② 상제의 의지가 깃든 마음 속의 사단·영명성·도심에 의해 스스로의 행위를 제약하게 되었다. 이제 정약용이 지향했던 작위·유형 등의 실질적 사유는 초월적 존재로서의 '상제'와 내면화된 도덕적 실체들에 의해 제한적 의미를 갖게 되었다. 하지만 감시의 주체인 상제는 신체적·물리적 조건과 상관없이 존재한다는 점에서 '우리의 세계를 넘어선' 실체이며, 내면화된 사단·영명성·도심 역시 '세계와 상관없이' 가정된 선의 실체들이다. 이 점에서 정약용 철학은 여전히 탄탄한 '원리주의적' 믿음에 뿌리를 두고 있음이 드러난다. 결과적으로 정약용의 사유는 성리학의 핵심 개념인 '리理'·'성性'이 '상제'·'마음'으로 대체된 것일 뿐, 성리학의 도덕형이상학적 기본 구도를 벗어나지 못하고 있는 것이다.[3] 결국 상제의 시선과 내면화된 선의

3) 정약용의 상제론에 대한 기존의 해석에서 우리는 '반주자학적'이라는 주장과 '주자학의 발전적 양상'이라는 상반된 두 주장을 만나게 된다. 정약용의 상제론을 '반주자학적'이라고 보는 관점은 금장태, 송영배, 유초하, 윤사순, 이광호, 장승구, 장승희, 정순우, 최진덕의 연구로서 이들은 상제가 성리학의 리와 전혀 다른 지향 체계의 존재론적 실재임을 입증했으며, '주자학의 발전적 양상'으로 보는 관점은 강신주, 김형찬,

실체들은 '우리가 원하는 것' 즉 도덕이 실현된 이상사회 도달을 위한 설정이지 '우리의 것'이 아니다. 이런 점을 감안한다면 정약용의 상제를

이동환, 임헌규, 한형조의 연구로서 이들은 주자학 내지 퇴계학과의 종교적 상관성에 주목했다. 이렇듯 대립된 주장들은 정약용의 상제가 성리학의 리를 중심축으로 어느 정도의 거리에 있는지, 그리고 古經의 상제, 서학의 천주와 얼마나 근사한지에 대한 구체적인 분석을 통해 도달한 결과들이다. 이들은 정약용의 상제가 갖는 형이상학적 속성을 풍부한 사례를 들어 설득력 있게 제시했는데, 일부 연구들은 정약용 이론의 이중적 구도에 대해서도 섬세히 탐색하였다. 특히 성태용은, 정약용의 우주론 틀은 '태극=리'를 부정하고 인격적 상제를 상정했다는 점에서 '반성리학적 체계'라 할 수 있지만 상제가 리의 성격과 유사하다는 점에서는 '성리학의 근본적 영향' 속에 놓여 있다고 하여 전혀 상반되는 두 측면을 보이고 있음을 주장했다.
이러한 구체적 분석에도 불구하고, 이들의 탐색에는 정약용 철학의 핵심부에 자리하고 있는 초월적 존재에 대한 근원적 문제 제기, 즉 '도덕 이론에 왜 초월성이 필요한가?' 하는 물음은 없다. 필자의 자연주의적 탐구는 정약용의 초월적 도덕 이론에 대한 근본적 의문으로부터 출발한다는 점에서 '우리의 것'과 '우리가 원하는 것'을 구분하는 존재론적 탐색이라 규정될 수 있을 것이다. 이를 통해 우리는 정약용의 '상제'가 우리의 세계를 넘어선 상상된 초월의 존재로서 우리의 도덕에 관여하는 기이한 구도를 확인할 것이며, 결국 성리학의 기본 구도와 다르지 않다는 결론에 이르게 될 것이다. 강신주, 「주자와 다산의 '미발'론: '존재론적 감수성'과 '신학적 감수성'의 차이」, 『다산학』 2(2001); 금장태, 「다산의 사천학과 서학수용」, 『철학사상』 16(2003); 김형찬, 「완결된 질서로서의 理와 미완성 세계의 上帝: 기정진과 정약용을 중심으로」, 『철학연구』 30(2005); 김형찬, 「조선유학의 理 개념에 나타난 종교적 성격 연구: 퇴계의 리발에서 다산의 상제까지」, 『철학연구』 39(2010); 성태용, 「다산 철학에 있어서 계시 없는 상제」, 『다산학』 5(2004); 송영배, 「다산 철학과 『천주실의』의 패러다임의 유사성」, 『다산 정약용』(박홍식 편저, 예문서원, 2005); 유초하, 「정약용 철학에서 본 영혼불멸과 우주창조의 문제」, 『한국실학연구』 6(2003); 유초하, 「정약용 철학의 太極과 上帝: 上帝 개념에 담긴 존재론적 함의를 중심으로」, 『인문학지』 39(2009); 윤사순, 「다산의 생애와 사상」, 『정약용』(윤사순 편, 고려대학교 출판부, 1990); 이광호, 「『중용강의보』와 『중용자잠』을 통하여 본 다산의 誠의 철학」, 『다산학』 7(2005); 이광호, 「퇴계 이황의 심학적 이학이 다산 정약용의 도덕론 형성에 미친 영향」, 『한국실학연구』 12(2006); 이동환, 「다산사상에 있어서의 '상제' 문제」, 『민족문화』 19(1996); 임헌규, 「데카르트적 철학의 범형과 다산의 유학이념」, 『온지논총』 25(2010); 장승구, 「다산 정약용의 윤리사상 연구: 주자 윤리사상과의 비교를 중심으로」, 『한국철학논집』 21(2007); 장승희, 「다산 정약용 천인관계론의 윤리적 의의」, 『한국문화』 24(1999); 정순우, 「다산에 있어서의 천과 상제」, 『다산학』 9(2006); 최진덕, 「다산학의 상제귀신론과 그 인간학적 의미: 주자학의 음양귀신론과의 한 비교」, 『철학사상』 33(2009); 한형조, 『조선 유학의 거장들』(문학동네, 2008).

두고 '도덕 실천의 추동력', '수양의 계기', '실천실용의 실학을 위한 인간학적 기초'라는 기존 연구들의 규정은 일면적 평가임이 드러난다.[4]

이상의 논의는 "도덕의 구현에 왜 초월의 상제가 필요한가?"라는 의문을 불러일으킨다. 정약용 철학은 도덕을 구체적 '실천의 결과'로 인식한다는 점에서, 그리고 그동안 배제되었던 몸을 도덕의 핵심 요소로 복권시켰다는 점에서 자연주의적 전환의 중요한 계기를 제공했다.[5] 그러나 정약용 철학의 결정적 암초는 인간 삶의 전 범위를 제약할 '상제'를 상정, '도덕의 규범화'를 시도하고 있다는 점에 있다. 상제의 시선은 준엄하지만, 우리를 넘어선 세계의 상상된 존재라는 점에서 그 내용은 공허하다. 인·의·예·지는 객관의 '리'나 더 높은 '상제'와 같은 초월의 존재에 의해 자극받고 실천하는 것이 아니라, 인간의 물리적·경험적 행위를 통해 구현된다. 그것은 곧 형이상학화되기 이전의, 공·맹의 도덕적 지향을 실현하는 일이 될 것이다. 이러한 논의의 결론은 정약용 철학에서 '상상된 존재'들에 대한 새로운 시각을 제안한다.

---

4) 기존의 연구들은 정약용의 상제학이 '수양의 계기', '도덕 실천을 위한 것'이라는 결론에 도달함으로써 그것이 안고 있는 이면적 문제에 대한 물음을 간과하고 있다. 그 물음은 '수양의 계기', '도덕 실천을 위한' 정약용 상제학에 '왜 초월의 형이상학이 필요한가?'에 대한 구체적 해명을 요구한다. 김형찬, 「완결된 질서로서의 理와 미완성 세계의 上帝: 기정진과 정약용을 중심으로」(2005); 백민정, 「정약용 수양론의 내적 일관성에 관한 연구: 愼獨, 至誠, 執中, 忠恕, 人心道心論을 중심으로」, 『퇴계학보』 122(2007); 성태용, 「다산 철학에 있어서 계시 없는 상제」(2004); 송영배, 「다산 철학과 『천주실의』의 패러다임의 유사성」(2005); 이동환, 「다산사상에 있어서의 '상제' 문제」(1996); 장승구, 「다산 정약용의 윤리사상 연구: 주사 윤리사상과의 비교를 중심으로」(2007); 정순우, 「다산에 있어서의 천과 상제」(2006); 최진덕, 「다산학의 상제귀신론과 그 인간학적 의미: 주자학의 음양귀신론과의 한 비교」(2009).

5) 이러한 필자의 주장은 정약용 철학에서 도덕의 핵심 요소가 마음에서 몸으로 전환되었음을 의미하는 것이 아니다. 그동안 배제되었던 욕구의 원천인 몸을 정약용이 자신의 이론에서 도덕 실현의 중심 요소로 복권시키고 있음을 강조한 것이다.

1. 리기론을 넘어서

1) 리기론 비판

성리학에서 '리理'는 무형의 체體로서 천지만물의 존재론적 근거(所以然之故)이자 당위의 법칙(所當然之則)으로 규정된다. 세계 내에 다양한 양태로 존재하는 것들은 모두 '리'를 똑같은 본질로 갖는다는 점에서 '하나'의 공통된 뿌리를 갖는다(理一分殊). 특히 세상에 존재하는 것들 중 가장 빼어난 기氣를 가진 인간은 도덕적 본질(仁義禮智)로서 보편의 리를 갖고 태어난다(性卽理).[6] 인·의·예·지는 물리적 경험과 상관없이 탄생과 함께 도덕의 순수한 본성으로 인간 안에 내재되는 것이다. 이렇듯 성리학적 인간에게 리는 거부할 수 없는 당위의 도덕 원리로 정초된다. 이 점에서 성리학은 도덕적 '원리주의'·'본질주의'의 성격을 갖는다.

정약용은 성리학의 리기론적 사유와 도덕적 본질주의·원리주의를 과감히 무너뜨린다. 그는 우선 '리'의 본체론적 지위를 박탈하고, 리를 관념적 실체로 규정한다. 그는 '리'에 자연법칙(脈理, 治理, 法理) 이상의 의미를 부여하지 않는다. 정약용이 이해한 리는 독립적 주체(自植者)가 아니라, 몸(形)을 필요로 하는 의존적 객체(依附者)일 뿐이다. 그가 보기에 리는 만물의 존재론적 근거도 당연의 법칙도 될 수 없는, 인간의 현실문제에 아무런 권능도 발휘할 수 없는 무력한 존재이다.

정약용은 리가 도덕 원리로서 마음에 선천적으로 내재된다는 성리설

6) 『中庸』, 第1章 註釋, "性卽理也. 天以陰陽五行, 化生萬物, 氣以成形, 而理亦賦焉, 猶命令也. 於是人物之生, 因各得其所賦之理, 以爲健順五常之德, 所謂性也" 참조.

(性卽理) 역시 강하게 부정한다. 그는 도덕적 씨앗으로 해석되는 인·의·예·지라는 성리학적 본성을 부정한다. 그에게 인·의·예·지는 인간 내면에 본래적으로 주어진 도덕적 본질이 아니라 선 행위 이후에 성립되는 결과로 이해된다. 그는 "마음에는 본래 덕이 없음"[7]을 강하게 주장한다.

> 인·의·예·지는 실천 이후에 성립된다. 그러므로 사람을 사랑한 후에 인仁이라 말할 수 있으니 사람을 사랑하기 전에는 인이 성립되지 않으며, 나를 정당히 한 후에 의義라 말할 수 있으니 내가 정당해지기 전에는 의가 성립되지 않는다. 손님과 주인이 배례한 후에 예禮가 성립되며, 옳고 그름을 가려 사리를 밝힌 후에 지智가 성립된다. 어찌 인·의·예·지 네 개가 주렁주렁 열려 있어 마치 복숭아씨앗, 살구씨앗처럼 사람의 마음에 잠복되어 있다 할 수 있겠는가?…… 인이라는 것은 사람의 노고로 이루는 것이지, 처음 생生을 부여받을 때 하늘이 하나의 인 덩어리를 사람의 마음에 넣어 주는 것이 아니다.[8]

정약용에게 인·의·예·지라는 덕목은 성리학의 주장처럼 복숭아씨앗, 살구씨앗처럼 인간의 마음에 내재된 원리가 아니라, 행위 이후에 성립되는 것이다. 그는 '위인爲仁'할 때의 '위爲'자는 '작作'자의 뜻으로서 힘써 실천하는 것, 착수하여 성공을 도모하는 것인데, 만약 '인'을 마음

---

7) 『大學公議』, 卷1; 『與猶堂全書』 2, 4c, "心本無德." 이하에서 정약용의 원전은 『與猶堂全書』(全6冊, 景仁文化社, 1982)를 저본으로 한다.

8) 『孟子要義』, 卷1; 『與猶堂全書』 2, 105c, "仁義禮智之名, 成於行事之後. 故愛人而後, 謂之仁, 愛人之先, 仁之名未立也, 善我而後, 謂之義, 善我之先, 義之名未立也. 賓主拜揖而後, 禮之名立焉, 事物辨明而後, 智之名立焉. 豈有仁義禮智四顆磊磊落落, 如桃仁杏仁, 伏於人心之中者乎?……仁之爲物, 成於人功, 非賦生之初, 天造一顆仁塊, 揷于人心也."

속에 있는 이치라고 한다면 어떻게 착수하여 힘을 다할 수 있겠느냐고 반문한다.[9] 따라서 정약용의 인간은 도덕 원리에 '순응'하는 존재가 아니라, 끊임없이 도덕적 행위를 통해 도덕을 '실천'해야 하는 존재이다. 그가 제안한 양성법養性法은, 눈을 감은 채 토우土偶처럼 우두커니 앉아서 오직 발현되기 전의 기상氣象을 관조하여 활발발活潑潑한 경지를 구하는 일이 아니라,[10] "오늘 착한 일을 행하고 내일 또 착한 일을 행하여 의義를 모으고 선善을 쌓아 가면서 선을 좋아하고 악을 수치로 여기는 본성을 함양하는 일"[11]이다. 정약용이 보기에 성리학의 양성법은 무심無心·무위無爲에 가까운 비실제적 학문 방법이었다.

따라서 정약용의 도덕 이론에서 우선적인 것은 성리학에서처럼 확정된 도덕 원리를 '인식'하는 문제가 아니라, 먼저 선을 '작위'하는 문제이다. 성리학적 인간은 마음에 내재된 도덕적 본질을 현실화하기 위해서 격물치지格物致知를 통해 우선적으로 그것을 '인식'(知)해야만 한다. 물론 성리학에서 '실천'(行)은 '인식'과 함께 서로 의존적·필수적 관계에 있으며 경중을 논한다면 실천이 더욱 중요하지만, "선후를 논한다면 인식이 먼저"[12]일 수밖에 없다. "천하의 리는 반드시 먼저 안 이후에 그것을 행함이 있으니, 격물치지하지 않을 수 없다."[13] 성리학에서 도덕 원리에

9) 『孟子要義』, 卷1; 『與猶堂全書』 2, 106a, "仁本在內之理, 則何以謂之爲仁. 爲猶作也, 用力行事之謂爲也, 著手圖功之謂爲也. 在心之理, 何以著手而用力乎?" 참조.

10) 『孟子要義』, 卷2; 『與猶堂全書』 2, 144b, "後世之所謂養性者, 瞑目塑形, 專觀未發前氣象, 以求活潑發地, 此所謂涵養也. 涵養自亦甚好, 但非孟子之意" 참조.

11) 『孟子要義』, 卷2; 『與猶堂全書』 2, 144b, "今日行一善事, 明日行一善事, 集義積善, 以養其樂善恥惡之性."

12) 『朱子語類(一)』, 卷9, 「論知行」, 148쪽, "論先後, 知爲先."

13) 『朱子語類(一)』, 卷18, 「大學五·或問下」, 407쪽, "'天下之理, 必先知之而後有以行之', 這許多說不可不格物致知."

대한 인식은 구체적 선 행위를 이끄는 결정적 계기로 이해되기 때문이다. 대비적으로 정약용의 인간은 악을 행하기 쉬운 사회적 환경에서 선을 행할지 악을 행할지를 자율적으로 선택하고 능동적으로 실천해야 하는 존재이다. 이처럼 정약용은 유형·작위의 실천적 관점을 견지하면서 무형·무위의 관념적 사유들에 대해 총체적 비판을 감행했다.

이렇듯 성리학에서 주장되는 도덕결정론은 정약용에게 철저히 부정된다. 성리학에 따르면 모든 존재는 '같은 본질'(理)을 부여받지만 '기질'(氣)의 청탁에 제약을 받아서 선·악의 차이를 갖고 태어나게 된다. 그러나 정약용이 보기에, 만약 인간이 하늘로부터 애초에 선인으로든 악인으로든 결정된 기질을 부여받고 태어난다면, 그 사람이 어떤 행위를 한다 해도 선한 사람으로도 악한 사람으로도 평가될 수 없다. 요·순과 같은 성인은 본디 선하게 태어났으니 사모할 것이 없고, 걸·주와 같은 폭군 또한 본래부터 악하게 태어났으니 경계할 것이 없는 것이다.[14] 이러한 정약용의 시각은 인간의 도덕적 실현에 대한 신체적·물리적 조건을 통찰한 결과로, 악을 기질(몸)의 탓으로만 돌리는 성리학적 사유의 부적절성을 강력히 비판한 것이다. 정약용은 이렇듯 성리학의 도덕결정론적 사유를 전면 비판한다.

결론적으로 정약용은 성리학의 초월적·내재적 실체인 '리'의 본체론적 지위를 박탈하고 '도덕 원리'까지 해체시켰다. 리는 의존적 객체로서 현실 문제에 무기력한 자연적 원리일 뿐이었기 때문이다. 정약용이 보

14) 『論語古今註』, 卷9; 『與猶堂全書』 2, 338d, "先儒每以氣質淸濁爲善惡之本, 恐不無差舛也. 苟以氣質之故善惡以分, 則堯舜自善, 吾不足慕, 桀紂自惡, 吾不足戒. 惟所受氣質, 有幸不幸耳, 由是觀之天下之人, 其性品本皆同級, 非惟中等之人性相近也" 참조

기에 인간은 어떤 확정적 원리도 갖지 않은 자율적 존재이며 지속적인 선 행위를 통해 도덕을 실현해 나가야 하는 작위적 존재라는 점에서, 필연이 작용하는 자연의 영역과 전혀 다른 패러다임을 갖는다. 이렇게 보면 정약용의 철학에는 어떤 초월적 · 내재적 원리도 용납될 여지가 없어 보인다.

2) 도덕성의 원천

정약용은 인간이 여타 존재들과 다른 존재론적 층위를 가지며, 인간만이 도덕을 실현할 수 있는 종적種的 우월성을 갖는다고 본다. 정약용이 보기에 인간 존재를 제외한 자연의 영역은 어떤 작위적 개입도 없는 '저절로 그러한'(自然) 세계인 데 비해 인간의 영역은 어떤 확정된 본질이나 원리를 갖지 않으며 끊임없이 '자율적으로 선택'하고 '작위'하는 세계이다. 그는 인간이 자유의지에 따라 선을 선택할 수 있는 자율적 존재라는 점에서 본능대로만 사는 타 존재와 본질적으로 구분된다고 본다.

> 지금 생각건대 과過 · 불급不及의 잘못은 인간에게만 있지, 다른 생명(物)에 있는 것이 아닙니다. 진실로 인간이 능한 바는 모든 것이 (자율적) 활동活動이지만, 금수가 능한 바는 모든 것이 일정一定하다는 것입니다. 이미 일정한 바에야 어떻게 과 · 불급의 잘못이 있을 수 있겠습니까?…… 주자는 성性, 도道의 논의에서 매번 인간과 여타 존재를 함께 말하는 바람에 그 말이 막혀서 통하지 않게 된 것입니다.[15]

---

15) 『中庸講義』, 卷1; 『與猶堂全書』 2, 62c, "今案過不及之差, 在於人, 不在於物. 誠以人之所能, 皆活動, 禽獸之所能, 皆一定. 旣然一定, 夫安有過不及之差乎?……朱子於性道之說, 每兼言人物, 故其窒礙難通多此類也."

정약용의 인간은 선을 행하든 악을 행하든 '자유롭게 선택할 수 있는 권능'(自主之權)을 가진다는 점에서 타 존재와 구별되는 능동적 주체이다. 그는 인간이 선을 좋아하고 악을 부끄러워하는 '선 지향성'과 도덕적 단초인 측은惻隱·수오羞惡·사양辭讓·시비是非의 네 가지 마음(四心)을 선천적으로 갖고 태어난다고 본다. 인간의 도의적 본성은 단순히 기호嗜好가 아니라 상제의 의지이며, 도덕을 실현시키는 근거이다. 그는 만일 이 기호의 본성(性)이 없다면 비록 인간이 시시각각 선행하려 해도 평생토록 행할 수 없을 것이라고 말한다.[16] 정약용은 맹자가 말한 '사심四心'을 도덕적 단초로 해석하여 유학적 정당성을 확보한다.

> (맹자의) "밖에서부터 나를 녹여서 들어오는 것이 아니다"(非由外鑠我者)라는 말은 나의 내재된 네 가지 마음(四心)을 밀고 나가서 밖의 네 가지 덕(四德)을 성취한다는 것이지, 밖에 있는 네 가지 덕을 끌어들여 내재된 네 가지 마음을 밝힌다는 것이 아니다. 곧 (마음에 내재된) 측은지심惻隱之心으로부터 밀고 나가면 바로 '인'을 얻을 수 있고, 수오지심羞惡之心으로부터 밀고 나가면 바로 '의'를 얻을 수 있다. 이것은 인간의 성품이 본디 선하다는 명백한 증거이다.[17]

정약용이 보기에 맹자의 사단四端은 구체적 실천을 통해서만 확충될

16) 『孟子要義』, 卷1; 『與猶堂全書』 2, 111d, "天於賦生之初, 予之以此性, 使之率而行之以達其道. 若無此性, 人雖欲作塵剎之善, 畢世不能作矣. 天旣賦之以此性, 故又能時時刻刻提醒牖啓, 每遇作惡, 一邊發慾, 一邊沮止, 明沮止者, 卽本性所受之天命也. 天命之謂性, 非是之謂乎?" 참조

17) 『孟子要義』, 卷2; 『與猶堂全書』 2, 137a, "非由外鑠我者, 謂推我內在之四心, 以成在外之四德, 非挽在外之四德, 以發在內之四心也. 卽此惻隱之心, 便可得仁, 卽此羞惡之心, 便可得義. 此人性本善之明驗也."

수 있는 '선험적'인 도덕적 단초이다. 인간은 애초에 선 지향성과 도덕적 단초인 사단을 선천적으로 갖고 태어나며, 선·악은 그 사단을 실천적으로 확충시켜 나가느냐 거부하느냐에 따라 결정된다. 결국 '사덕'은 선의 선천적 토대인 '사단'을 선 행위를 통해 확충시킨 결과이다. 이처럼 정약용은 구체적 실천을 부각시키는 차원에서 맹자의 성선설을 계승, 자신의 주장을 정당화한다.

실천 이후에 도덕이 성립된다는 정약용의 주장은 인간의 신체적·물리적 조건을 반영한 경험적 통찰이라는 점에서 중요한 의미를 갖는다. 그럼에도 불구하고 '사단'은 하늘로부터 부여받은 선의 선천적 근거라는 점에서 그 본성이 '원리'와 근본적으로 달라 보이지 않는다. 정약용은 도덕 행위의 선천적 근거로 선 지향성과 도덕적 단초인 사단을 상정하여, 타 존재와 인간을 구별 짓는 결정적 계기로 설명한다. 그는 "보리의 성향이 오줌을 좋아하듯, 연꽃의 성향이 진창을 좋아하듯, 인간의 성향은 선을 좋아한다"[18]라고 강조한다. 인간의 선 지향성을 보리나 연꽃의 자연적 본성에 투사시킴으로써 선 실현의 선천적 근거를 마련하고 있는 것이다.

그러나 정약용이 상정한 선 지향성과 도덕적 단초인 사단은 생명 유지를 위해 포기될 수 없는 '자연적 본성'과 전혀 다른 층위의 것이다. 그것은 인간의 인지적 조건으로 인식될 수 없는 경험 이전의 선천적인 영역의 것으로, 설령 그런 본성과 단초가 인간 안에 내재되어 있다고

18) 『梅氏書平』, 卷4; 『與猶堂全書』 3, 203a, "凡物之所嗜, 驗於其所養, 麥性嗜溲, 養之以溲, 則肥而茁, 不養之以溲, 則瘠而槁, 蓮性嗜泥, 養之以泥, 則肥而茁, 不養之以泥, 則瘠而槁. 人性嗜善, 故養之以善, 則浩浩然剛大, 不養之以善, 則悴悴焉衰殘" 참조.

해도 우리에게는 그것을 보편적 본성으로 식별할 능력이 없다. 인간의 모든 정신적 사유는 신체적 활동으로부터 확장되는 '신체화된 상상적 구조'(embodied imaginative structures)[19]에 근거할 수밖에 없음을 상기한다면, 결국 정약용의 도덕 이론에는 인간에 대한 신체적·물리적 통찰과 그의 주관적 열망이 뒤섞여 있음을 부정할 수 없게 된다.

2. 감시받는 인간, 마음 속 상제

1) 제약된 인간

정약용의 도덕 이론은 한편으로 인·의·예·지의 사덕이 실천 이후에 성립되는 것으로 본다는 점에서 '경험주의적'이지만, 다른 한편으로 타 존재와 구분되는 선 지향성과 사단이라는 도덕적 단초를 선천적 근거로 설정하고 있다는 점에서 '본질주의적'이다. 정약용 철학은 이와 같은 양 구도 위에 도덕성의 궁극적 근원인 '상제'를 상정한다. 물론 선 지향성과 사단은 상제가 인간에게 부여해 준 것이며, 정약용의 도덕적 지향은 효孝·제弟·자慈의 범위를 넘어서지 않는다. 이를 위해 그는 선 지향성과 사단을 설정했으며, 인격적 존재인 상제의 감시를 요청했다.

정약용의 상제는 시·공간의 제약 없이 인간의 일거수일투족은 물론이고 혼자만이 알 수 있는 내밀한 감정의 움직임까지 꿰뚫어 아는 능력

19) 체험주의는 인간의 전 경험이 기본적으로 우리의 신체적 활동으로부터 직접 발생하는 '신체화된 상상적 구조'(embodied imaginative structures)에 근거하고 있으며, 또 그것에 의해 제약된다는 주장으로 나아간다. 노양진, 『몸·언어·철학』, 215쪽.

을 지닌다. 인간은 삶의 전 영역에 설정되어 있는 상제의 시선을 벗어날 방법이 없다.

> 상제의 영명함은 인간의 마음에 직통하여 은미한 것도 살피지 못하거나 밝히지 못하는 것이 없다. 이 방에 환히 비추어 날마다 감시하고 계시니, 인간이 진실로 이를 안다면 (제아무리) 대담한 자라 할지라도 계신공구하지 않을 수 없다.[20]

> 군자가 (아무도 모르는) 어두운 방안에 처해서도 매우 조심하고 두려워 떨면서(戰戰慄慄) 감히 악을 저지르지 못하는 것은 상제가 자신에게 강림해 있음을 알기 때문이다.[21]

이처럼 정약용이 상정한 상제는 인간의 신체적·물리적 층위뿐만 아니라 혼자만 아는 내밀한 속마음의 움직임에 이르기까지 삶의 전 영역에 침투해 있다. 상제의 엄중한 감시는 인간으로 하여금 삶의 한순간도 긴장의 끈을 놓지 말고 조심하고 두려워하며 전전긍긍하도록 만든다.

정약용은 왜 이렇듯 은밀한 부분까지 살피는 상제를 요청할 수밖에 없었을까? 다음과 같은 탄식에서 드러나듯, 그에게 인간은 끊임없이 상제의 시선을 자각하며 철저히 제약되어야만 하는 존재로 이해되었던 듯하다.

---

20) 『中庸自箴』, 卷1; 『與猶堂全書』 2, 47b, "天之靈明, 直通人心, 無隱不察, 無微不燭. 照臨此室, 日監在玆, 人苟知此, 雖有大膽者, 不能不戒愼恐懼矣."

21) 『中庸自箴』, 卷1; 『與猶堂全書』 2, 47a, "君子處暗室之中, 戰戰栗栗, 不敢爲惡, 知其有上帝臨女也."

(아무도 모르는) 어두운 방에서 마음을 속이며 사특하고 망령된 사념을 하고 간음과 도적질을 일삼다가, 그 다음날 의관을 정제하고 단정한 모습으로 앉아 있으면 순수한 모습이 티 하나 없는 군자로 보인다. 관장官長도 알지 못하고 군주도 살피지 못하니, 죽을 때까지 속일지라도 당대의 훌륭한 명성(美名)을 잃지 않는다. 본성을 버려두고 악한 짓만을 일삼지만 후세의 숭앙을 받는 자 천하에 가득하다.[22]

그가 보기에 인간은 개인의 내밀한 속마음까지 침투해서 감시해야 할 만큼 겉 다르고 속 다른 존재인 것이다. 그럼에도 불구하고, 상제의 시선을 의식한 인간은 마음으로라도 감히 악을 상상할 수도 없는, 그래서 어느 때든 계신공구하고 신독하는 존재가 될 수 있다. 결국 그의 상제 설정은 '악의 원천적 봉쇄'에 일차적 목적이 있는 듯하다. 이렇게 되면 자유의지에 따른 행위 결과로 성립된다던 정약용의 도덕에는 일거수일투족은 물론 지극히 은밀한 생각에 이르기까지 상제의 감시라는 제약이 설정되어 있음이 드러난다. 이는 개인 차원의 수신을 강조하는 성리학보다 한층 강화된 '도덕적 통제'를 의미한다.

그렇다면 우리는 어떻게 상제의 감시를 의식하고(知天) 두려워하는가? 정약용은 인간의 마음 안에 상제와의 소통을 위한 접속 장치가 있다고 말한다. 상제는 인간의 마음에 '영명성'을 심어 주고 거기에 '선 지향성'을 부여하며, 시시각각 '도심'을 통해 인간에게 명령한다. 상제의 혀가 도심에 깃들어 시시각각 명령하고 경계하기 때문에, 인간은 계신공구하

22) 『中庸自箴』, 卷1; 『與猶堂全書』 2, 46d~47a, "夫暗室欺心, 爲邪私妄念, 爲奸淫爲竊盜, 厥明日, 正其衣冠, 端坐修容, 粹然無瑕君子也. 官長莫之知, 君王莫之察, 終身行詐, 而不失當世之美名. 索性造惡, 而能受後世之宗仰者, 天下蓋比比矣."

며 본심에서 천명을 구하는 길이 곧 상제를 섬기는 일임을 인식한다.[23] 인간의 상제와의 소통은 영명성이 잘 발현된 도심을 잘 살피고 따르는 길 뿐이다.

그러나 정약용의 이러한 설정은 인간의 신체적·물리적 조건을 감안할 때 현실적 설득력을 잃는다. 상제는 인간의 인지조건으로는 지각知覺할 수 없는 영역의 존재이기 때문이다. 정약용 스스로 말하듯 상제의 몸(天之體)은 볼 수 없는 것(所不睹者)이고 상제의 소리(天之聲)는 들을 수 없는 것(所不聞者)이다.[24] 그런 의미에서 상제는 상상된 존재이며, 상제의 명령을 인식할 수 있다는 마음의 영명성이나 도심 역시 경험적 사실을 근거로 추상된 '사변의 산물'일 뿐이다. '무형자는 유형자로부터 사유될 수밖에 없다'는 경험적 통찰은 정약용의 언설에도 보인다.

> 인간의 마음은 형상(形)이 없기 때문에 그것이 (사물을) 지각하기 위해서는 반드시 형상이 있는 귀·눈·코·입(의 지각작용)을 기다려야 한다. 귀·눈·코·입이 그것(마음)을 위해 나루나 다리가 되어 주지 않는다면 인간의 마음은 다만 귀머거리, 장님일 뿐이다.[25]

정약용의 언설대로 귀·눈·코·입이 다리가 되고 나루가 되어 주지 않는 한, 마음은 어떤 것도 구성할 능력이 없다. 감각기관을 통해 지각

---

23) 『中庸自箴』, 卷1; 『與猶堂全書』 2, 46b, "天之喉舌, 寄在道心, 道心之所儆告, 皇天之所命戒也. 人所不聞, 而己獨諦聽, 莫詳莫嚴, 如詔如誨, 奚但諄諄已乎. 事之不善, 道心愧之, 愧作之發, 諄諄乎天命也, 行有不善, 道心悔之, 悔恨之發, 諄諄乎天命也" 참조

24) 『中庸自箴』, 卷1; 『與猶堂全書』 2, 46d, "所不睹者, 何也? 天之體也. 所不聞者, 何也? 天之聲也" 참조

25) 『易學緒言』, 卷4; 『與猶堂全書』 3, 558d, "人心無形, 而人心之所以知覺, 必待有形之耳目鼻口. 苟非耳目鼻口之爲之津梁, 人心直一聾瞽耳."

된 자료들은 마음에 의해 통합되고 분류된다. 신체적 · 물리적 토대 없이 확장된 사유란 있을 수 없다. 또 정약용은 "'이미 드러난 자취'(故)를 가지고 그것이 '그렇게 된 까닭'(所以然)에 도달한다"[26]라고 말한다. '그렇게 된 까닭'은 드러나 있는 지각된 흔적, 즉 지각된 경험을 토대로 사유된 결과이다. 마음의 작용이나 소이연에 해당하는 추상적 층위의 사유는 물리적 경험을 근거로 분류, 통합되어 새롭게 의미화된다. 우리는 얼마든지 추상적 사유를 할 수 있지만, 그것은 신체적 · 물리적 경험에 따라 전혀 다른 방식으로 구성될 수 있는 것이다. 결국 무형자는 유형자로부터 사유되고 유형자에 의해 제약될 수밖에 없다. 이러한 정약용의 경험적 통찰은, '초월적 · 정신적' 개념들은 '신체적 · 물리적' 경험을 토대로 확장된 사유의 결과이며 전자는 후자의 제약을 받을 수밖에 없다는 결과를 도출시키기에 충분하다.

그러나 이미 서술한 대로 정약용은 인간의 삶 전체를 초월적 · 정신적 개념에 해당하는 상제와 상제가 깃든 마음으로부터 감시받도록 설정했다. 여기서 제기되는 문제는 '과연 우리는 어떻게 초월적 · 정신적 존재로부터 모든 인간의 삶을 제약할 만한 보편성을 확보할 수 있는가?' 하는 점이다. 동일한 신체적 · 물리적 층위의 경험을 가졌다고 해도, 예컨대 IMF를 함께 경험했다고 해도 우리 안에 축적된 경험과 기억의 내용은 제각각이다. 신체적 · 물리적 경험이 초월적 · 정신적 경험에 비해 비교적 안정적임에도 불구하고, 그조차 우리에게는 개별적일 수밖에 없다. 그렇다면, 신체적 · 물리적 층위에 강력하게 제약된 정신적 · 추상적

26) 『孟子要義』, 卷2; 『與猶堂全書』 2, 127b, "執已然之跡, 以達其所以然."

층위의 사유는 한층 더 개별적이고 주관적이게 된다. 이러한 우리의 인지적 조건을 고려하여 정리해 보면 상제가 인간에게 시시각각 경계하는 도덕적 명령이 우리 모두에게 같은 내용으로 인식될 가능성은 거의 0%에 가깝다. 그런 의미에서 만약 우리의 삶을 통제할 도덕적 제약을 설정해야 한다면, 그것은 정신적·추상적 영역에서가 아니라 비교적 안정된 공유지반인 신체적·물리적 영역에서 도출되어야 할 것이다. 그러나 정약용은 보편의 도덕적 준거를 정신적·추상적 영역의 상제와 상제가 깃든 마음에 두고, 모든 인간으로 하여금 그것들의 제약을 받아 인륜을 실현하도록 설정하고 있는 것이다.

2) 은유로서의 마음

정약용이 이해하는 보편의 영역을 좀 더 섬세하게 검토하기 위해서는 그가 말하는 '몸과 마음의 관계', 그리고 '마음' 규정에 대한 구체적인 해명이 필요하다. 정약용은 '몸'을 도덕적 수양의 중요한 축으로 끌어 올리는데, 이는 성리학이 몸을 '악의 원천'으로 규정하고 도덕의 영역으로부터 철저히 분리시켜 억제의 대상으로 설정하는 것과 구분된다. 정약용에게 마음은 몸의 행위와 존재론적으로 분리되어 있지 않다. 그는 몸과 마음을 상관적 연속 관계로 파악, 배제되었던 몸의 역할을 '도덕의 중심축'으로 복권시킨다.

> 몸과 마음은 오묘하게 합하니 나누어 말해서는 안 된다. 마음을 바르게 하는 것은 곧 몸을 바르게 하는 것이니 두 층위의 다른 공부가 아니다.[27]

'형形'은 육체이고, '색色'은 안색이며, '성性'은 천명이다. 사람의 육체와 안색은 만물 가운데 가장 존귀하니, 이 또한 천명이다. 오직 성인만이 능히 실천에 옮겨서 이 육체를 저버리지 않는다.[28]

이처럼 정약용은 몸과 마음의 거부할 수 없는 연속적 상호작용을 '묘합'적 관계로 설정한다. 그는 마음의 수양이 유기적으로 연결된 몸의 차원에서도 이루어진다는 것을 강조, 몸과 마음의 관계를 새롭게 재구성한 것이다. 그것은 몸이 도덕 실현에 있어서 거부할 수 없는 중요 요소임을 의미하게 된다.

이와 같은 정약용의 논의는 한편으로 몸과 마음의 거부할 수 없는 연속적 상호작용을 '묘합'적 관계로 설정하고 있다는 점에서 돋보이는 현실적 통찰을 함축하고 있다. 나아가 도덕의 문제가 인간의 현실적 조건과 유리될 수 없다는 차원을 포함하고 있다는 점에서 그의 가치론적 탐색은 실제적 의의를 갖게 된다. 그러나 정약용의 몸에 대한 '마음'(心)의 선택적 강조는 초월자에 도덕의 선천적 근거를 두고 있다는 점에서 성리학의 '본성'(性) 강조와 유사성을 갖는다. 이러한 정약용의 의도는 '마음'에 대한 설명에서 더욱 구체적으로 드러난다.

정약용의 구분에 따르면, 마음은 ① 심장(五臟之心), ② 영명한 마음(靈明之心), ③ 발현된 마음(所發之心) 등 세 가지로 나뉜다.[29] '심장'은 오장 중의

---

27) 『大學公議』, 卷1; 『與猶堂全書』 2, 15a, "身心妙合, 不可分言. 正心卽所以正身, 無二層工夫也."

28) 『孟子要義』, 卷2; 『與猶堂全書』 2, 148b, "形者身形也, 色者顔色也, 性者天命也. 人之形色, 於萬物之中, 最爲尊貴, 斯亦天命也. 惟聖人, 爲能踐履, 不負此形."

29) 『詩文集』, 「答李汝弘」; 『與猶堂全書』 1, 410c~d, "心之爲字, 其別有三. 一曰五臟之心, 若云比干剖心, 心有七竅者是也. 二曰靈明之心, 若商書曰, 各設中于乃心, 大學曰, 先正其心者是也.

하나로 몸 안에 실재하는 생명의 물리적 중추이다. '영명한 마음'은 상제로부터 부여받은 무형의 것으로 상제의 영명함과 직통한다. 이것은 심장과 전혀 다른 존재 근거를 가지며, 물리적 층위의 제약을 전혀 받지 않는 지각 불가능한 무형의 것이라는 점에서, 그리고 인간의 존재론적인 고유성을 함축하는 본체라는 점에서 성리학의 본성과 유사성을 갖는다. '발현된 마음'은 물리적 자극에 의해 촉발된 마음이다. 그것은 소체(유형의 몸)를 기르려는 '인심'과 대체(무형의 영명)를 기르려는 '도심'으로 나뉘는데,[30] 전자는 신체적 · 물리적 욕구의 분출인 반면 후자는 신체적 욕구에 영향을 받지 않는 영명한 마음의 발현이다.

정약용은 정신적 층위에 해당하는 '영명한 마음'과 '도심'에 본체적 지위를 부여함으로써 도덕 실천의 근거로 삼는다. 그는 마음을 "무형의 본체로서 몸에 속하지 않으며 만 가지 형상을 포괄하고 만 가지 이치를 신묘하게 깨달으며 능히 사랑하고 능히 미워하는 것으로, 우리가 처음 태어나자마자 하늘이 우리에게 부여해 준 것"[31]이라고 규정한다. 영명한 마음은 유형의 몸을 주재하는 중추적 실체로서 모든 물리적 움직임과 문제 상황에 능동적으로 관여한다. 그리고 그것의 발현이 곧 도심이다. 이제 정약용이 강조하는 '인간다움'은 '영명한 마음'과 '도심'에 순응한 결과가 된다. 이렇듯 정약용 철학은 마음의 윤리적 작용에 대한 굳건한 믿음에 뿌리를 내리고 있다.

三曰心之所發之心, 若孟子所云, 惻隱之心, 羞惡之心是也" 참조.

30) 『孟子要義』, 卷2; 『與猶堂全書』 2, 140b, "道心常欲養大, 而人心常欲養小" 참조.

31) 『大學講義』, 卷2; 『與猶堂全書』 2, 25b, "無形之體, 是不屬血肉者, 是能包括萬狀, 妙悟萬理, 能愛能惡者, 是我生之初, 天之所以賦於我者也."

정약용이 말하는 마음의 위상은 몸과 마음에 대한 관계 규정에서 선명히 드러난다. 그는 ① 마음과 몸이 서로 뗄 수 없는 '묘합'적 관계에 있다(神形妙合)고 보면서도, ② 마음을 몸 위에 위치시킴으로써 그 위상을 구분한다. 전자는 몸과 마음의 현실적 상호 관계를 통찰한 결과인 반면, 후자는 몸과 마음의 수직적 구조화를 통해 마음을 상대적으로 부각시키려는 의도가 반영된 결과로 보인다. 정약용은 '마음은 위 / 몸은 아래' 유형의 수직적 구조를 통해 몸과 마음을 철저히 분리시킨다. 이런 구조화는 마음에 배타적 우선성을 두려는 의도를 함축하고 있다.

> 대체大體는 대개 영명의 체이니, 비록 몸 가운데 있는 것이기는 하지만 순수하여 몸과 서로 섞이지 않는다.[32]

> 설암선사가 이르기를 "귀가 듣고 눈이 보며 입이 말하고 몸이 움직이는 것은 '종'(奴僕)의 일이며, 마음이 그 가운데서 주관하는 것은 '주인'의 일이다. 주인이 밝게 진작하여 종에게 명령하면, 종들이 모두 엎드려 명령을 받드는 것이다. 주인은 노비의 명을 받을 수 없으며, 노비는 주인을 거느릴 수 없다"라고 하였다. 내가 살펴보건대, 후인으로서 이런 뜻을 깨닫기까지는 모두 주자의 힘이었는데, 요즘 사람들은 선학禪學이라 여겨서 배척하니 또한 망령되지 않은가?[33]

정약용은 '마음은 주인 / 몸은 종'으로 몸·마음의 관계를 구조화한

---

32) 『孟子要義』, 卷2; 『與猶堂全書』 2, 140a, "大體蓋此靈明之體, 雖寓於形氣之中, 粹然不與形氣相雜."

33) 『論語古今註』, 卷6; 『與猶堂全書』 2, 266b, "雪菴禪師云, 耳之聽, 目之視, 口之言, 身之動, 是奴僕也. 心之主持于中, 是主人也. 主人精明振作, 令奴僕皆伏而稟令. 勿者, 不以主而聽奴, 不以奴而牽主. 案, 後人之能知此義, 皆朱子之功, 今人却欲斥之爲禪學, 不亦妄乎?"

설암선사雪菴禪師의 견해에 전적으로 동의하고 있다. 이제 주체로서의 마음은 더 이상 몸과 섞일 수 없는 것으로, 몸과 같은 층위에서 논의되지 않는다. 이때 몸과 마음은 연속적 관계가 아니라, 각기 차원이 다른 실체를 의미하게 된다. 몸과 분리된 마음은 신체적·물리적 차원에서 확장된 것이 아니라, 상제로부터 부여받은 영명성을 담지한 실체로서 '그 자체'로 존재한다. 정약용은 몸과 마음의 관계를 수직적으로 구조화하고 철저히 '분리'시킴으로써 몸 위에 마음을 군림시키려는 의도를 내보인다. 상제로부터 부여받은 영명한 마음은 신체적·물리적 층위의 경험과 상관없이 존재하면서도, 몸에 대해 능동적으로 관여하는 주체이며, 강력한 통제 능력까지 수반한다.

그러나 우리는 이 지점에서 현실적으로 마음의 정신적 활동이 몸의 신체적 층위의 경험을 토대로 '연속적'으로 확장될 수밖에 없음을 상기해 볼 필요가 있다. 그것은 신체적 욕구에 영향을 받지 않는 '영명한 마음'과 그 발현 양상인 '도심'이 우리의 삶을 제약할 수 있다는 정약용의 가정이 단순히 그의 믿음에 그칠 뿐 보편성을 획득하기 어렵다는 것을 확인시켜 준다. 결론적으로, 상제가 부여했다는 영명성과 몸 안에 자리 잡은 마음은 단지 도덕적 열망이 반영된 '은유적 산물'일 뿐이며, 거기에는 인간을 세계 안의 특별한 존재로 자리매김하려는 의도가 함축되어 있다.

이렇듯 모든 관념적 사유를 부정했던 정약용은 '상제'와 그로부터 부여받은 '마음'을 감시의 실체로 재설정함으로써 또 다시 관념적 사유로 되돌아갔다. 결과적으로 정약용의 논의 구조는 성리학의 본체였던 '리'와 '성'이 '상제'와 '마음'으로 대체된 것일 뿐, 세계와 단절된 실체가 물리적 영역을 통제한다는 점에서 성리학적 구조와 크게 달라 보이지 않는다. 오히려 그의 논의는 상제에 인격적 권능까지 부여하여 '리'보다 능동적으로 인간의 내밀한 부분으로부터 삶 전반을 감시하고 관여하게 함으로써 성리학보다 그 제약을 더 강화한 것으로 보인다.

3. 초월로의 회귀

1) 상상된 상제

인간 삶의 전 범위를 제약하는 정약용의 상제는 물리적 하늘과 명확한 구분점을 갖는다. 상제와 달리 물리적 하늘은 그저 땅, 물, 불과 같은 지위를 갖는 자연물일 뿐, 도덕적 삶에 어떤 영향력도 갖지 못한다. 정약용은 "저 푸른 모습의 하늘이 어찌 인간의 성이나 도의 근본이겠는가?"[34]라고 반문한다. 그가 의미화한 궁극의 주재자 상제는 ① 무형의 존재[35], ② 모든 사물의 근원자[36], ③ 유일한 절대자[37], ④ 조화하고 재제하며 안양하는 존재[38]이다. 상제는 물리적 층위에서 논의될 수 없는 무

34) 『孟子要義』, 卷2; 『與猶堂全書』 2, 144d, "彼蒼蒼有形之天, 在吾人不過爲屋宇帡幪, 其品級不過與土地水火, 平爲一等, 豈吾人性道之本乎?" 참조

35) 『尙書古訓』, 卷7; 『與猶堂全書』 3, 106b, "上帝無形體, 故得聞無形之馨腥明德之芬烈於沈檀穢惡之臭毒於腐屍, 而人之馨腥滃滃然日升于帝座, 君子之所以戒愼恐懼信此故也. 小人之所以無忌憚不信此故也" 참조

36) 『孟子要義』, 卷2; 『與猶堂全書』 2, 135d, "萬物一原悉稟天命" 참조

37) 『春秋考徵』, 卷4; 『與猶堂全書』 3, 292b, "夫至一無二之謂帝, 至尊無對之謂帝" 참조

38) 『春秋考徵』, 卷4; 『與猶堂全書』 3, 292c, "上帝者, 何? 是於天地・神人之外, 造化天地・神人・萬物之類, 而宰制安養之者也" 참조

형의 존재로서, 모든 존재의 가치를 평가하고 감시하는 초월적 근거이다. 물고기가 물을 떠나 살 수 없듯이, 모든 존재는 상제에 근원하고 있으며 상제가 부여한 명을 어기고는 살아 갈 수 없다. 시·공간을 초월한 상제는 지극히 존귀하여 대립자를 갖지 않는 유일한 절대자이다. 이처럼 상제는 만물의 존재론적 근거로서 인격성까지 두루 갖추고 유·무형의 포괄적 준거로서 모든 차원에 능동적으로 관여한다.

개인의 차원에서 상제는 인간의 종교적 감성을 자극하여 '수신'하도록 한다. 인간이 계신공구하고 신독할 수 있는 것은 스승의 가르침이나 임금의 명령 때문이 아니라, 보이지도 들리지도 않는 가운데 인격적 상제가 강림함을 인식하기 때문이다.[39] 정약용이 보기에 인간은 아무도 모르는 어두운 곳에서라면 아랫사람으로부터 위로는 군왕까지도 속일 수 있는 못 믿을 존재이다. 따라서 상제의 강림을 믿지 않는 인간은 신독하지 않는다.[40] 이는 정약용이 인간을 상제라는 제약 없이는 계신공구나 신독을 행할 수 없는 '타율적인 존재'로 이해하고 있음을 의미한다. 나아가 정약용에게 신독은 지성至誠과 결코 다른 단계가 아니다.[41] 그렇기 때문에 상제에 대한 인간의 내면적 각성은, 단순히 악행을 저지르지 않는 차원을 넘어 터럭만큼도 거짓 없는 진실함(誠)과 공경함(敬)으

39) 『中庸自箴』, 卷1; 『與猶堂全書』 2, 46d~47a, "民不敢顯然犯之者, 以戒愼也, 以恐懼也. 孰戒愼也?……夫暗室欺心, 爲邪思忘念, 爲奸淫爲竊盜, 厥明日, 正其衣冠, 端坐修容, 粹然無瑕君子也, 官長莫之知, 君王莫之察, 終身行詐, 而不失當世之美名.……夫恐懼爲物, 非無故而可得者也. 師敎之而恐懼, 是僞恐懼也, 君令之而恐懼, 是詐恐懼也, 恐懼而可以詐僞得之乎?……君子處暗室之中, 戰戰栗栗, 不敢爲惡, 知其有上帝臨女也" 참조

40) 『中庸自箴』, 卷1; 『與猶堂全書』 2, 47b~c, "若云暗處微事, 是爲隱微, 則暗處微事, 有終身俺諱, 而未嘗發露者, 下可以欺人, 上可以欺君. 小人習知其然, 君子以空言, 怵之曰, 莫見乎隱, 莫顯乎微, 其肯信之乎? 不信降監者, 必無以愼其獨矣" 참조

41) 『中庸自箴』, 卷1; 『與猶堂全書』 2, 47c, "愼獨者, 誠也" 참조

로 나아갈 수 있는 계기가 된다. 이렇게 되면 인간은 통렬한 '내적' 각성과 끊임없는 자기반성적 태도를 유지할 수밖에 없다. 타율적 제약이 필요한 인간에게 상제의 감시는 '수신'을 위한 강력한 제약인 셈이다.

공동체적 차원에서 상제는 위정자의 '솔선수범'을 요구한다. 정약용은 정치의 시작은 위정자의 허령한 마음의 본체를 밝히는 데 있는 것이 아니라 삼덕(孝·弟·慈)을 '솔선수범'하는 데 있다고 본다. 위정자의 도덕적 모범(身敎)은 '친민親民'의 계기이자 '도덕의 사회적 구현'의 핵심적 토대이다.[42] 그래서 정약용은 "하늘이 인간의 선·악을 살피는 방법은 항상 인륜에 있으니, 인륜을 잘하면 하늘을 섬길 수 있다"[43]라고 말한다. 인륜의 핵심은 단지 효·제·자일 뿐이며, 이것이 자신에게서 실행되면 '명명덕'이 되고 백성에게 실현시키면 곧 '친민'이 된다. 인간은 어떤 위치에 있든 효·제·자의 덕을 끊임없이 실천해야 하는 능동적 존재이다. 내면에 임재한 상제를 인식한 인간은 지성껏 효·제·자를 실천하며 천명에 순종하게 된다.

이처럼 정약용 철학에서 상제는 개인적 차원에서 '수신'의 준거로, 공동체적 차원에서 '도덕의 사회적 구현'의 평가자로 설정된 존재이다. 정약용이 보기에 성리학의 '리'는 조선 사회에 만연해 있던 관리들의 부패와 명분만을 찾는 선비들에게 무력한 것이었다. 리는 자체 동력이 없는 자연법칙일 뿐 지각도 위엄도 감시 능력도 없기 때문에 사람들이 경계

---

42) 『大學公議』, 卷1; 『與猶堂全書』 2, 5d, "民睦民順者, 民親也. 敎民以孝, 則民之爲子者, 親於其父. 敎民以弟, 則民之爲弟者, 親於其兄, 民之爲幼者, 親於其長. 敎民以慈, 則民之爲父者, 親於其子, 民之爲長者, 親於其幼. 太學之道, 其不在於親民乎?" 참조

43) 『中庸自箴』, 卷1; 『與猶堂全書』 2, 52c, "天之所以察人善惡, 恒在人倫. 善於人倫, 則可以事天矣."

하지도 삼가지도 두려워하지도 않는다. 정약용은 이렇듯 현실에 무력한 '리' 대신 인격적 권능을 가진 '상제'를 상정, 조선의 무기력한 현실에 위력을 행사하도록 했다. 그의 '상제'는 조화·재제·안양함으로써 능동적으로 세계에 관여하며, 섭리의 권능을 행사하는 유일한 절대자이다. 또 모든 존재의 가치 평가는 물론, 인격적 존재로서 지속적으로 도심을 통해 명령하며 속마음까지 꿰뚫어서 인간을 두렵게 하는 존재이다. 정약용은 동력을 가진 상제를 통해 '못 믿을 존재'인 인간이 남몰래 저지르는 악을 원천적으로 봉쇄하고 도덕을 구현해 낼 것을 희망했다. 그의 상제론은 준엄한 '내적' 수신을 강조하면서도 '털끝만한 것까지도 병들지 않은 것이 없는' 조선의 현실 문제를 적극적으로 해소하려 했다는 점에서 의의를 갖는다.

그러나 왜 인간의 도덕이 상제에 의해 정당성을 부여받아야 하는가? 상제의 명령이 개인 차원의 '수신'과 공동체 차원의 '효·제·자의 사회적 구현'이라는 실천적 덕목으로 귀결된다는 점에서 정약용이 설정한 상제는 철저히 '인간의 도덕학'을 위해 탄생된 존재이다. 우리는 정약용이 공·맹의 실천윤리학적 이념을 근거로 정주·육왕 등의 사변적 형이상학을 예리하게 분석하고 비판하고 있음을 떠올릴 필요가 있다. 공동체 속에서의 균평均平·공유公有는 공·맹의 이상인 동시에 여전히 우리가 지향해야 할 유토피아이다. 유가적 이상향을 위해 공·맹은 윤리적 가치를 세계 '밖'의 초월이 아니라 인간의 실천 행위에서 찾으려 했고, 그 판단 근거는 공동체적 지향 '안'에 축적된 물리적 경험을 토대로 형성되어 있는 공통적인 행동 방식에서 도출된 것이었다. 그런데 정약용은 공·맹으로의 회귀를 자임했음에도 결국 초월의 상제를 상정하고,

그것을 도덕적 제약으로 설정했다. 하지만 효·제·자와 같은 도덕은 경험 영역의 범위 내에서 어른을 잘 섬기는 것, 벗과 잘 사귀는 것, 백성을 친애하는 것 등의 실천을 통해 구현된다. 그것은 곧 공·맹의 본래적 가치를 실현하는 일이 될 것이다. 도덕의 판단 기준은 인간의 신체화된 경험과 종적 공공성으로부터 도출되는 것이지, 객관의 '리'나 더 높은 '상제' 같은 초월의 영역으로부터 보증 받는 것이 아니다. 결론적으로 인간의 영역에 반드시 상제의 개입이나 보증이 도입될 필요는 없어 보인다.

이렇게 보면 정약용의 상제 설정은 개인 차원에서 수신을, 공동체적 차원에서 도덕의 사회적 구현과 실질적 공적을 이끌어 내려는 열망의 반영이었던 듯하다. 결국 정약용은 실천적 차원에서 성리학의 관념적 사유를 비판했지만, '원하는 도덕학'의 재구성을 위해 '상상된 상제'를 불러들인 셈이 되었다.

2) 도덕적 억압으로서의 상제

정약용에 의해 요청된 상제는 우리에게 어떤 의미를 가질까? 정약용이 상상한 지극히 공정하고(至公) 지극히 어질며(至仁) 지극히 의로운(至義) 상제의 덕은 인륜의 절대적 근거로 규정된다.[44] 효·제·자의 실천은 곧 상제가 원하는 것이며, 상제를 섬기는 일이기도 하다. 그러나 상제가 보증하는 인륜은 두 가지 점에서 위험성을 내포한다. 첫째는 선의 이면에 '덕은 선 / 비덕은 악'이라는 은유적 구도가 함축되어 있다는 점이고,

---

44) 『詩經講義』, 卷3; 『與猶堂全書』 2, 456d, "上天至公至仁至義之德" 참조.

둘째는 도덕적 인식에 '보편성'이 가정되어 있다는 점이다.

'덕은 선 / 비덕은 악'의 이분법적 구도에 대한 문제제기는 선·악의 이분법적 가르기가 인간의 물리적 조건에 적절한가에 대한 비판적 물음이 될 것이다. 정약용 철학에서 선은 덕의 영역에만 국한되며, 그것을 제외한 나머지 즉 '덕이 아닌 것'(非德)은 무조건 '악'으로 귀착된다. 물론 '덕은 선'이라는 규정이 정약용에만 한정된 것이 아니라 유학 전반의 정서임을 감안한다 할지라도, 그의 선·악의 이분법적 가르기는 지나치게 극단적인 면이 있다.

> 선은 악과 반대되는 것이니, 지극한 선이 아니면 악으로 귀착될 뿐이다. 선과 악은 음양이나 흑백과 같아서, 양이 아니면 음이고 백이 아니면 흑이다. 음양의 중간에 음도 아니고 양도 아닌 것은 없으며, 흑백의 중간에 백도 아니고 흑도 아닌 색깔은 없다. 선에 미진했다면 이는 약간이라도 악의 뿌리가 남아 있어서 아직 다 제거되지 못했음이 분명하다. 여기에 옹기그릇이 하나 있는데, 전체는 모두 좋으나 한 구멍에서 물이 샌다면 결국 이는 깨진 옹기그릇이다. 여기에 어떤 사람이 있는데, 전체는 모두 좋으나 하나의 악을 버리지 못했다면 결국 이 사람은 악인이다. 이것이 선·악을 나누는 방법이다.[45]

정약용은 '선'을 '덕의 영역'에만 한정시키고, 그 나머지는 과감히 '금지의 영역'인 '악'으로 귀착시켜 버린다. 바꿔 말하면, 덕의 영역을 벗어

---

45) 『論語古今註』, 卷2; 『與猶堂全書』 2, 184d, "夫善與惡對, 未盡善則歸於惡而已. 善之與惡, 如陰陽黑白, 非陽則陰, 非白則黑. 陰陽之間, 無非陰非陽之物, 黑白之間, 無非白非黑之色. 既未盡善, 明有一分惡根, 未及盡去者也. 有甕焉, 全體皆好, 惟一孔有漏, 終是破甕. 有人焉, 全體皆好, 惟一惡未去, 終是惡人. 此善惡剖判之法也."

난 것은 모두 악이며 강력히 억압되어야 할 대상이다. 이런 사유에는 '덕은 선 / 비덕은 악'의 극단적인 이분법적 가르기가 전제되어 있다. 이러한 정약용의 규정은 인간으로서 효 · 제 · 자를 실천하지 않는 이상 '악인'일 수밖에 없음을 의미한다. 물론 인간으로서 효 · 제 · 자를 실천하는 일이 여전히 가치 있는 일임은 부정할 수 없는 사실이지만, 그것들을 제외한 나머지 행위들을 모두 악으로 간주하는 것은 매우 억압적이고 위험한 발상이다.

이러한 사유의 지반에는 '누구나 선의 척도가 같다'는 그릇된 전제가 깔려 있다. 정약용에게 내 마음은 타인의 마음을 헤아릴 수 있는 '척도'(矩)이다. 그는 나의 바른 마음을 척도로 삼아 남을 바르게 하는 것이 천하를 태평하게 하는 요법이라고 본다.[46] 이러한 정약용의 사유는 "천하 사람들은 그 성품이 모두 동일하다. 그러므로 자신의 성품을 다 실현하는 자는 남의 성품을 다 실현할 수 있으니, 개개인이 모두 천명을 받았다는 것을 알 수 있다"[47]라는 신념에 근거하고 있다. 정약용에게 내가 옳다고 믿는 효 · 제 · 자는 당연히 남에게 똑같은 효 · 제 · 자를 강요할 수 있는 '척도'가 된다. 이처럼 정약용은 나와 남이 판단하는 도덕의 척도가 같다고 본 것이다.

그러나 인간은 각기 다른 신체적 · 물리적 경험을 가지며, 그것을 토대로 문제 상황을 인식할 수밖에 없는 유한한 존재이다. 마음은 신체적 · 물

46) 『大學公議』, 卷1; 『與猶堂全書』 2, 21a, "六合平正得爲方正之器吾人之强恕以求仁也, 其法亦然. 以心爲矩以絜六合之交際, 齊其不齊, 平其不平於是乎. 心與身皆正矣. 正己以正物, 此平天下之要法也" 참조

47) 『中庸自箴』, 卷1; 『與猶堂全書』 2, 58b, "天下之人, 其性皆同, 故能盡其性者, 能盡人之性, 其一一皆受天命, 可知也."

리적 경험을 근거로 상상적으로 추론하며, 본성이나 마음에 대한 도덕적 동일시 역시 이러한 추론에서 벗어나지 않는다. 그런 점에서 인간이 모두 같은 선 지향적 본성을 상제로부터 부여받았다는 가정도, 모든 인간에게 똑같이 인식되는 덕목이 있다는 가정도 정약용에 의해 상상적으로 추론된 것일 뿐이다. 나와 남의 '본성이 같다', '마음이 같다'라는 정약용의 전제들은 그저 같기를 '원하는 것'일 뿐, 사실과는 다르다. 정약용의 도덕적 본성에 대한 동일시는 자신이 원하는 것을 상대에게 강요할 수 있다는 점에서 위험성을 내포하게 된다.

정약용의 도덕적 상상력은 그가 인간의 종적 특성으로 설정했던 '자유의지' 즉 마음의 '도덕적 자율성'마저 무력화시킨다. 선을 행할지 악을 행할지는 전적으로 마음의 재량에 달려 있다는 점에서 정약용의 도덕은 '열려' 있는 것처럼 보인다.

> 상제가 인간에게 '자주권'을 주어 선을 원하면 선을 행하게 하고 악을 원하면 악을 행하게 했으므로 (마음은) 유동하여 정해짐이 없다(不定心). 그 권능이 자신에게 달려 있기에 금수의 '정해진 마음'(定心)과는 다르다. 그러므로 선을 행하면 실제로 자신의 공이 되고, 악을 행하면 실제로 자신의 죄가 된다.[48]

그의 철학 내에서 자주권은 악을 행하기 쉬운 현실적 조건을 자유의지로 거부하는, 인간의 선 지향적 선택 능력을 부각시키기 위한 장치로 보인다. 그리고 그것은 표면적으로 인간을 의식 주체나 활동 주체로 인

48) 『孟子要義』, 卷1; 『與猶堂全書』 2, 111d~112a, "天之於人予之以自主之權, 使其欲善則爲善, 欲惡則爲惡, 游移不定. 其權在己, 不似禽獸之有定心. 故爲善則實爲己功, 爲惡則實爲己罪."

식시키기에 충분하다. 그러나 인간의 자율적 권능은 상제로부터 부여받은 것으로, 어떤 선택이든 상제의 감시 아래에서만 의미를 갖는다는 점에서 그것은 '닫혀' 있다. 선이든 악이든 그 결과를 선택자가 전적으로 책임져야 한다는 점을 부각시킨 도덕적 자율성은 상제가 부여한 선 지향적 본성과 마음에 내재된 도덕적 단초인 사단, 시시각각 명령을 전달하는 도심으로부터 자유로울 수 없다. 인간의 도덕적 자율성은 철저히 상제의 그늘 안에서만 힘을 발휘할 수 있기 때문이다. 인간의 도덕적 자유는 신체적·물리적 층위의 구체적 인간관계에서가 아니라 초월의 상제에 제약을 받게 되었다.

그러나 인간의 '도덕적 자율성'은 타인을 침해하지 않는 범위 내에서 상제라는 설정 없이도 얼마든지 실현 가능하다. 인간의 도덕적 자율성은 상제가 보증하는 확정적 선을 선택하는 문제가 아니라, 신체적·물리적 영역에서 끊임없이 타인의 자율성과 충돌하며 조정되어야 하는 것이기 때문이다.

4. 맺는 말

정약용은 도덕 원리인 '리'를 거부함으로써 성리학의 형이상학적 구도에서 벗어나려 했지만, 그 자리에 다시 초월의 '상제'를 상정함으로써 이론적으로 또 다른 형이상학으로 회귀하고 말았다. 그는 무형·무위의 관념적 태도를 견지하는 학문들의 비현실성을 비판하고, 유형·작위의 실천적인 행사의 철학을 제안했다. 이는 도덕 실현의 선결 조건이 도덕 원리의 '인식'을 우선으로 하는 것이 아니라 '행위'를 우선으로 하는 것임을 알려 주는 중요한 경험주의적 통찰이다. 또한 정약용은 몸을 악의 원천으로 간주하고 배제시키려는 논의들을 전면 부정하고 몸의 지위를 도덕의 중심축으로 복권시킴으로써 몸과 마음의 이원론적 사유의 부적절성을 드러내는 데 결정적으로 기여했다.

그러나 정약용은 자신의 철학에 초월의 상제를 불러들여 인간의 내밀한 생각에서부터 공적 영역의 물리적 성과에 이르기까지 삶의 전 영역을 감시하도록 설정함으로써 기존의 논의들보다 훨씬 더 확장된 도덕적 제약 영역을 구축했다. 그는 상제의 감시를 통해 개인 차원에서는 성리학보다 한층 더 강화된 '수신'을, 공동체 차원에서는 '도덕의 사회적 구현'을 성취하려고 했다. 정약용은 도덕의 단초인 '사단', 상제가 부여했다는 '영명성', 그 발현인 '도심' 등을 그의 이론 심장부에 위치시켜 이전의 논의와 본질적으로 크게 다를 것이 없는 선의 선천적 토대를 구축했다. 그의 이러한 설정은 자신이 주요 표적으로 삼았던 본질주의적 사유에 미련을 떨쳐 내지 못한 결과이다. 또 거기에는 '덕은 선 / 비덕은 악'이라는 은유적 구도가 함축되어 있으며, 이것이 의미하는 위험은 '도덕의 규범화'이다. 인간의 모든 추상적 사유는 신체적 활동으로부터 확장되는 '신체화된 상상적 구조'에 근거한다는 점을 상기한다면, 상제, 영명성, 도심 등은 '우리의 것'이 아니라 정약용으로부터 '상상된 것들'이다. 결과적으로 정약용 철학은 '상상된 존재들'에게 인류의 감시를 맡긴 셈이 되었다. 결국 정약용은 자신이 본래 이루려던 진정한 행위 중심의 경험적 도덕 이론의 내적 정합성을 스스로 무너뜨리고 마는 결과를 초래했다.

이상의 탐구 결과 도출되는 결론은 다음 세 가지이다.

첫째, 정약용은 자신의 철학에 상제를 요청, 개인의 은밀한 사적 부분에서부터 공공의 부분에까지 이르는 삶 전반을 감시하도록 '도덕적 제약'을 설정하고, 성리학보다 한층 더 강화된 '수신'과 '도덕의 사회적 구현'이 이루어지기를 바랐다. 상제의 제약이 내포하는 위험은 '덕은 선/비덕은 악'의 은유적 구도가 함축된 '도덕의 규범화'이다. 도덕의 실현은 분명 우리의 이상이지만, 그것은 '우리가 원하는 것'이지 '우리의 것'이 아니다.

둘째, 정약용의 도덕 이론은 그 핵심부에 감시하는 상제, 그리고 상제와 소통할 도덕의 계기인 사단·영명성·도심을 인간 내부에 위치시킴으로써 도덕의 선천적 근거를 마련했다. 결과적으로 정약용은 자신이 주요 표적으로 삼았던 본질주의적 관점을 포기하지 않음으로써, 그가 지향하던 구체적 행위 이후에 덕이 성취된다는 경험적 관점에 혼란을 초래했다.

셋째, 정약용은 도덕 이론의 중심을 신체적·물리적 영역 쪽이 아니라 상상된 영역 쪽에 설정함으로써 신적 관점에서 물리적 영역을 감시하고, 또 내부에 사단·영명성·도심을 설정함으로써 스스로를 규제하도록 했다. 따라서 정약용이 그토록 강조하는 인간의 존엄적 근거인 도덕적 자율성은 상제 영역 안에서만 가치를 발휘한다는 점에서 상상된 존재에 의해 제약된 자유의지가 되었다.

정약용이 '원하는 도덕학', 즉 개인적 차원의 '수신'과 공동체적 차원의 '도덕의 사회적 구현'은 상제의 요청 없이도 얼마든지 현실화될 수 있다. 그것은 여전히 우리의 이상이지만, '강요와 억압'으로 구현될 수 있는 것이 아니라 고양된 삶에 대한 자각과 구체적 실천을 통해 실현될 수 있다. 정약용의 '상상된 존재들'과 '도덕의 규범화'라는 암초만 제거된다면 경험주의적 통찰이 함축된 그의 도덕적 담론들은 여전히 우리에게 중요한 의미를 갖는다.

제4장 정약용 철학의 은유적 구조

정약용 철학에서 상제上帝는 '존재론적으로' 만물의 조상이며, 모든 신들의 으뜸으로 천지를 조화造化하는 '전지전능의 인격적 주재자'이다. 또 상제는 '가치론적으로' 인간의 마음에 영명성을 부여하고 도심에 시시각각 명령을 내리는 최고의 '도덕적 권위자'이다. 하지만 우리는 그런 무형의 근원자를 '어떻게 알 수 있는가?' 그리고 상제의 명령을 '어떻게 들을 수 있는가?' 우리는 또 그것이 상제의 보편적 명령임을 '어떻게 확신하는가?'

이 장에서는 '체험주의'의 은유 분석을 통해 정약용 철학의 은유적 구조를 해명해 보고자 한다. 우리는 이 장에서 시도된 은유 분석의 방법을 통해 정약용의 형이상학이 ① 도덕의 능동적 구현을 위해 '엄격한 아버지'(Strict Father) 은유를 중심으로 구성된 은유의 구성물이며, ② 초월적 · 정신적 존재들로 인한 내적 정합성의 문제를 안고 있음을 확인할 수 있을 것이다.

정약용의 도덕 이론은 초월적 근거인 '상제'를 중심으로 인간의 내부에 두 개의 대립적 구조, 즉 '영명성-도심'과 '기질성-인심'이 존재한다고 가정한다. 도덕적 추동력을 갖는 '상제'의 지속적인 관여 속에 '영명성-도심'은 명예욕과 같은 외재적 힘들 및 신체적 욕구와 같은 내재적 힘들을 약화시키고, 반면에 '기질성－인심'은 통제와 억제의 대상이 된다. 정약용 철학에서 '상제－영명성－도심'은 인·의·예·지의 유학적 이상을 실현시키는 마음의 중심적 구조이다.[1)]

신체적 경험이 초월적·정신적 경험의 발생적 원천임을 가정하는 체험주의적 관점이 옳은 것이라면, 정약용 도덕 이론의 중심축을 이루는 '상제－영명성－도심'이 '환경과 몸에 강하게 제약된' 은유적 활동의 구조물임을 지적할 수 있을 것이다. 이러한 사실을 받아들인다면 ① 상제·영명성·도심은 몸의 물리적 지반을 토대로 구성된 것들이기 때문에 '그 자체로 존재하는' 순수 개념일 수 없다는 점, ② 우리 사유의 확장이 동일한 방향을 향해 있지 않기 때문에 우리를 제약할 보편적 법칙이나 원리가 될 수 없다는 점, ③ 또 그러한 사유의 확장은 특정 목적을 성취하기 위한 '철학적 의도'의 산물이라는 점을 인정할 수 있게 된다. 결론적으로 정약용 철학에서 '상제－영명성－도심'의 구도는 성리학의 리·태극보다 오히려 더 능동적으로 우리의 도덕적 영역에 개입하도록 구성된 사유의 산물이다. 이 장에서 시도하고 있는 은유 분석의 방법은 '상제－영명성－도심'을 중심축으로 하는 우리의 도덕적 추론이 자연적·사회적·문화적 조건에 따라 얼마든지 다양한 변이를 가질 수 있다는 점을 확인시켜 준다.[2)]

---

1) 유초하는 정약용의 도덕적 실천론과 국가개혁관이 중세사상을 벗어나지 못하고 근원적 실재로서의 상제 및 영명의 개념에 이론적으로 의존한다는 점에서 일반적 특성 내지 한계를 갖는다고 지적한 바 있다. 유초하, 「정약용 철학의 太極과 上帝: 上帝 개념에 담긴 존재론적 함의를 중심으로」(2009) 참조.

2) 기존 논의들은 대부분 정약용 철학에서 중요한 위상을 차지하는 초월적·정신적 요소들이 도덕적·사회적 차원의 실천실용을 위해 존재한 것이라고 본다. 이 글은 '왜 도덕적·사회적 차원의 실천실용을 위해 초월적·정신적 존재들이 필요한지', 그리

여기에서 채택하고 있는 체험주의적 방법론의 도입은 이론적 해체를 위한 것이 아니라, '경험적으로 책임 있는'(empirically responsible) 철학의

고 '어떻게 상제, 영명성, 도심이 도덕적 영역에 개입할 수 있는 객관성을 확보할 수 있는지'에 대한 메타적 물음을 묻고 있다는 점에서 기존 연구와 구분된다. 김형찬은 정약용이 상제를 도입함으로써 도덕 실천의 추동력 및 사회질서 통제의 방편으로 활용하는 이론체계를 구축하고 있다고 본다. 김형효는 정약용의 상제가 절대적 초월의 형이상학적 의미를 가진 것이라기보다, 인간의 도덕적 양심의 발로와 행사를 감독하는 내면의 판관 역할을 하는 존재일 뿐이라고 본다. 박종천은 정약용의 상제관념이 유교 경전에 대한 경학적 기반 위에서 종교문화적 신념을 수양론적 비전으로 구현하는 동시에, 경세학적 구상을 통해 구현되는 사회정치적 규범질서와 연결된 것이라고 본다. 백민정은 정약용 철학에서 귀신의 존재야말로 신독을 가능케 해 주는 유학의 토대이며, 인간의 탄생과 윤리적 삶에 관여하는 초월적 대상이 있다면 그것은 오로지 천명을 내리는 존재로서의 상제를 의미할 뿐이라고 보았다. 성태용은 정약용이 유학적 근거를 찾는 것보다 신의 부활을 통해 강력한 실천지향적인 철학체계를 수립했다고 파악한다. 송영배는 『천주실의』와 정약용 철학이 구조적 동일성을 갖고 있지만 전자는 기독교적 개종에, 후자는 실천윤리 중심의 도덕적 자아 완성에 중점을 두었다는 점에서 그 목적이 다르다고 본다. 유초하는 정약용이 인간을 우주 내 사물 중 유일한 주체적 존재로 이해했으며, 그런 점에서 그에게는 상제보다 선지향적 '영명'이 더 중요한 개념이라고 본다. 정약용에게 영명은 기적 인과법칙을 벗어나지 못하는 육체의 한계를 극복하고 가치의 세계를 창출해 낼 수 있는 계기로 이해되기 때문이라는 것이다. 이숙희는 정약용이 도덕의식을 포함한 포괄적인 정신능력으로 '영체'를 상정하여, 인간이 그 영체 안에서 도덕적 근원이며 도덕적 갈등 상황에서 시시각각 개입하는 하늘을 인식함으로써 선을 택해 행할 수 있는 힘을 갖게 된다고 보았다. 장승희는 정약용의 상제천을 천인합일의 차원에서 윤리도덕의 이상을 실현하는 근거로 본다. 정순우는 정약용의 상제론이 원시유가의 상제가 지닌 종교적 초월성을 회복하는 것에 중점을 두고 도덕적·윤리적 차원의 요청적 성격을 지닌다고 파악한다. 최진덕은 정약용의 상제론이 주자학의 자연주의를 극복하고 자유로운 정신 주체로서의 인간을 세우기 위한 관념적 장치이며, '실천실용'의 실학을 위한 인간학적 기초라고 본다. 김형찬, 「완결된 질서로서의 理와 미완성 세계의 上帝」(2005); 김형찬, 「조선유학의 理 개념에 나타난 종교적 성격 연구」(2010); 김형효, 「실학사상가 다산 정약용의 한 해석법」, 『다산학』 3(2002); 박종천, 『다산 정약용의 의례이론』(신구문화사, 2008); 백민정, 『정약용의 철학』(이학사, 2007); 성태용, 「다산 철학에 있어서 계시 없는 상제」(2004); 송영배, 「다산 철학과 『천주실의』의 패러다임의 유사성」(2005); 유초하, 「정약용 철학에서 본 영혼불멸과 우주창조의 문제」(2003); 이숙희, 「'영체'와 '행사'에서 본 정약용의 종교적 의식 연구: 버나드 로너간의 인지이론 관점에서」(서강대학교 대학원 박사학위논문, 2012); 장승희, 「다산 정약용 천인관계론의 윤리적 의의」(1999); 정순우, 「다산에 있어서의 천과 상제」(2006); 최진덕, 「다산학의 상제귀신론과 그 인간학적 의미」(2009).

관점에서 '지금 우리에게' 여전히 의미 있게 읽힐 수 있는 정약용 철학의 새로운 접근을 위한 것으로 규정될 수 있을 것이다.[3] 정약용 철학이 도덕의 원천을 초월의 존재에 둠으로써 형이상학의 모습을 탈피하지 못한 측면은 있지만, 실천력을 이끌어 내기 어려운 리학을 윤리적 행위에 의해서만 도덕이 성립된다는 경험의 실천윤리로 전환시킨 점을 우리는 간과해서는 안 된다. 상제, 영명성, 도심 등은 초월적·정신적인 것이기에 객관적 준거가 될 수 없음이 자명하지만, 이러한 사실이 인·의·예·지에 대한 유학적 요청까지 폐기해야 함을 의미하는 것은 아니다. 여기서는 오히려 적극적 의미에서 유학의 도덕적 명제를 인지과학을 통해 경험적으로 재해석해 낼 수 있는 새로운 통로의 탐색에 나서고자 한다. 몸이 초월적·정신적 개념의 발생 원천이라는 가정을 받아들이면, 우리는 정약용 도덕 이론의 상부에 위치하는 상제, 영명성, 도심만이 아니라 유학 전반이 가정했던 도덕적 개념들이 어떤 신체적 근거를 갖고 어떻게 확장되어 왔는지를 해명할 수 있는 중요한 시각을 갖게 된다. 인지과학의 성과에 의존하고 있는 체험주의적 설명이 완전한 것은 아니라 하더라도 우리를 넘어서는 정신적인 것 또는 초월적인 것에 보편의 뿌리를 설정하는 시도들에 비해 분명히 상대적 장점을 갖는다는 것을 인정할 수 있을 것이다.

---

3) 레이코프 & 존슨, 『몸의 철학: 신체화된 마음의 서구 사상에 대한 도전』, 42~43쪽 및 796쪽 참조

1. 상제의 두 은유

정약용 철학의 본성을 해명하기 위해 의존하고 있는 '체험주의'의 분석 방법은 은유적 투사를 통해 신체적·물리적 층위의 직접적 경험을 초월적·정신적 층위의 경험으로 확장해 가는 방식에 주목한다. 레이코프와 존슨은 은유가 단순히 부가적이거나 파생적인 언어 현상이 아니라 우리의 사고와 행위의 중심적 원리라고 주장한다.[4] 체험주의적 논의는 상제, 영명성, 도심과 같은 초월적·정신적 개념들이 어떻게 신체적 근거를 갖게 되었는지, 그리고 왜 그것이 보편의 근거가 될 수 없는지를 탐색한다. 이러한 작업은 도덕성의 뿌리가 상제, 도심, 영명성이 아니라 '몸'이라는 것을 보여 주는 것이며, 몸이 더 이상 우리에게 철학적 타자가 아님을 깨닫게 해 주는 것이다. 우리는 이러한 작업을 토대로 정약용의 철학이 '지금 우리에게' 어떤 방식으로 재서술이 가능한지에 대한 가능성을 모색해 볼 수 있을 것이다.

1) 전지전능의 인격적 주재자

정약용의 상제는 '전지전능의 인격적 주재자', '천지통어의 능동적 주체', '리·태극을 실현하는 초자연적 존재자', '조화의 근본' 등으로 정의된다. 성리학에서 존재 법칙, 존재 근거였던 리理는 정약용에 와서 물리物理로 격하되며,[5] 형이상의 도로 이해되는 태극太極 역시 천지(二氣), 천

---

4) 레이코프 & 존슨, 『삶으로서의 은유』 수정판, 262~63쪽 참조

5) 『詩文集』, 「書巖講學記」; 『與猶堂全書』 1, 451b, "栗谷所論理氣, 總括天地萬物而立說. 理者, 無形的也, 物之所由然也, 氣者, 有形的也, 物之體質也. 故曰: '四端七情以至天下萬物, 無非氣

지수화(四氣), 천지수화뇌풍산택(八物), 만물萬物 등의 모든 물질적인 것을 구성하는 원기元氣·원질原質로 규정된다. 그리하여 성리학에서 초월의 법칙으로 숭상되어 왔던 리·태극은 정약용에게 주재능력이 없는 '무기력한 것'으로 평가절하되고 만다.

> 저 푸르고 푸른 유형한 하늘(蒼蒼有形之天)은…… 영명함을 가진 존재(有靈之物)인가, 아니면 무지의 존재(無知之物)인가? 텅 비어 있어 생각하지도 따지지도 못하는 것인가? 무릇 천하의 무형의 존재는 (만사만물을) 주재할 수 없다…… 하물며 텅 비어 있는 태허太虛라는 하나의 '리'가 천지만물을 주재하는 근본이 된다면 천지간의 일이 이루어질 수 있겠는가?[6)]

정약용에게 리·태극은 위세와 권능은커녕 '인격성 없는' 무정하고 무기력한 존재들일 뿐이며, 그런 이유로 유형자들에 그 어떤 영향력도 행사할 수 없는 '무작위無作爲의 것'이다. 정약용의 존재론은 리·태극 대신 권능을 가진 인격적 상제를 위계적 범주 구조의 최상위에 배치함으로써 '최고 범주'(All-Inclusive Category) 통속 이론을 전제하게 된다.

정약용에게는 조선 사회의 도덕적 쇠락에 능동적으로 개입할 '전지전능의 인격적 주재자', '천지통어의 능동적 주체'가 필요했던 것으로 보인다. 그는 세계의 모든 초월자와 유형자에 능동적으로 개입할 '인격적 동력을 갖춘 상제'를 가정한다. 정약용이 상정한 상제는 시·공간의

發而理乘之.' 蓋物之能發動, 以其有形質也, 無是形質, 雖有理乎, 安見發動? 故未發之前, 雖先有理, 方其發也, 氣必先之" 참조.

6) 『孟子要義』, 卷2; 『與猶堂全書』 2, 144d, "彼蒼蒼有形之天,……是有靈之物乎, 抑無知之物乎? 將空空蕩蕩, 不可思議乎? 凡天下無靈之物, 不能爲主宰.……况以空蕩蕩之太虛一理, 爲天地萬物主宰根本, 天地間事, 其有濟乎?"

밖에 초자연적으로 존재하는, 그래서 인간의 감각기관으로 지각될 수 없는 존재이다. 그의 상제는 다른 어떤 것을 원인으로 갖지 않으며, '그 자체로' 존재한다. 그것은 "형체가 없으며"[7] "기의 바탕(氣質)을 지니고 있지 않은"[8] 무형무질無形無質의 실체라는 점에서 리와 같은 관념적 존재이다. 정약용은 리기론의 관념적 성격에 문제를 제기했지만, 그는 끝내 관념적 구도를 포기하지 못했던 것이다.

태극의 위에 분명히 조화의 근본이 있다.[9]

위의 푸른 하늘과 아래의 누런 땅은 모두 정情이 없는 사물들로 일월산천과 함께 같은 기질로 이루어졌으니 영혼(靈識)의 자용自用이 없다…… 오직 황황상제만이 무형무질의 존재로서 날마다 이에 임하여 천지를 통어하신다. (상제는) 만물의 조상(萬物之祖)으로서, 또 백신百神의 우두머리로서 밝고 밝게 저 위에 임재臨在해 계시다.[10]

정약용의 상제는 모든 초월자 위의 초월자면서 모든 물리적인 것의 조상이다. 성리학의 리·태극은 원리·법칙을 의미하지만, 정약용의 상제는 한 발 더 나아가 그 '리·태극을 실현하는 초자연적 존재자'로, 그리고 도덕적 추동력을 가진 '전지전능의 인격적 주재자'로 가정된다.

이러한 정약용의 사유에는 "완벽하게 존재하는 것은 완벽하게 알 수

---

7) 『尙書古訓』, 卷7; 『與猶堂全書』 3, 106b, "上帝無形體."

8) 『中庸講義補』, 卷1; 『與猶堂全書』 2, 71d, "吾人有氣質, 鬼神無氣質" 참조.

9) 『易學緖言』, 卷2; 『與猶堂全書』 3, 505c, "太極之上, 明有造化之本."

10) 『春秋考徵』, 卷1; 『與猶堂全書』 3, 229b, "上蒼下黃, 都是無情之物, 與日月山川, 均爲氣質之所成, 了無靈識之自用.……惟其皇皇上帝, 無形無質, 日監在茲, 統御天地. 爲萬物之祖, 爲百神之宗, 赫赫明明, 臨之在上."

있다"는 '존재의 이해 가능성'(Intelligibility of Being)의 통속 이론과 '관념은 대상' 및 '아는 것은 보는 것' 은유들이 결합하여 구조화되어 있는 것으로 보인다.[11] 하지만 우리는 그러한 무형의 근원자를 '어떻게 알 수 있는가?'

'전지전능의 인격적 주재자'를 상정하는 정약용의 존재론은 이미 그 자신의 경험적 시각과 상충되는 듯하다. 그는 "이미 드러난 자취(故)를 가지고 그것의 그렇게 된 까닭(所以然)에 도달할 수 있다"[12]라고 말했다. 이는 '정신적·추상적' 사유들이 '신체적·물리적' 경험을 토대로 추론될 수밖에 없음을 언표한 것으로, 인간의 인지적 조건에 대한 유효한 해명으로 보인다. 그러나 정약용은 우리의 정신적·추상적 층위로의 사유 확장이 신체적·물리적 경험을 기반으로 이루어진다는 것은 인식하면서도, 그러한 확장이 확정적인 길을 따라 동일한 방향으로 이루어질 수 없다는 점을 간과한 것 같다. 정약용은 우리가 '동일한' 정신적·추상적 층위의 추론을 할 수 있다고 가정한 듯한데, 바로 이 지점이 그의 존재론이 상충된 구조를 갖게 된 결정적 이유이다. 결론적으로 정약용의 상제는 보편의 존재라기보다, 도덕성 회복을 위해 '무기력한' 리를 극복할 '전지전능', '인격적 동력'이라는 능력을 개입시킨 정신적 추론의 산물인 것이다.

2) 엄격한 아버지(Strict Father)

인간에게 정약용의 상제는 도덕성의 원천이자 도덕 법칙의 부여자로

---

11) 레이코프 & 존슨, 『몸의 철학』, 535~39쪽.
12) 『孟子要義』, 卷2; 『與猶堂全書』 2, 127b, "執已然之跡, 以達其所以然."

인식된다. 상제는 인간에게 도덕적 이상—자신에 대한 반성적 통찰(修己)과 수직적・수평적 관계에서의 인・의・예・지 실현(治人)—을 설정하고, 시시각각 그것을 경계하는 '엄격한 아버지'이다. 도덕적 행위를 위해 우리는 상제가 우리에게 무엇을 명령하는지에 대해 끊임없이 귀 기울여야 하며, 그 명령을 수행하기 위해 쉼 없이 도덕적 힘을 길러야 한다. 상제의 모든 명령은 보편의 '당위적 명령'으로, 인간의 욕구나 느낌, 의도 따위와 상관없이 무조건적이다.

이러한 정약용의 도덕 이론은 '엄격한 아버지' 가족 도덕성의 합리적인 유형으로 규정될 수 있다. '엄격한 아버지' 도덕성 개념은 다음과 같은 일반적 지식을 함축한다.

> 아버지는 자녀에게 반복적으로 무엇이 최선인지를 은밀하게 경계하는 도덕적 권위자이다. 자녀는 아버지의 명령에 순종하려 하지만, 다른 한편으로 늘 몸의 욕구와 명예욕과 이욕의 유혹을 받는다. 혹 자녀가 잠시라도 사람이나 사물을 해치려는 뜻을 가질 때 아버지는 항상 '잘못은 모두 네게서 비롯된 것'이라는 말로 저지하여 깨닫게 한다. 아버지의 명령을 따르면 선을 행하고 행복하게 되지만, 오만하여 거스르면 악을 행하고 불행하게 된다. 그러므로 자녀는 아버지의 명령에 복종할 도덕적 의무가 있다.

이러한 '엄격한 아버지' 도덕성에 관한 일반적 지식은 정약용의 도덕 이론에서 상제와 인간의 관계를 규정해 주는 핵심적 기제로 작용한다. 정약용은 '엄격한 아버지' 도덕성에 관한 일반적 지식을 상제와 인간의 관계에 사상함으로써 '명령하는 자'와 '복종하는 자'로 구조화한다.

> 상제는 인간에게 반복적으로 무엇이 최선인지를 은밀하게 경계하는 도덕적 권위자이다. 인간은 상제의 명령에 순종하려 하지만, 다른 한편으로 늘 몸의 욕구와 명예욕과 이욕의 유혹을 받는다. 혹 인간이 잠시라도 타인이나 사물을 해치려는 뜻을 가질 때 상제는 항상 '잘못은 모두 네게서 비롯된 것'이라는 말로 저지하여 깨닫게 한다. 상제의 명령을 따르면 선을 행하고 행복하게 되지만, 오만하여 거스르면 악을 행하고 불행하게 된다. 그러므로 자녀는 상제의 명령에 복종할 도덕적 의무가 있다.[13)]

인간의 도덕적 성공은 개별적 의지를 상제의 의지에 합치시키는 데 있다. 그런 점에서 정약용의 도덕은 철저히 '타율적'인 셈이다. 이제 상제와 인간의 관계를 규정한 '엄격한 아버지' 가족 모형은 '도덕적 권위', '도덕적 힘', '도덕적 순수성', '도덕적 경계', '도덕적 복종', '도덕적 본질' 은유들의 유기적 결합으로 구조화된다.

하지만 우리는 상제의 명령을 '어떻게 들을 수 있는가?' 그리고 그것이 상제의 보편 명령임을 '어떻게 확신하는가?' 정약용은 상제를 상제이게 만드는 존재적 본질은 '영명성'이며, 모든 능력은 그것에서 비롯된다고 본다. 그는 "하늘의 영명은 인간의 마음에 직접 통한다"[14)]라고 가정함으로써 영명성이 상제와 인간이 소통할 중심적 계기임을 밝힌다. 상제는 영명성을 인간에게'만' 부여함으로써, 그의 의지를 인간 스스로 깨닫게 하는 계기를 마련해 둔 것이다. 이렇게 부여받은 영명성은 상제의

---

13) 『中庸自箴』, 卷1; 『與猶堂全書』 2, 47a~b, "天之儆告我者, 不以雷不以風, 密密從自己心上丁寧告戒, 假如一刻驀有傷人害物之志, 萌動出來時, 覺得一邊有溫言以止之者, 曰: "咎皆由汝, 何可怨彼? 汝若釋然, 豈非汝德", 丁寧諦聽, 無所熹微. 須知此言, 乃是赫赫之天命, 循而順之, 則爲善爲祥, 慢而違之, 則爲惡爲殃. 君子之戒愼恐懼, 亶在此也" 참조

14) 『中庸自箴』, 卷1; 『與猶堂全書』 2, 47b, "天之靈明, 直通人心."

의지가 내면화된 것으로, 인간을 인간이게 하는 고유 본질이 된다. 여기에서 정약용의 도덕 이론은 '영명성은 상제와 인간의 고유본질', '영명성은 <상제-인간>의 감응 계기' 은유를 통해 상제-인간의 소통 경로를 구축한다. 이로써 정약용의 인간은 '엄격한 아버지' 상제의 도덕적 명령을 들을 수 있는 장치를 자신의 내부에 갖추게 되었다.

2. 분열된 마음의 두 은유

1) 마음의 두 경향성: 영명성은 도덕적 본질 / 기질성은 자연적 경향성

정약용은 '영명성'을 '마음의 기호嗜好'로, '기질성'을 '몸의 기호'로 규정한다. 그의 이론에서는 인간이 고통이나 쾌락, 이기적 충동에 대해 본능적으로 대응하는 여타 동물과 달라지는 결정적 계기가 되는 것이 영명성이라는 점에 우리는 주목할 필요가 있다. 정약용은 영명성을 '기호'일 뿐이라고 하지만, 체험주의적 관점에서 보면 그것은 '본질' 통속 이론에 따라 정의된 '도덕적 본질'이다. 영명성은 ① 그 자체로 인간 종의 한 구성원이며, ② 몸과 섞일 수 없는 본체로서 욕망이나 의도와는 무관한, 인간의 모든 도덕적 목적들의 인과적 근원이며, ③ 피나 살에 속하지 않으면서 온갖 상태(狀)를 '포괄'할 수 있고 온갖 이치(理)를 신묘하게 깨달을 수 있으며 능히 사랑하고 미워할 수 있는(能愛能惡) 도덕적 주체이다.[15] 이는 여타의 존재들도 모두 갖고 있는 자연적 경향성인 기질성과는 다른 차원의 것으로, 인간을 특별한 종으로 격상시켜 주는 핵심 근거가 된다. 상제에 근원을 둔 영명성은 도덕을 실현시킬 동력을 가진 인간의 '합리적 본질'이며, 그런 점에서 인간을 인간이게 해 주는 종적 본질이다. 정약용은 '영명성은 도덕적 본질 / 기질성은 자연적 경향성' 은유의 대립적 구조화를 통해 그 둘을 각각 다른 층위로 설정하고 있는 것이다.

> 조복과 금수는 처음 태어날 때 하늘이 생명의 리를 부여하여 종족을 이어가며 각기 성명性命을 온전히 유지하도록 해 주었을 뿐이다. 인간은 그와 달라서, 천하 만민이 각기 처음 잉태되었을 때 (하늘이) 이 영명을 부여하여 다른 모든 것들을 초월해서 만물을 향유하도록 했다.[16]

> 초목은 생명이 있으나 지각이 없고, 금수는 지각은 있으나 영명이 없다. 인간의 마음(大體)에는 생명과 지각이 있는 데다 또한 영명하고 신묘한 작용(靈明神妙之用)이 있다.[17]

천명지성인 영명성은 그 자체로 도덕적 목적이 된다. 영명성은 선을 실현하도록 프로그램화되어 있는 것이다.

> 대저 천명지성(영명성)은 선善과 의義를 좋아함으로써 스스로를 기르도록 한

---

15) 『大學講義』, 卷2; 『與猶堂全書』 2, 25b, "憙曰: '虛靈不昧者, 是何物?' 鏞曰: '是無形之體, 是不屬血肉者. 是能包括萬狀, 妙悟萬理, 能愛能惡者. 是我生之初, 天之所以賦於我者也'" 참조

16) 『中庸講義補』, 卷1; 『與猶堂全書』 2, 61d, "草木禽獸, 天於化生之初, 賦以生生之理, 以種傳種, 各全性命而已. 人則不然, 天下萬民, 各於胚胎之初, 賦此靈明, 超越萬類, 享用萬物."

17) 『論語古今註』, 卷9; 『與猶堂全書』 2, 338b, "草木有生而無知, 禽獸有知而無靈. 人之大體, 旣生旣知, 復有靈明神妙之用."

> 다. 마치 기질지성이 고기를 좋아함으로써 스스로 살찌우는 것과 같다. 반드시 좋아하는 것(嗜好)을 성性으로 삼아야 이 뜻이 비로소 밝아진다.[18]

하늘에 근거를 둔 선을 좋아하는 영명성은 '더없이 값진 보배'(無上至寶)이기 때문에 잠시라도 거스르지 말고 받들어 모셔야 한다.[19] 영명성은 인간만이 갖는 선 실현의 본질로서 어떤 어려움에 처하더라도 민멸되는 법이 없다.[20] 이러한 영명성은 마음의 사회에서 '엄격한 아버지'가 되어 '도덕적 권위'를 갖추고 다른 구성원들에게 '도덕적 복종'을 명령한다. 자녀들에게 적용되어야 할 '엄격한 아버지'의 명령이 모든 사람들에게 영향력을 갖는 '보편적 도덕 법칙'에 사상되는 것처럼, 정약용은 '엄격한 아버지' 가족 도덕성에 '사람의 가족'(Family of Man) 은유와 '마음의 사회'(Society of Mind) 은유를 결합시킴으로써 인간 내부에 도덕 실현의 구조를 마련한다. '마음의 사회'는 최소한 세 차원의 '능력'을 가진 구성원들로 조직되어 있다. 그 구성원 각각의 능력은 사람으로 개념화된다. 이 사람들의 이름은 영명성(性), 자유의지(才), 생물학적 조건(勢)이다.[21] 우리는 여기에서 가족 도덕성의 '엄격한 아버지' 모형의 유형이 '마음의 사회'에 은유적으로 부과되는 것을 볼 수 있다. 그

---

18) 『梅氏書平』, 卷4, 「閻氏古文疏證百一抄」; 『與猶堂全書』 3, 203b, "夫天命之性, 嗜善義以自養. 如氣質之性, 嗜芻豢以自養. 必以嗜好爲性, 斯義乃明也."

19) 『大學講義』, 卷2, 「心經密驗」; 『與猶堂全書』 2, 44a, "若于是不予之以樂善恥惡之性, 使之嗜於善而肥於義, 則畢世盡力, 求爲些微之小善, 亦難乎其果行, 斯則性之於人, 誠爲無上至寶, 可尊可奉, 不可須臾而相違者也" 참조

20) 『論語古今註』, 卷9; 『與猶堂全書』 2, 338c, "好德恥惡, 根於天性, 雖梏喪無餘, 而猶有所不泯故也" 참조

21) 『梅氏書平』, 卷4; 『與猶堂全書』 3, 203a, "天之賦靈知也, 有才焉, 有勢焉, 有性焉. 才者, 其能其權也" 참조

은유적 사상은 다음과 같다.

<엄격한 아버지로서의 영명성>

사람의 가족		마음의 사회
엄격한 아버지	→	영명성(性)
자녀	→	자유의지(才, 權能)
외적 악	→	생물학적 조건(勢)

'영명성'(性)은 상제의 의지이고, '생물학적 조건'(勢)은 상제의 의지에 반하기 쉬운 것이다. '자유의지'(才)는 영명의 명령을 따를 때에만 도덕적이 된다. 신체적 욕구와 명예욕, 이욕 등의 외적 유혹들을 따르는 생물학적 조건은 의지를 점령하기 위해 영명과 싸운다. 육체적 기질의 이기성을 거부하기 위해서 영명성은 강해야만 한다. 가치론적으로 볼 때 마음의 욕구인 영명성과 몸의 욕구인 기질성은 엄밀하게 층위를 달리한다. 전자는 합리적 본성으로, 후자는 신체적 본성으로 이해되며, 생물학적 조건에서 비롯된 몸의 욕구는 마음의 욕구에 비해 천박한 것으로 규정된다. 불순한 충동의 소재인 '몸을 기르고자 하는 욕구'는 거부할 수 없는 악의 원천이며, 따라서 도덕적 행위에 대한 위협이다. 마음의 영역에서 '엄격한 아버지'로서 도덕적 권위를 갖는 '영명성'은 자유의지에게 어떻게 도덕적 행위를 해야 하는지를 지속적으로 일러 주지만, 그것을 방해하는 욕구 지향의 강한 힘들이 자유의지의 판단을 방해한다. 명예욕과 같은 '외재적 힘들'과 신체적 욕구와 같은 '내재적 힘들'은 극복되어야 할 대상이다. 결국 덕의 실현은 '도덕적 힘'에서 비롯된다. 우

리의 내면은 영원한 싸움터인 것이다.

여기에서 우리는 정약용 철학의 내적 정합성에 문제를 제기하지 않을 수 없다. '조화의 근원', '천지통어의 능동적 주체', '전지전능의 인격적 주재자'인 상제는 인간의 마음에 '영명성'만 부여하는 데 그치지 않고 왜 굳이 '자유의지'를 함께 부여했을까? 영명성은 선을 실천하기가 마치 높은 곳을 오르는 것과 같고 악을 좇음이 마치 무거운 물건이 허물어지는 것과 같은 열악한 조건에서 기질성에 끊임없이 도전을 받도록 설정되어 있지 않은가? 뿐만 아니라 상제는 전지전능의 주재자임에도 불구하고 왜 모든 것을 자기 뜻대로 하지 않고 인간에게만 굳이 자신의 명령을 거부할 수 있는 자유의지를 주었을까? 인간은 "선을 행하면 진실로 자기의 공이 되고, 악을 행하면 진실로 자기의 죄가 됨"[22]을 기꺼이 감당해야 한다. 상제가 부여한 자유의지는 인간의 주체적인 능동적 동인動因처럼 보이지만, 그것은 상제의 의지에 따를 것인지 거부할 것인지에 대한 종속적 판단이라는 점에서 오히려 타율적이다. 정약용은 이에 대해 "하늘이 몰라서 그렇게 만든 것이 아니라, 이렇게 한 연후에야 선을 행한 것이 가치 있게 되기 때문"[23]이라는 궁색한 대답을 내놓는다. 하지만 우리 내부의 '영명성'과 '생물학적 조건'의 지속적인 충돌, 그리고 '자유의지'의 방황은 '전지전능'·'천지통어'의 능력에 대한 의혹을 끝없이 불러일으킨다. 이것이 함축하는 것은 상상적 구조와 실제적 구조의 '부조화'이다.

---

22) 『孟子要義』, 卷1; 『與猶堂全書』 2, 112a, "爲善則實爲己功, 爲惡則實爲己罪."
23) 『梅氏書平』, 卷4; 『與猶堂全書』 3, 203b, "天非不知而使之然也, 爲如是, 然後其爲善者, 可貴也."

2) 발현된 마음의 두 양상: 몸을 기르려는 마음은 인심 / 마음을 기르려는 마음은 도심

정약용에 따르면 발현된 수천 가지의 마음은 인심과 도심 두 가지로 정리된다.[24) 그는 맹자의 대체와 소체의 개념을 빌려 인심과 도심을 정의한다. 인심은 소체(몸)를 기르려는 마음이고, 도심은 대체(마음)를 기르려는 마음이다.

> 대체는 무형의 영명(마음)이요, 소체는 유형의 몸이다. 대체를 따른다는 것은 성품을 따르는 것이요, 소체를 따른다는 것은 욕구를 따르는 것이다. 도심은 항상 대체를 기르고자 하지만, 인심은 항상 소체를 기르고자 한다. 천명을 즐거워하고 알면 도심을 배양하게 되고, 자신의 사욕을 극복하고 예禮로 돌아가면 인심을 제압할 수 있다. 여기에서 선과 악이 판가름 난다.[25)

정약용 철학에서 인간의 몸과 마음은 오묘하게 결합된 신형묘합神形妙合적 관계에 있는 것으로 규정되지만, 가치론적 층위에서 그 둘은 엄밀히 그 위상을 달리한다. 그에게 마음은 언제나 몸의 주인으로 이해되기 때문이다. 정약용은 "한 집안의 가장이 어둡고 어리석어서 지혜롭지 못하면 집안의 모든 일이 다스려지지 않는다"[26)라고 하여 몸에 대한 마음의 주도적 위상과 역할을 강조한다. 대비적으로 그는 큰 악에 빠지는

---

24) 『梅氏書平』, 卷4; 『與猶堂全書』 3, 202b, "第一・第三, 有一無二, 若其第二之心, 可四可七可百可千, 韻府所列, 豈有限制? 但此百千之心, 靜察其分, 不出乎人心・道心, 非人心則道心, 非道心則人心, 公私之攸分, 善惡之攸判" 참조.

25) 『孟子要義』, 卷2; 『與猶堂全書』 2, 140b, "大體者, 無形之靈明也, 小體者, 有形之軀殼也. 從其大體者, 率性者也, 從其小體者, 循欲者也. 道心常欲養大, 而人心常欲養小. 樂天知命, 則培養道心矣, 克己復禮, 則制伏人心矣. 此善惡之判也."

26) 『孟子要義』, 卷2; 『與猶堂全書』 2, 144d, "一家之長, 昏愚不慧, 則家中萬事不理."

이유를 몸의 자연적 욕구와 긴밀하게 연관시키는데, 그것은 악이 ① 육신의 탐욕(形氣之私慾), ② (나쁜) 생활태도와 습관(習俗之薰染), ③ 외부의 유혹(外物之引誘)에 근거하기 때문이다.[27] 결국 '몸을 기르려는 마음'은 악을 유발하는 나쁜 것이다.

그러나 '몸을 기르려는 마음' 혹은 '마음을 기르려는 마음'은 어떻게 그 자체로 선·악으로 나뉘는 근거가 될 수 있는가? 마음에 대한 정약용의 이분법적 읽기는 '마음을 기르려는 마음' 즉 도심을 선택적으로 강조하려는 의도를 함축한다. 우리가 처한 자연적 조건에서 도덕적 선택은 그리 쉬운 일이 아니다. 정약용 역시 "선을 따르기는 (높은 곳을) 오르는 것과 같고 악을 따르기는 (무거운 물건이) 허물어지는 것과 같다"[28]라고 하여 우리의 마음을 지상과 천상으로 나뉜 교전장으로 인식하고 있다. 이러한 인식을 근거로 그는 우리의 생물학적 욕구를 제압하고 영명의 도덕 법칙에 순응할 강력한 의지의 '힘'을 발휘할 도심을 상정하게 된다.

인간에게는 항상 상반된 두 의지가 동시에 피어나는데, 바로 이곳이 지상과 천상의 관건이고 선·악이 갈라지는 곳이며 인심과 도심의 교전장이고 의義가 이기느냐 사욕(欲)이 이기느냐가 판가름 나는 곳이다. 이 자리에서 맹성猛省하여 힘써 (자신의 이기적 욕심을) 극복하면 도道에 가까이 가는 것이다. (하지 말아야 할 것을) 하지 않고 (욕심내지 말아야 할 것을) 욕심내지 않는 것은 도심道心에서 발한 것으로, 이는 천리天理이다. (하지

27) 『孟子要義』, 卷2; 『與猶堂全書』 2, 138a, "陷溺之術, 或以形氣之私慾, 或以習俗之薰染, 或以外物之引誘" 참조.
28) 『梅氏書平』, 卷4; 『與猶堂全書』 3, 203b, "從善如登, 從惡如崩."

말아야 할 것을) 하고 (욕심내지 말아야 할 것을) 욕심내는 것은 인심에서 발한 것으로, 이는 사욕私欲이다. 하지 않고 욕심내지 않는 것, 이는 인심人心을 극복하고 제압하여 도심道心의 명령을 들은 것이니, 이른바 극기복례克己復禮가 이것이다.[29]

정약용은 발현된 마음의 양상을 철저히 이분법적으로 읽어 내고 있는데, 이것은 곧 인심에 대한 도심의 '선택적 강조'(selective emphasis)를 함축하고 있다.[30] 도심에 대한 정약용의 '선택적 강조'는 편향을 낳는 철학적 오류의 한 형태로 보인다. 그것은 마음에 대한 실제적 해명보다는 그것이 이끌어 주는 철학적 결론, 즉 도덕성의 실현을 겨냥하고 있기 때문이다. 그것은 '우리가 원하는 것'이지 '우리의 것'이 아니다. 정약용이 인심과 도심의 이분법적 구도를 구성하기 위해 사용한 은유들은 다음과 같이 정리될 수 있다.

◇ 몸을 기르려는 마음은 인심 / 마음을 기르려는 마음은 도심
◇ 마음은 인심과 도심의 교전장
◇ 도심은 의로움 / 인심은 사욕
◇ 인심은 제압과 극복의 대상
◇ 도심의 승리는 상제 명령에 따른 것
◇ 사욕의 극복은 도의 실현

29) 『孟子要義』, 卷2; 『與猶堂全書』 2, 146b~c, "人恒有二志相反, 而一時並發者. 此乃人鬼之關, 善惡之幾, 人心道心之交戰, 義勝欲勝之判決. 人能於是乎猛省而力克之, 則近道矣. 所不爲·所不欲, 是發於道心, 是天理也. 爲之·欲之, 是發於人心, 是私欲也. 無爲·無欲, 是克制人心, 而聽命於道心, 是所謂克己而復禮也."

30) John Dewey, *Experience and Nature: The Later Works, 1925-1953*, Vol. 1 (ed. Jo Ann Boydston; Carbondale, Ill.: Southern Illinois University Press, 1988), p.34 참조.

정약용에 따르면 사욕 지향의 인심은 육신을 갖는 한 너무나 자연스러운 것이지만 극복하고 통제되어야 할 대상이다. 그것이 아무리 강하더라도 자유의지는 이러한 유혹의 힘들에 굴복되어서는 안 된다. 정약용의 철학에서 신체적 욕구에 대한 도덕성의 승리, 인심에 대한 도심의 승리는 인간이 만물의 지배자가 되도록 하는 근거로 인식되기 때문이다.

정약용은 도심이 두 가지 양태로 발현된다고 본다. 하나는 경험적 탐구와 '상관없이' 천명을 자각하는 도심이다. "하늘이 우리에게 경고함은 우레나 바람으로 하는 것이 아니라 친밀하게 자기 마음으로부터 간곡히 고하여 경계하는 것이다.…… 하늘의 경고는 유형의 귀와 눈으로 말미암지 않고, 언제나 형체 없이 신묘하게 작용하는 도심을 따라 이끌어 주고 가르친다."[31] 정약용의 인간은 이렇게 내면화된 상제의 목소리를 자각하고 도심을 발현시킬 수 있다.

> 하늘은 곡진하게 명령하지 못한다고 했지만, (진정으로) 하지 못하는 것이 아니다. 하늘의 목소리(喉舌)는 도심에 맡겨져 있으니, 도심이 경고하는 것이 바로 황천皇天이 명령하고 경계하는 것이다. 남은 듣지 못하지만 나는 홀로 분명히 들으니, 이보다 더 자상하고 이보다 더 엄할 수가 없다. 알리듯 가르치듯 하니, 어찌 단지 곡진하게 명령하는 것에 그치겠는가?[32]

---

31) 『中庸自箴』, 卷1; 『與猶堂全書』 2, 47a~b, "天之儆告我者, 不以雷不以風, 密密從自己心上丁寧告戒.……天之儆告, 亦不由有形之耳目, 而每從無形妙用之道心, 誘之誨之."

32) 『中庸自箴』, 卷1; 『與猶堂全書』 2, 46b, "天不能諄諄然命之, 非不能也. 天之喉舌, 寄在道心, 道心之所儆告, 皇天之所命戒也. 人所不聞, 而己獨諦聽, 莫詳莫嚴. 如詔如誨, 奚但諄諄已乎?"

신체적 · 물리적 경험 없이 발현된 도심은 곧 상제 의지의 현실화를 의미한다. 하지만 경험적 탐구가 없다면 내면화된 상제의 의지 즉 도덕적 관념이 객관적 · 보편적인 것임을 어떻게 확신할 수 있는가?

도심 발현의 또 다른 양태는 지각 경험 후 자유의지가 영명성을 선택한 경우이다. 이때 귀와 눈 등의 감각기관이 넣어 주는 자료를 토대로 자유의지가 소체小體의 이로움이 아닌, 대체大體의 이로움을 선택할 경우 도심이 된다. 그러나 우리는 어떻게 직접 영명성에 접근할 수 있으며, 그것이 객관적 · 보편적임을 어떻게 알 수 있는가?

도심에 대한 정약용의 규정에는 다음의 은유적 전제들이 함축되어 있는 것으로 보인다. ① 마음은 탈신체적이고, ② 모든 사고는 의식적이며, ③ 마음은 스스로의 도덕적 관념들에 직접적으로 접근할 수 있다. ④ 내면화된 도덕적 관념들은 객관적 · 보편적이며, ⑤ 도덕적 지식을 얻는 데에는 어떤 경험적 탐구도 필요하지 않다.[33]

마음에 대한 정약용의 이해는 '능력 심리학'(Faculty Psychology) 통속 이론에 의해 구성된 것으로 보인다. '마음의 사회' 은유를 바탕으로 구축된 정약용의 '능력 심리학' 통속 이론 모형은 선 · 악을 정의하는 방식을 결정하며, 도심에 주도적 역할을 부여함으로써 선이 어떻게 가능한가에 대한 물음에 답하려 한다.[34] '엄격한 아버지' 도덕성은 불같이 일어나는 욕망을 잠재우며, 도덕적 명령에 따르려고 한다면 강한 의지를 가져야 한다고 요구한다. '엄격한 아버지' 도덕성 안에서 '도덕적 힘' 은유는 내적 · 외적으로, 그리고 지속적으로 작용하는 강력한 악의 힘에 맞서기

---

33) 레이코프 & 존슨, 『몸의 철학』, 574~575쪽 참조

34) 레이코프 & 존슨, 『몸의 철학』, 600~601쪽 참조

위해 도덕적으로 강해야 함을 요구한다. 맞서는 도덕적 힘이 약하면 악에 굴복할 수밖에 없을 것이기 때문이다. 신체적 욕구를 물리칠 수 있을 만큼 의지가 강하지 않으면 영명성은 실현될 수 없다. 신체적 욕구를 통제하지 않는 것은 곧 비도덕적임을 의미하기 때문이다. 도심은 강력한 도덕적 힘을 발휘하여 마음의 사회에 기여해야 한다.

결국 정약용 철학은 '상제'라는 초월적 근거를 중심으로 우리의 마음에 두 층위의 대립적 구조 즉 '영명성-도심'과 '기질성-인심'이 존재한다고 규정한다. 전자의 실현은 천명의 현실화이지만, 후자는 어떻게든 구현되지 않도록 막아야 하는 것이다. 하지만 '기질성-인심'은 몸에서 비롯되는 자연스러운 욕구와 마음이라는 점에서 인간의 실제적 조건 즉 '우리의 것'이지만, '영명성-도심'은 '우리가 원하는 것'으로서 상상적 사유 활동의 산물이라는 점을 떠올릴 필요가 있다. '우리가 원하는 것'에 의한 '우리의 것'의 제약은 신체적·물리적 지반을 은폐시키는 이론의 과도성을 내재한 것일 수밖에 없기 때문이다.

3. 맺는 말

정약용은 성리학에서 존재 법칙이나 존재 근거로 규정되던 '리'를 물리로, '태극'을 모든 물질적인 것을 구성하는 원기·원질로 격하시켰다. 그에게 리·태극은 위세와 권능은커녕 '인격성 없는' 무정하고 무기력한 존재들일 뿐이며, 그런 이유로 유형자들에게 어떤 영향력도 행사할 수 없는 '무작위의 것'에 불과하다고 비판받는다. 정약용에게는 쇠락해 버린 조선 사회의 도덕성을 회복할 '인격적 동력을 갖춘' 주재자가 필요했던 것으로 보인다. 이러한 철학적 의도로 탄생된 초월의 상제는 '존재론적으로' 만물의 조상이며 모든 신들의 으뜸으로, 천지를 조화하는 전지전능의 능동적 주재자이다. 또한 '가치론적으로' 인간의 마음에 영명성을 부여하고 도심에 시시각각 명령을 내리는 최고의 '도덕적 권위자'이다.

이 장에서는 정약용의 형이상학이 ① 도덕의 능동적 구현을 위해 '엄격한 아버지' 은유를 중심으로 구성된 은유의 구성물이며, ② 초월적 · 정신적 존재들로 인해 내적 정합성 문제를 안고 있음을 해명하려 했다. 체험주의의 은유 분석에 따르면, 인격적 동력을 갖춘 주재자 상제는 인간에게 도덕적 이상(修己治人)을 제시하고 시시각각 그것을 경계하는 '엄격한 아버지'이다. 상제와 인간의 관계를 규정한 '엄격한 아버지' 가족 모형은 '도덕적 권위', '도덕적 힘', '도덕적 순수성', '도덕적 경계', '도덕적 복종', '도덕적 본질' 은유들의 결합으로 구조화된다. 정약용은 '엄격한 아버지'인 상제를 중심으로 인간의 내부에 '영명성-도심'과 '기질성-인심'이라는 두 개의 대립적 구조가 존재한다고 가정한다. '영명성-도심'은 내재된 상제의 의지로 인 · 의 · 예 · 지의 유학적 이상을 실현시킬 마음의 중심적 구조인 반면, '기질성-인심'은 큰 악에 빠질 수 있는 것이기에 경계와 통제의 대상이 된다. 정약용 철학에서 가정한 마음의 이분법적 구도는 '기질성-인심'에 대한 '영명성-도심'의 '선택적 강조'를 함축한다. 그것은 마음에 대한 실제적 해명보다는 그것이 도달하게 해 주는 철학적 결론을 겨냥한 것이기에 편향을 낳는 철학적 오류의 한 형태가 될 수 있다. 그것은 '우리가 원하는 것'

이지 '우리의 것'이 아니다.

신체적 경험이 초월적·정신적 경험의 발생적 원천임을 가정하는 체험주의적 관점이 옳은 것이라면, 정약용 도덕 이론의 중심축을 이루는 '상제-영명성-도심'이 '환경과 몸에 강하게 제약된' 은유적 활동의 구조물이라는 것을 지적할 수 있을 것이다. 초월적·정신적 층위의 경험이 몸의 활동을 통해 드러나는 확장적 국면이라는 사실이 함축하는 것은 ① 상제, 영명성, 도심이 원래부터 '그 자체로 존재하는' 순수 개념일 수 없고, ② 사유 확장이 확정적인 길을 따라 동일한 방향으로 이루어질 수 없기 때문에 그것들은 우리를 제약할 어떤 법칙이나 원리도 될 수 없으며, ③ 또 그러한 사유 확장은 특정 목적을 성취하기 위한 '철학적 의도'의 산물이라는 점이다. 실제 우리의 '자유의지'는 '전지전능'·'천지통어'의 상제 능력에 대한 의혹을 끝없이 불러일으킨다. 이것이 함축하는 것은 상상적 구조와 실제적 구조의 '부조화'이다. 결론적으로 정약용 철학에서 도덕 실현의 중심적 위상을 차지하는 '상제-영명성-도심'의 구도는 성리학의 리·태극보다 오히려 적극적으로 우리의 도덕적 영역에 개입하도록 구성된 사유의 산물이다. 상상된 보편이 갖는 위험성은 우리의 실재를 나쁜 것으로 은폐시킬 수 있다는 데 있다.

이 장에서 시도해 본 체험주의의 은유 분석이라는 새로운 읽기는 몸과 마음 가운데 몸이 '더 중요함'을 말하려는 것이 아니라, 우리의 초월적·정신적 경험이 몸의 활동을 통해 드러나는 확장적 국면이라는 사실을 보여 주려는 것이다. 우리 자신의 인지적 본성과 구조에 맞는 경험적 탐구는 정약용 철학이 갖는 비경험적 전제들과 객관주의적 구도를 드러내어 준다. 이러한 분석은 정약용 철학의 해체가 아니라, 경험적 지식과 충돌되지 않는 한에서 유학이 지향해야 할 방향을 제시하려는 시도이다. 이는 자연주의적 반성으로 특징지어질 수 있으며, 그것은 동시에 '경험적으로 책임 있는 철학'의 재구성을 향한 적극적 탐색으로 규정될 수 있을 것이다.

제5장 상상된 보편, 운화기

이 장의 주된 목적은 최한기崔漢綺(1803~1877)의 기학氣學에 대한 선행 연구들의 공통적인 관점—기학이 경험주의적이라는 주장—에 반론을 제기하려는 것이다. 최한기의 기학은 부분적으로 경험주의적임에 분명하지만 여전히 초월적이며, 나아가 기존의 성리학적 사조보다 더 객관주의적이다. 그 핵심적 이유는, 최한기의 기학은 모든 존재와 인식, 가치의 궁극적 준거로 운화기運化氣를 설정, '경험 영역으로의 수렴'이 아니라 '초월 영역으로의 수렴'을 시도했기 때문이다.[1)]

"무無로써 무를 밝히는 것은 유有로써 무를 밝히는 것만 못하다"[2)]는 최한기의 말은 기학의 학문적 입각점을 잘 드러내고 있다. 최한기는 초월적·선험적 원리나 형이상학적 사변에 치중하는 초월 전통의 학문을 주된 표적으로 삼고 그들이 내세우는 초월의 표상을 강하게 비판한다.

---

1) 체험주의적 관점은 최한기가 만사만물의 준거로 제시했던 '운화기'가 결국 '자기 경험이 투사된 상상력의 산물'이라는 결과를 도출하는 데에 중요한 시각을 제공하고, 또 '왜 초월에 근거를 둔 보편의 철학이 보편적일 수 없는가?'를 선명히 보여 준다. 체험주의의 은유 이론은 특히 기학에서 물리적 활동을 근거로 추상의 영역으로 나아가는 '推測' 활동과 유사성을 갖고 있으며, 이러한 최한기의 경험적 방법으로의 시각 전환이 유학의 전통적 사유의 역사를 바꿀 만한 중요한 작업이라는 의의를 밝히는 데에도 핵심적 토대를 제공한다.

2) 『推測錄』, 卷1, 「取象譬諭」; 『明南樓全集』 1, 75c, "以無明其無, 不如以有明其無也." 이하 인용된 최한기의 원전은 『明南樓全集』 1~3(여강출판사, 1986)을 저본으로 한다.

그가 보기에 초월적·선험적 원리에 대한 기존의 사변적 탐구는 ① 도덕 원리의 궁구에 집중하고 ② 신체적·물리적 영역을 정신적·추상적 영역과 구분시켜 하위에 설정하며 ③ 치인治人보다 수기修己를 우선시함으로써 현실 문제에 능동적으로 대처하지 못한다. 그는 기학을 통해 물리 영역의 다양한 가치를 받아들이고 경험 영역으로부터 추상 영역으로 추측推測해 가는 '상향적 접근'(bottom-up)의 시각을 제안함으로써, 초월 원리로부터 경험 영역의 문제를 해결하려는 '하향적 접근'(top-down)의 시각을 극복하려고 한다.

최한기가 표방하는 기학은 초월적 원리로부터의 현실 인식이 불가능한 것임을 주장함으로써 인식론적 탐구에 내재된 초월적 가정들의 오류를 드러내는 데 성공한 것으로 보인다. 그리고 ① 그동안 경시되어 왔던 몸의 영역을 복권시켰다는 점에서, 또 ② 도덕의 영역으로부터 인간이 경험하는 모든 영역으로까지 문제의식을 확장했다는 점에서 어느 정도 경험주의적 특징을 갖는 것도 사실이다. 하지만 최한기의 기학은 유·무형의 모든 가치를 통제하는 최종의 준적準的으로 '운화기運化氣'를 설정함으로써 세계의 통합(一統)을 꿈꾼다는 점에서 본래 의도와 달리 초월로부터 자유롭지도, 경험주의적이지도, 상대적 가치에 너그러워 보이지도 않는다.[3] 그에게 운화기는 지구, 달, 태양, 별 등 형질을 가진 모든 것들의 물리적 원리라는 의미를 가지며, 동시에 나와 상관없이 무

---

3) '초월' 개념은 인간의 경험적 활동을 전제하지 않고 상상된, 그래서 경험적으로 반증될 수 없는 사유의 결과를 의미한다. 최한기의 논변에 따르면 '운화기'는 마치 뉴턴의 '만유인력 법칙'처럼 경험적으로 추측될 수 있는 보편의 것으로 규정되지만, 그것은 만유인력 법칙처럼 경험의 층위에서 반박될 수 있는 것이 결코 아니라는 점에서 '요청된 객관'이며 '우리의 세계를 넘어선 것'이다.

궁하게 존재하고 천지를 바른 자리에 있게 하며 만물을 기르는, 만사만물의 근원이자 일통一統의 준적으로서 존재와 인식, 가치를 통합하는 초월적 근거라는 의미도 함께 함축한다. 운화기는 '유형의 준거'로서, 그리고 모든 무형의 것을 통제하는 '무형의 준거'로서 양날을 가진 칼의 모습을 갖추고 있으면서 자신에게 승순承順하지 않는 인간의 다양한 경험 영역을 제거하려 한다. 결과적으로 그것이 내포하는 위험은 기학이 그렇게 벗어나고자 했던 초월로 다시 회귀하는 것이다.

최한기는 존재와 인식, 가치를 통합하는 초월적 근거였던 '리'를 권좌에서 끌어 내리고, 대신 존재와 인식, 가치는 물론 활동성·유형성·물리성까지를 함축한 새로운 실재 '운화기'를 그곳에 앉혔다. 그는 운화기에 리보다 더 높은 권능을 부여하여 '일통'의 꿈을 실현하려 했다. 일통이 은폐하는 위험은 강력한 객관주의이며, 그런 의미에서 가장 '비인간적'일 수 있다.[4] 이런 점을 감안한다면 최한기의 기학을 대한 ① 유물론[5], ② 경험주의[6], ③ 실학과 개화사상의 가교[7], ④ 성리학과 구분되는

4) 최한기의 '운화기'는 모든 경험을 심판하는 최고의 판정자로서 배타적 우선성을 부여받는다는 점에서 서구의 '이성'과 유사성을 갖는다. 노양진은 서구의 객관주의적 전통의 이성은 경험 가능한 사실들로부터 출발했지만 우리의 은유적 욕구를 통해 거대한 것으로 완성되었다고 본다. 그것은 우리의 모든 경험을 심판하는 최고의 판정자로 가정된 객관성, 법칙성, 보편성을 그 특성으로 삼는 동시에 극도의 배타성을 가지며, 이성의 폭력성이 여기에 근거한다. 최한기의 운화기 역시 그것에 순응하지 않는 것들에 대한 통제를 통해서만 자신의 위치를 유지할 수 있다. 노양진, 『몸·언어·철학』, 246~47쪽 및 255쪽 참조.

5) 정성철, 『조선철학사연구』(광주, 1988).

6) 박종홍, 「최한기의 과학적 철학사상」, 『한국사상논문선집』 173(불함문화사 편저, 불함문화사, 2001); 최영진, 「최한기 이기론에 있어서의 리의 위상: 『氣測體義』를 중심으로」, 『조선말 실학자 최한기의 철학과 사상』(최영진 편저, 철학과현실사, 2000).

7) 이우성, 「해제」, 『명남루전집』(이우성 편저, 여강출판사, 1986).

실학적 관점의 기론, 경험 중심의 탈주자학적 특성의 기론[8], ⑤ 동서양의 학문을 창조적으로 결합시킨 독창적인 철학[9], ⑥ 과격한 실용주의[10]라는 규정들은 너무나 순박한 해석으로 보인다.

이상의 논의를 통해 얻을 수 있는 기학의 양상은 경험적 탐구 양식과 초월적 보편이 공존하는 이중적인 모습이다.[11] 물리적 세계로부터 추상

---

8) 금장태, 「기철학의 전통과 최한기의 철학적 특성」, 『혜강 최한기』(김용헌 편저, 예문서원, 2005); 김용헌, 「주자학적 학문관의 해체와 실학: 최한기의 탈주자학적 학문관을 중심으로」, 『혜강 최한기』(김용헌 편저).

9) 손병욱, 「혜강 최한기 철학의 기학적 해명」, 『혜강 최한기』(김용헌 편저); 신원봉, 「혜강의 기화적 세계관과 그 윤리적 함의」(한국학중앙연구원 박사학위논문, 1993); 신원봉, 「최한기의 기화적 윤리관」, 『조선말 실학자 최한기의 철학과 사상』; 허남진, 「혜강 과학사상의 철학적 기초」, 『혜강 최한기』(김용헌 편저); 채석용, 「최한기 사회철학의 이론적 토대와 형성과정: 유교적 사회규범의 탈성리학적 재구성」(한국학중앙연구원 박사학위논문, 2008).

10) 한형조, 「혜강의 기학: 선험에서 경험으로」, 『혜강 최한기』(한형조 편저, 청계, 2000). 한형조가 말하는 '실용주의'란 기성의 이념에 편들거나 습관적 편견에 기울지 않고, 동서고금의 모든 자원을 동열에 놓고 취할 것은 취하고 버릴 것은 버린다는 의미이다. 한형조는 기학이 ① 선험과 형이상학을 부정하고 ② '경험적 지식'만으로 이 모든 통합적 체계를 구축하고 있다고 본다.

11) 최진덕은 기학이 봉합될 수 없는 이중적 구도를 갖는다고 비판적으로 검토했다. 최진덕이 보기에 기학은 유학적 가치의 보편성에 대한 믿음 및 유기체론적 세계관을 의미하는 '낡은 것'과 과학기술을 토대로 형이상학적 초월이 전적으로 배제된 기계론적 세계관을 의미하는 '새로운 것'의 부조화를 안고 있다. 이러한 최진덕의 이해는 기학의 이중적 구도를 부각시키는 데 기여했지만, 융합하려 해도 융합되지 않는 동서 철학의 엇갈림의 소재를 지적하는 데 초점을 둠으로써 '그렇다면 영원히 우리는 이질적 사유를 조정, 수렴할 수 없는가?'에 대한 중요한 답변이 함축된 기학의 '상향적 접근'의 경험주의적 성과를 고찰하지 못했다. 박희병은 기학의 유기체론적 체계가 기계론적 체계를 포함하고 있다고 주장, 최한기 철학의 이중적 구도를 포착했으며, 기학의 유기체론적 측면이 추상과 사변 속에서 통일을 꾀함으로써 일원주의로 나아가게 될 위험이 있음을 통찰했다. 하지만 그는 無나 空, 무형 등의 보이지 않는 것, 혹은 형체가 없는 것을 모두 부질없고 허황된 것으로 비판하는 기학의 유형적 관점이 '지극히 천박하고 피상적인 인식'이라고 평가한다. 초월적인 것의 가치를 되살리려는 박희병의 평가는, 현재적 적절성을 제쳐두고라도, 기학이 결코 무형의 것을 허황한 것으로만 본 것이 아니라 유형으로부터 무형의 것을 추측해 나갈 때에만 현실적 가치를 가질 수 있다는 자연주의적 내용을 함축하고 있음을 간과했다. 이런 점에서 그의 평가는 21세기의 관점에서 유학적 진보를 거둔 기학의 '아래에서 위로'

적 세계로 추측해 나가는 최한기의 경험적 방법으로의 시각 전환은 유학적 사유의 역사를 뒤엎을 만한 중요한 이론의 자연주의적 진화를 보여 준 것이다. 최한기는 기존의 초월 전통의 현실에 닿을 길 없는 무형의 표상을 지적하면서 경험으로부터 추상의 영역을 추측해 가는 입증 이론을 구축함으로써 우리의 경험 조건을 되돌아보게 해 주었다. 이런 점에서 기학은 부분적으로 시대가 요청하는 경험주의적 요구에 충실한 이론 체계라고 할 수 있다. 그러나 운화기와 같은 상상된 보편으로의 통합은 기학을 다시 객관주의의 함정에 빠뜨리게 될 위험성이 있다. 운화기와 같은 초월의 준적이 특정한 목적을 위해 권력적으로 해석될 경우 다른 어떤 방향의 소통도 배제하는 극단적 위험성을 함축하고 있기 때문이다. 결국 시대가 그에게 요청한 경험주의적 방향으로의 철학적 전환과 상상된 보편 운화기의 혼란스러운 공존은 기학에 대한 기존의 이해를 넘어서는 새로운 탐구의 필요성을 제기한다.

1. 초월에서 경험으로

1) 초월적인 것의 거부

최한기 기학의 주된 논의는 변화를 거듭하는 '운동성'과 '유형성'을 내재한 '기氣'를 중심으로 전개되며, 이러한 사유의 근저에는 적극적인

의 자연주의적 관점에 대한 중대한 공로를 축소시킨 것으로 보인다. 최진덕, 「혜강 기학의 이중성에 대한 비판적 성찰」(한형조 편저, 『혜강 최한기』) 참조; 박희병, 『운화의 근대』(돌베개, 2003) 참조

과학 수용의 태도와 물리적 영역에 대한 통찰이 함축되어 있다. 최한기가 인식한 인간의 마음은 자신의 사고와 행위를 통제할 어떤 선험적 원리나 도덕적 원리를 갖추고 있지 않다. 그에 따르면, 마음의 본체는 원래 순담純澹해서 깨끗한 우물에 색을 첨가함에 따라 물들어지는 것처럼 경험이 쌓여감에 따라 지식이 축적되는 것이며,[12] 사물의 이치는 격물궁리格物窮理를 통해 얻어지는 것이 아니라 감각적 경험이 누적되면 그 경험을 근거로 지속적인 추측과 증험을 실행한 결과로 얻어지는 것이다.

> 만약 경험을 지각知覺으로 삼지 않고 지각이 생기는 근원을 찾고자 한다면, 형세는 자연히 그 찾고 구하는 것이 심오하고 멀어지게 되지 않을 수 없다. 그래서 어떤 이는 신기神氣의 밝음으로부터 구하고 어떤 이는 기의 신령함으로부터 구하는데, 이렇게 근원을 궁구하고자 하는 노고는 부질없이 마음만 허비시켜 괴롭게 한다. 지각을 구하다 근원을 지나칠 뿐 아니라, 오히려 신기의 맑고 담박한 것을 어지럽혀 혼동되게 만들기만 한다.[13]

최한기가 인식한 탐구의 출발은 확정적 '도덕 원리 인식'이 아니라 '감각적 경험'이며, 그에게 우선적인 지식은 '덕성지'(德性之知)가 아니라

---

12) 『推測錄』, 卷1, 「本體純澹」; 『明南樓全集』 1, 81d~82a, "心之本體, 譬如純澹之井泉. 就井泉而先添青色, 次添紅色, 次添黃色, 稍俟而觀之, 青色泯滅, 紅色漸迷, 黃色尙存, 所存黃色, 亦非久泯滅. 於此可識純澹之井泉, 受和五采而俟靜還本, 五色不能奪純澹之體.……然則純澹者井泉之本色也, 添色者井泉之經驗也. 添色雖泯, 純澹之中, 經驗自在, 至于積累, 推測自生" 참조

13) 『神氣通』, 卷1, 「經驗乃知覺」; 『明南樓全集』 1, 27d~28a, "若不以經驗爲知覺, 而欲求知覺之所由生, 勢不得不究之深而探之遠. 或求之於神氣之明, 或求之于氣之神, 窮源之勞, 徒費苦心. 非特知覺之求, 已過其源, 抑使神氣淸澹, 有所混淆."

'견문지'(見聞之知)이다. 이러한 최한기의 경험 강조는 신체적·물리적 차원의 탐구를 출발점으로 삼는다는 점에서 격물궁리를 사유의 시작점으로 삼는 기존의 성리학과 구분된다.

이러한 사유를 기반으로 최한기는 선험적 관념이나 형이상학적 근거를 우선시하는 초월 전통의 학문들과 종교를 주된 표적으로 삼아, 그들이 내세우는 무형의 표상을 강하게 비판한다. 그는 물리적 영역에 토대를 두지 않은 모든 학문들을 겨냥하여 "알 수 없는 소이연을 고심하여 탐구하는 것은 수고롭게 애만 태워 무익할 뿐 아니라, 도리어 허무황탄虛無荒誕함에 빠지기 쉽다"[14]라고 말한다. 최한기는 직면한 현실에 대한 객관적인 탐구 없이 현상의 근거인 '리'의 궁구에만 힘을 써서 활연관통하기만을 바라는 전통 성리학자들의 학문태도에 대해 불교의 돈오설에 가깝다고 비판한다.[15] 물론 주희의 철학이 남송의 타락한 사회 문제를 극복하려는 현실 문제로부터 출발한 것이라는 점에서 최한기의 비판은 지나친 감이 없지 않다. 하지만 주희의 격물설은 '치국'·'평천하'라는 사회적 가치의 실현에 앞서 '사물의 이치 궁구'와 '도덕적 본성 회복'을 전제한다는 점에서 사변적이라는 비판을 결코 쉽게 털어낼 수 없다. 정주程朱 계열의 성리학자들은 논리적으로 도기합일道器合一의 관점을 견지하지만, '도'가 밝아지면 '기'에 해당하는 현실적 폐단도 자연히 극복될 것이라고

14) 『人政』, 卷8, 「教學虛實」; 『明南樓全集』 2, 142a, "不可知之所以然, 苦心究索, 非但勞憔無益, 反易陷於虛無荒誕."

15) 『推測錄』, 卷1, 「開發蔽塞」; 『明南樓全集』 1, 80b~c, "利欲何能蔽塞此心? 自反, 可以開發其隱. 人之利欲, 莫大於貨財仕宦, 求財而有得失, 筮仕而有成敗, 則利欲非必蔽人.……若謂以利欲所蔽, 未顯我心素具之理, 平生用力, 要除利欲, 冀得一朝豁然貫通, 殆近於禪家頓悟之說也" 참조

낙관한다는 점에서 그들 학문의 우선성은 초월 영역의 '도'와 '리'의 궁리에 부여되어 있다. 최한기가 보기에 정주 성리학이나 육왕 심학의 사변적 탐구 방법은 ① 도덕 원리의 탐구에 집중한다는 점, ② 신체적 영역을 정신적 영역보다 하위에 설정한다는 점, ③ 치인보다 수신을 우선시한다는 점에서 현실 문제에 능동적으로 대처하지 못할 뿐만 아니라 물리적 세계에 직접적인 도움을 줄 수 없다. 노·불에 대해서도 최한기는 "저 노자의 학문은 무위無爲를 종지로 삼고, 선가의 학문은 한층 더하여 무물無物로 종지를 삼는다"[16]라고 함으로써 그들 이론의 무형성과 비현실성을 비판한다. 이어서 그는 "지극히 비근하고 절실하게 사용하는 한 사람의 몸뚱이도 다만 마땅히 익히는 것에 따라 활용할 뿐, 진실로 그 소이연을 궁구하기는 어렵다"[17]라고 하여 인간의 경험 조건으로는 무형의 '소이연' 공부를 성취할 수 없음을 분명히 한다.

최한기의 기학에서 무형학 비판이 추상 영역의 전면 부정을 의미하는 것은 아니다. 그의 강조점은 다만 정신적·추상적 사유는 신체적·물리적 경험에 근거를 두고 형성된다는 데 있다. 지식은 소이연의 궁리가 아니라, 우리에게 비근한 물리적 경험을 토대로 얻어진다. "양지良知·양능良能에서 나온 사랑과 공경은 단지 습염(染習) 이후를 근거로 말한 것이지, 습염 이전의 일을 말한 것이 아니다."[18] 그에게 리, 양지·양능 등은 배우

---

16) 『推測錄』, 卷5, 「老佛學推測」; 『明南樓全集』 1, 152b, "夫老學以無爲爲宗, 而禪學加一層, 以無物爲宗."

17) 『人政』, 卷8, 「教學虛實」; 『明南樓全集』 2, 142a, "至近切用之一身形體, 但當隨習須用, 固難究其所以然."

18) 『推測錄』, 卷1, 「愛敬出於推測」; 『明南樓全集』 1, 88a, "所謂愛敬出於良知良能者, 特擧其染習以後而言也, 非謂染習以前之事也."

지 않고 인식하고 실천할 수 있는 초월적 원리나 선험적 능력이 아니라 물리적 경험을 통해 얻을 수 있는 추측의 산물이다.

> 유행하는 리의 궁극적인 본원은 자세히 알기 어려우니, 사람들이 힘쓸 곳은 다만 그 지류支流나 초엽抄葉을 따라 앞을 미루어 뒤를 헤아릴 뿐이다. 궁극적인 것을 논하는 것은 형세가 혼륜渾淪하지 않을 수 없어서 추측이 그 능력을 쓸 수 없고, 실리實理를 버리면 모두 광영허탄光影虛誕함에 빠져 추측이 그 공로를 드러낼 수 없다.[19]

최한기는 인간을 포함한 만사만물의 본원을 부정하지는 않는다. 다만 그것에 대한 궁구가 물리적 경험과 추측 활동에 근거한 것이 아니라면 허망한 것이라고 본다. 그는 "도와 리를 기로부터 구하지 않으면 반드시 방향을 찾을 수 없게 되어, 지나치면 허무에 빠지고 부족하면 비쇄卑瑣한 데에 빠진다. 기에서 구한다면 도와 리가 형질을 갖게 된다"[20]라고 말한다. 유형인 기로부터의 탐구가 도나 리 같은 추상적 개념들을 인식할 수 있는 계기가 된다고 본 것이다.

이러한 모습의 최한기 기학은 유형의 영역에서 무형의 영역을 포섭하려는 관점으로 보인다. 기존의 철학들이 유·무형을 이분화하고 상대화하면서 의도적으로 인간의 물리적 영역을 은폐, 축소하고 정신적 영역을 부각시키려 했다면, 최한기 기학은 물리적 영역으로부터 추상적 영역으

---

19) 『推測錄』, 卷5, 「推測異用」; 『明南樓全集』 1, 156d~157a, "流行理之大致本原, 難得其詳. 則人之用功, 只可從其支流抄葉, 推前測後耳. 論其大致, 則勢不得不渾淪, 推測無所措其能, 捨其實理, 則盡入于光影虛誕之中, 推測無以顯其功."

20) 『人政』, 卷9, 「道理卽氣」; 『明南樓全集』 2, 164c, "道與理, 不由氣而求之, 必無模着方向, 過則入於虛無, 不及則陷於卑瑣. 求之於氣, 則道理有形質."

로 사고를 확장하려고 한다는 점에서 이전의 사유와 전혀 다른 면모를 갖는다. 최한기 기학은 감각적 경험을 모든 사유의 출발점으로 삼음으로써 추상적·정신적 층위의 사유를 강조하는 철학의 난점을 극복하려고 했다. 요컨대 가치의 중심축이 '초월'에서 '경험'으로, '무형'에서 '유형'으로 옮겨 온 셈이다. 하지만 이러한 사유의 전환이 기학에서 초월이나 무형의 관점을 전면 배제하고 있음을 의미하는 것은 아니다. 다만 그것들이 경험을 지반으로 해서 추측될 수 있음을 말하는 것이다.

최한기의 기학은 크게 두 가지 점에서 초월적·선험적 탐구와 구분점을 갖는다.

첫째, 기학은 경험 영역으로부터 초월·선험 영역으로 추측해 가는 '상향적 접근'의 관점을 제안함으로써, 초월·선험의 원리로부터 경험 영역의 문제를 해결하려는 '하향적 접근'의 관점을 극복하려 했다. 리학이나 심학 전통의 학문들이 초월·선험의 세계로부터 물리 세계로의 탐구라고 한다면, 기학은 물리 세계로부터 초월·선험 세계로 추측해 나가는 탐구이다. 기학의 이러한 자연주의적 탐구방식은 초월·선험 전통의 학문 방식에 대한 이론적 난점을 지적하고 정교한 입증 방식을 도입함으로써 과감한 시각의 전환을 제안한 것으로, 철학사적으로도 중요한, 이론의 자연주의적 진화로 평가될 수 있다.

둘째, 최한기의 기학은 물리적·실증적 사유를 제안함으로써 도덕적 사유에 묶여 있던 리학적·심학적 시각을 확장했다. 이는 과학기술에 대한 믿음을 바탕으로 운동성과 유형성에 주목한 결과이다. 이러한 사유의 확장은 가치의 상대주의적 이해에까지 나아갈 수 있는 계기를 마련한 것이다.

2) 경험된 기氣

최한기의 기학에서 리, 신기, 운화기는 모두 '유형' 쪽으로 포섭됨으로써 실증 가능한 것으로 재규정된다. 이러한 최한기의 관점은 기를 '본체의 기'와 '현상의 기'로 이원화하여 전자를 감각적으로 인식되지 않는 무형의 것으로 파악하는 전통의 기론과 본질적 차이를 갖는다. 최한기가 추상적 개념들을 유형의 영역으로 재배열한 것은 ① 과학적 검증 방법의 현실적 적용, ② 공적 효용을 중심으로 하는 가치의 경험적 이해를 실현하려는 의도이다. 그는 현상의 개별자로부터 운화기까지 모두 수數로 측정될 수 있으며, 따라서 검증 가능성과 객관적 판단근거를 확보할 수 있다고 믿는다. 몸의 감각적 경험은 당연히 수량화될 수 있고, 그것에 근거한 마음의 추측 역시 운화기를 유형적인 것으로 인식하는 계기가 된다. 이러한 최한기의 시각은 추측 내용과 운화기가 일치될 수 있다는 낙관적 믿음의 근거가 된다.

이런 점에서 볼 때 과학은 최한기에 있어 기학의 체계를 재구성하는 주요한 계기이다. 과학의 객관성과 실증성이 최한기의 기학에 적극적으로 반영됨에 따라 기는 유형성과 운동성을 함축한 물질세계를 의미하게 된다. 최한기는 과학적 논증을 통해 기는 허虛나 무無가 아니라 형적形迹을 가진 유형의 것임을 강조한다. "주발을 물동이의 물 위에 엎었을 때 물이 주발 속으로 들어가지 않는 것은, 그 주발 속에 기가 가득 차 있어서 물이 들어가지 못하는 것"[21], "방에 동서東西로 창이 있을 때 급

21) 『人政』, 卷10, 「氣之形質」; 『明南樓全集』 2, 179a, "以鉢覆於盆水之中, 而水不入鉢中, 以其鉢中氣滿而水不入."

히 동쪽 창을 닫으면 서쪽의 창이 저절로 열리는 것은, 기운이 방안에 충만해 있다가 풀무처럼 충동衝動하기 때문”[22]이라는 말들은 최한기가 기의 형질을 논할 때 제시하는 실증적 논거들이다. 이렇듯 최한기는 기학에 과학의 검증 가능성을 도입함으로써 도덕적 논의의 경계를 넘어 인간이 경험하는 물리적 영역 전반으로까지 논의를 확장했다. 최한기의 기는 더 이상 도덕적 우열로 현상의 개별자를 가르는 목적적 규정으로만 강조되지 않는다. 그가 기의 규정에서 ‘청탁수박淸濁粹駁’이라는 도덕적 의미를 거두고 ‘한열조습寒熱燥濕’이라는 물질적 성질을 부각시킨 것은 과학적 신뢰가 가장 큰 원인으로 작용했던 것으로 보인다. 이는 기에 대해 도덕적 이해에만 머물지 않고 물리적 영역까지 확장함으로써 자연주의적 사유로 나아가고 있음을 의미한다.

나아가 최한기의 기학이 단순히 전통 유학과 전혀 다른 패턴을 갖게 된 것은, 가치의 근거가 실용을 함축한 유형의 ‘기’이며 그것은 마음이나 경전의 탐구로 얻어지는 것이 아니라 감각적 지각에 의한 경험으로부터 얻어진다는 점을 강조하고 있기 때문이다. 최한기는 “세상일에는 성쇠(汚隆)가 있지만 이 도(儒道)는 길이 보존된다. 군생羣生을 일통으로 귀일시키는 데 이 유술儒術이 아니면 무엇으로 이루겠는가?”[23]라고 하여 자신의 기학이 유학에 뿌리를 두고 있음을 밝혔지만, 그가 제시한 인간 행위의 최종적 표준은 유학의 거룩한 성인도, 경서도, 리도 아닌 ‘운화

---

22) 『人政』, 卷10, 「氣之形質」; 『明南樓全集』 2, 179a, “一室有東西牕, 而急閉東牕, 則西牕自開, 以其氣滿室中, 而橐籥衝動.”

23) 『人政』, 卷11, 「儒術」; 『明南樓全集』 2, 209b, “世或汙隆, 而斯道長存. 統羣生歸一統, 非此術, 何以成哉?”

기'였다. 기학은 경전과 성인의 위상을 통민운화의 도로 끌어내리고[24] 운화기의 자리를 그 위에 설정했다. 최한기는 "경사자집經史子集과 백가어百家語의 문의文義를 탐구, 해석하거나 사리事理를 강론할 때에는 마땅히 운화인도를 준적으로 삼아서 취사하거나 발명發明해야 일통에 이르게 될 것"[25]이라고 말한다. 이제 운화기는 경전이나 성인보다 한 차원 더 높은 곳에서 선과 악을 가르는 도덕적 표준이 될 뿐만 아니라, 세상의 모든 현상들을 존재하게 하는 물리적 원리까지 함축하게 된다. 최한기는 이렇게 운화기를 유학의 정점 위에 올려놓고 '셈'이 가능한 '유형의 준적'으로 부른다.

> 척촌尺寸은 단지 물건의 장단을 재는 곳에 사용하는 데 그치는 것이 아니다. 지식의 원근遠近을 미루어 잴 수도 있다. 권형權衡을 어찌 물건의 경중을 저울질하는 곳에만 사용하겠는가? 덕량德量의 대소를 미루어 저울질할 수도 있다…… 지식에 이미 원근이 있으므로, 가까운 것을 먼 것과 비교하여 그 단점을 헤아리고, 먼 것을 가까운 것과 비교하여 그 장점을 헤아릴 수 있다. 또 이미 허실이 있으므로, 실을 허와 비교하여 그 장점을 헤아리고, 허를 실과 비교하여 그 단점을 헤아릴 수 있다. 덕량의 대소와 편전도 또한 이와 마찬가지여서, 분호分毫나 치수錙銖의 차이에 불과하더라도 거의 비교하여 알 수 있다.[26]

---

24) 『人政』, 卷11, 「儒術」(『明南樓全集』 2) 참조

25) 『人政』, 卷9, 「四部取捨」; 『明南樓全集』 2, 163b, "經史子集百家語之文義究解, 事理講論, 當以運化人道爲準的, 而取捨發明, 可歸一統."

26) 『推測錄』, 卷6, 「度知識稱德量」; 『明南樓全集』 1, 175c~d, "尺寸, 非獨用之於物形長短. 可推度於知識遠近. 權衡, 豈特用之於擧物輕重? 可推稱於德量大小.……知識旣有遠近, 則可以近較遠而度其短, 以遠較近而度其長. 又有虛實, 則以實較虛而度其長, 以虛較實而度其短. 德量之大小偏全, 亦類乎此, 分毫之差, 錙銖之異, 庶可比較而得."

도덕의 문제에 있어서도 최한기 기학에서는 현상적으로 드러난 문제들과 얼마만큼 밀접성을 갖는지, 얼마나 실제적인지를 따져 그 장단점을 비교 검토한 후에 판단을 내리게 된다. 그의 도덕적 판단의 준거는 '실實'과 '유有'이다. '지금 여기'에서 나와 남이 함께 좋아하는 것은 선이고, 싫어하는 것은 악이다.[27] 유용과 공공의 대상 및 내용이 타당한지의 여부는 별개의 문제로 남겨 두더라도, 어떻든 그에게 선은 선험의 준칙을 탐구하는 일도, 경전적 근거를 통해 성현의 자취를 진리의 준거로 삼는 일도 아니다. 왜냐하면 그의 도덕은 공적 차원에서 현실적 유용성을 가질 때 가치를 발휘하게 되기 때문이다. 가치는 문화에 따라, 시대의 변화에 따라 얼마든지 달라질 수 있다는 점에서 가변적이고 상대적이다. 이렇게 보면 유학적 전통에서 가치의 표준으로 의존해 왔던 성인과 경전은 최한기에 와서 비교 검토의 자료 정도로 그 의미가 축소되어 버렸다.

그럼에도 우리가 주목해야 할 문제는, 기학의 가변성과 상대성이 결코 끝없이 허용되는 '열린 체계'가 아니라는 점이다. 기학은 가변성과 상대성에 상당히 너그러운 듯 보이지만, 결국 그것들은 운화기의 범위 내에서 효용을 발휘할 뿐이다. 최한기는 운화기를 "완전무결한 사물의 본원"(完備無欠, 事物本源)[28]이라고 부른다. 그에게는 도덕적 준거가 아무리 유용성과 공공성을 확보한다 해도 그것이 바로 다수의 실용과 유용을 의미하는 것이 아니었다. 이는 다음 인용문을 통해서도 확인할 수 있다.

---

27) 『推測錄』, 卷1, 「善惡有推」; 『明南樓全集』 1, 84a~b, "善無常位, 取於物我之攸好, 惡無定限, 捨其物我之所惡……我好之而民不好之者, 非善也, 我惡之而民不惡之者, 非惡也" 참조

28) 『人政』, 卷9, 「本源告天下」; 『明南樓全集』 2, 161b.

여러 악인惡人이 좋아하거나 싫어하는 것이 참된 선과 악이 아니고, 한 선인善人이 좋아하거나 싫어하는 것이 바로 참된 선과 악이다. 이는 좋아하고 싫어하는 사람의 수가 많거나 적은 것으로써 선과 악을 삼지 않고, 사람이 선한가 악한가에 따라서 그가 좋아하고 싫어하는 것을 선과 악으로 삼는 것이다.[29]

결정적으로 운화기에 순응하는 사람이 좋아하는 것만이 참된 선이며, 그들이 싫어하는 것은 악이다. 최한기에게는 성인의 가르침, 경전의 글이라 해도 운화기에 부합되지 않으면 언제든 수정, 폐기될 수 있는 것이었다. 그 무엇이든 운화기의 권능 아래에서만 가변성과 상대성이 허용되었으며, 그런 의미에서 기학의 모든 가치는 '닫힌 체계'에 있다. 이렇게 되면 이전 성리학적 논의와 조금도 다를 것이 없게 된다. 다만 모든 가치판단의 권좌에 있던 무형의 '리'가, 운동성과 유형성까지 겸비한 '운화기'로 대체되었을 뿐이다.

2. 운화기와 몸의 불화

1) '무한'한 운화기

최한기는 초월로부터 시작하는 견해는 허무할 수밖에 없다고 보며, 이 딜레마를 극복하기 위해 유형의 기학을 제안했다. 그것은 경험 영역

29) 『推測錄』, 卷1, 「善惡有推」; 『明南樓全集』 1, 84b, "衆惡人之好惡, 非眞善惡也, 一善人之好惡, 乃眞善惡也. 是不以好惡之衆寡爲善惡, 以人之善惡, 爲好惡之善惡也."

으로부터 추측을 통해 객관적·보편적인 운화기를 인식하고, 그것을 현실 영역에 실현해야 한다는 것을 주요 내용으로 한다. 그러나 인간은 불행히도 각기 다른 감각적 경험을 하고, 그 다른 경험을 토대로 추측하고 사유를 구성할 수밖에 없는 유폐된(incarcerated) 존재이다. 인간은 자기 경험을 투사시켜 대상을 개별적으로 인식할 수밖에 없지만, 종적 유사성에 근거한 신체적·물리적 제약을 받는다는 점에서 완전히 상대적인 것은 아니다. 이는 우리에게 공유 가능한 영역이 추상적·정신적 차원이 아니라 신체적·물리적 차원이라는 것을 의미한다. 그렇다면 최한기가 인간에게 객관적·보편적 준거로 제안한 운화기는 공유 가능한 영역에 있는가?

최한기는 운동성, 유형성, 물질성, 편재성을 기의 존재적 특성으로 이해한다. 그에 따르면, 세계는 유형의 기로 이루어져 있으며 "대기운화 가운데 무형의 사물은 존재하지 않는다."[30] 최한기는 기의 본성을 '활동운화'하는 것으로 보고,[31] 기를 '형질기'와 '운화기'로 나눈다. 지구, 달, 태양, 별처럼 형체를 가진 만물은 형질기이고, 우양풍운雨暘風雲이나 한서조습寒暑燥濕은 운화기이다. 형질기는 운화기로 이루어진다. 사실 운화기는 세계 내의 만물을 함양하는 유형의 것인데, 옛사람이 형질과 운화를 유형과 무형으로 구분했을 뿐이다.[32]

---

30) 『氣學』, 卷1; 『明南樓全集』 1, 206a, "大氣運化之中, 未有無形之事物."

31) 『氣學』, 「氣學序」; 『明南樓全集』 1, 197a, "夫氣之性, 元是活動運化之物" 참조

32) 『氣學』, 卷1; 『明南樓全集』 1, 200a~b, "氣有形質之氣, 有運化之氣. 地月日星萬物軀殼, 形質之氣, 雨暘風雲, 寒暑燥濕, 運化之氣也. 形質之氣, 由運化之氣而成聚, 大者長久, 小者卽散, 無非運化氣之自然也. 形質之氣, 人所易見, 運化之氣, 人所難見, 故古人以有形無形, 分別形質運化" 참조

> 바야흐로 지금의 운화기는 고인古人이 많은 언설로 발명한 것들을 토대로 누차 증험하여 기계器械로 그것을 시험하고 사용하는 데까지 이르렀으니, 확실히 이것은 형질이 있는 '리'요 조화造化하는 물物이다…… '신神'과 '리'가 모두 이 기요, 조화 또한 이 기이다.[33]

최한기에 의하면 인간은 누차 증험한 것을 근거로 기계로 운화기를 검증하고 이용하게 되었다. 신과 리는 기화氣化의 일면적 모습일 뿐인데[34] 이전 사람들이 운화기를 깨닫지 못하여, 조화하는 모습을 보고 '신'이라고 하고 호흡하는 몸을 '리'에 귀속시킬 뿐이었다.[35] 이처럼 최한기는 '신'과 '리'까지도 '기'로부터 추측해 나간다면 유형의 실제적인 것이 될 수 있다고 본다.

최한기가 기의 존재적 특성으로 운동성과 유형성을 강조한 데에는 현상세계의 변화와 실제에 중점적 의미를 부여하려는 의도가 있었던 듯하다. 그가 기의 본성을 인간의 물리적 영역에서 찾은 점은 일단 표면적으로는 경험적이고 실제적이라고 할 수 있다. 기존의 연구자들이 최한기의 기학을 '경험주의적'라고 평가한 것은 바로 이러한 실증성과 유형성에 주목한 결과로 보인다. 그러나 운화기에 대한 최한기의 다수의 규정은 결코 경험적이지 않다.

---

33) 『人政』, 卷8, 「無言有言」; 『明南樓全集』 2, 144d~145a, "方今運化之氣, 賴古人之多言發明, 累試證驗, 至於將器械而試之用之, 果是有形質之理, 有造化之物.……神理皆是氣也, 造化亦是氣也."

34) 『氣學』, 卷1; 『明南樓全集』 1, 203c, "神與理, 乃氣化中之事" 참조.

35) 『人政』, 卷8, 「無言有言」; 『明南樓全集』 2, 145a, "造化之功, 歸于神而不求於氣, 呴養之軀, 屬之理而不察乎氣. 大告天下之人, 要覺長夜之夢.……運化未明之世, 予欲無言, 固宜率性而立人道, 運化旣明之世, 不可無言, 爲其正差誤擗邪說" 참조.

최한기의 운화기는 ① 나와 상관없이 무궁하게 존재하고,[36] ② 만사만물의 근원이자, 그것들을 기멸起滅하게 하는 것이다.[37] 그것은 ③ 천지를 바른 자리에 있게 하고 만물을 기르며,[38] ④ 진수眞髓의 생도生道로서 천지 사이에 충만한 것이다.[39] ⑤ 하늘이 곧 운화기이며,[40] 인간은 태어날 때 운화기를 품부받아 생장하고 그것에 의지하여 행동하니,[41] 곧 '천=운화기=신기'의 연속적 구도가 성립된다. 또한 그것은 ⑥ 일통의 준적이며,[42] ⑦ 모든 가치판단의 준거이다.[43] ⑧ 운화기는 모든 미세한 사물의 무궁한 변화에도 맥락과 조리를 갖추고 있다.[44] 이렇게 되면 최한기의 운화기는 단순히 물질적 영역에서만 논의될 수 없다. 운화기는 우리의 감각기관으로 결코 지각될 수 없는 것으로, 존재와 인식, 가치를 통합하는 초월적 근거이며 원리이다. 이는 성리학의 '리'의 모습과 흡사하지만, 이에 더해 최한기의 운화기는 운동성, 유형성, 물리성을 동시에 함축한다는 점에서

---

36) 『人政』, 卷8, 「人爲主氣爲主」; 『明南樓全集』 2, 153a, "其身未生之前固如是, 旣死之後亦如是" 참조.

37) 『人政』, 卷8, 「功夫本末」; 『明南樓全集』 2, 154d, "萬事萬物, 皆從運化而起滅, 則從事物而功夫者, 只知事物, 埋沒精力, 事其事物其物而已, 不知運化之氣, 爲事物之源" 참조.

38) 『人政』, 卷21, 「治安三益三損」; 『明南樓全集』 2, 428a, "察其天地位萬物育, 自有運化之氣" 참조.

39) 『人政』, 卷10, 「古人形氣血氣」; 『明南樓全集』 2, 177c, "古人所云氣, 多指形氣血氣, 未嘗指的天地間充滿運化之氣. 故言理多而言氣少. 撑柱接湊之眞液生道, 存而勿論, 沖漠無眹之森羅萬象, 擧而詳明. 言說徒增紛鬩是非, 何以明證" 참조.

40) 『人政』, 卷11 「天人敎」; 『明南樓全集』 2, 196b, "天卽運化氣也" 참조.

41) 『人政』, 卷14, 「選德行」; 『明南樓全集』 2, 265b, "人莫不稟受於運化氣而生長, 資賴於運化氣而作用" 참조.

42) 『人政』, 卷24, 「公議生於一統學」; 『明南樓全集』 2, 501c~d 참조.

43) 『明南樓隨錄』(『明南樓全集』 1) 참조.

44) 『人政』, 卷9 「究見運化之妙」; 『明南樓全集』 2, 163b, "草木金石鳥獸水火, 不以此意究之, 將欲爲所用, 而擇材料也, 是只知人之所用, 不知大氣之用達於微細萬品, 無窮變化, 皆有脉絡之條理. 故以運化爲敎, 萬事萬物, 研究思索, 皆補翼於一統運化, 未有玩物喪志" 참조.

리보다 더 포괄적인 모습을 갖추게 되었다. 최한기의 운화기는 '유형의 준거'로서, 그리고 모든 유형을 통제하는 '무형의 준거'로서, 양날의 칼의 모습을 갖추게 된 것이다.

최한기의 기학은 경험 영역으로부터 추상의 영역을 추측해 간다는 점에서 증험의 체계를 갖춘 듯 보이지만, 그가 선택한 방식은 운화기로의 통합을 통해 삶을 제약하는 것이었다. 이것은 '신적 관점'에서 인간의 삶을 배타적으로 통제하는 것을 의미한다. 기학에서 '운화기'는 성리학의 '리'와 다를 바 없는 권위적 모습을 갖는다. 최한기 기학에서 시도하는 유형으로의 통합은, 무형의 영역으로부터의 현실 인식이 불가능한 것임을 지적함으로써 인식론적 탐구에 내재된 그릇된 가정들을 드러내는 데에는 일단 성공한 것으로 보인다. 그러나 그 유형성은 다시 인간의 감각기관으로는 경험할 수 없는 무형의 운화기를 최종의 준적으로 설정함으로써 "우리는 운화기를 어떻게 인식할 수 있는가?" 하는 또 다른 난제를 안겨 준다.

2) '유한'한 몸

최한기에 따르면, 인간은 타고난 자질과 견문에 근거한 지식의 정도에 따라 개별적 차이를 갖는다. 부모의 정기와 혈기의 결합으로 태어난 인간은 각기 다른 육체적·정신적 조건을 갖기 때문에, 대상에 대해 깊이 궁리하여 통달하는 일에 어질고 어리석음의 차이가 없을 수 없다.[45)]

45) 『氣學』, 卷1; 『明南樓全集』 1, 213b, "不知者有不聞而不知者, 不見而不知者. 雖得聞之見之, 稟氣渾濁, 不能開悟者. 大氣之運化萬物, 何厚何薄, 有此見不見聞不聞. 提之諭之, 而不知, 見

그럼에도 불구하고 최한기가 바라는 기학적 성인은 운화기에 근거, 통민운화를 시행함으로써 천·지·인의 일통을 실현한 사람이다. 그의 성인은 단순히 내성외왕의 도덕적 완성자에 한정되지 않는다. 세계의 온갖 다름을 극복하고 일통을 지향하는 범세계적 인간이다. 따라서 기학의 인간은 성리학에서처럼 선험적으로 선한 본성을 가진 존재가 아니라 후천적 경험과 추측에 능동적으로 참여함으로써 끊임없이 운화기에 승순하려는 노력을 거듭해야 하는 존재이다.

최한기의 인간은 상이한 경험 조건에서 끊임없이 부딪히는 구체적 문제들을 각기 다른 방식으로 해결해 나가는 존재이지만, 운화기의 승순을 전제해야 한다는 점에서 인간의 물리적 영역은 끝없이 열려 있지 않다. 최한기는 인간이 실제적 경험에 근거, 지속적인 추측과 검증을 통해 운화기를 인식하고 그것을 다시 구체적인 상황에 적용함으로써 타고난 편벽된 기질을 변화시켜야 한다고 본다.

> 한 몸, 한 집에서부터 천하에 이르기까지 식견의 대소는 등급이 무한하지만, 만약 신기의 운화로 형질을 모두 일통하지 않으면 대소의 식견은 모두 허황하게 된다. 1~2년에서부터 수천 년에 이르기까지 총명함의 많고 적음에는 차이가 있으나, 만약 신기의 운화로 형질을 변통하지 않으면 모든 총명이 다 실득實得이 없게 된다.[46]

之聞之而知之者乎. 是乃人氣運化, 由於稟質不同見聞異路, 至於倍蓰不等" 및 『氣學』, 卷1; 『明南樓全集』 1, 216d, "子女稟質由於父母精血氣之和合, 窮達壽夭疾病有無賢愚等分, 盡在於斯" 참조

46) 『明南樓隨錄』; 『明南樓全集』 1, 302a, "自一身一家, 至於天下宇內, 識見之大小, 層節無限, 而若不擧神氣運化, 形質通爲一統, 則大小識見, 皆歸于虛慌. 自一年二年, 至于數千百載, 聰明之多寡有分, 若不因神氣運化, 形質得其變通, 則多寡聰明, 俱無實得."

최한기의 기학에는 침잠한 채 사물의 근원을 궁리하는 과정이 없다. 대신 승순해야 할 운화기가 있어서, 그것을 기준으로 형질의 편벽을 바로잡지 않으면 진정한 총명함을 얻을 수 없다. 요컨대 최한기 기학에서 운화기는 인간 삶의 강력한 제약이며, 그래서 인간은 운화기를 인식하고 형질을 일통하는 일에 모든 역량을 결집시켜야 한다. 그렇다면 '유한'한 몸을 가진 인간은 어떻게 '무한'한 운화기를 인식할 수 있는가?

인간의 감각적 경험에 의한 지식의 축적은 최한기의 기학에서 핵심적 위상으로 부각되었는데, 그것은 자연과학의 적극적 수용이 주된 원인이었을 것이다. 자연과학에 의한 최한기의 경험적 관점으로의 사유 전환은 인간의 신체적 조건들을 물리적 차원에서 재조명할 수 있게 해 주었다. 최한기의 감각 경험의 중시는 ① 그동안 경시되어 왔던 몸의 영역을 복권시켰다는 점에서, 또 ② 도덕의 문제로부터 인간이 경험하는 모든 영역으로까지 문제의식을 확장했다는 점에서 실제적 의의를 갖는다. 이처럼 최한기의 기학은 드러난 현상과 그것에 대한 몸의 지각 경험을 사유의 근원적 토대로 설정한다는 점에서 대단히 현실적으로 보인다.

최한기에게 경험은 단순히 물리적인 차원만을 의미하는 것이 아니다. 그것은 물리적 실체에 몸이 반응하는 '실제 경험'과 그동안 축적된 기존의 경험을 토대로 한 마음의 '추측 결과'까지를 포함한다. 추측은 신체적·물리적 영역에서 정신적·추상적 영역으로 사유를 확장해 가는 과정이다. 축적된 경험들을 바탕으로 아직까지 경험하지 않은 것을 '미루어(推) 헤아리는(測) 것', 드러난 현상으로부터 은미한 것을 드러내는 이 과정이 바로 '추측推測'이다. 구체적으로는 경험 영역으로부터 운화기를 인식해 내는 일이 바로 추측이니, 기학에서 추측은 인식의 문제에 중추적 역할을 담당하고 있는 셈이다.

우리는 이 지점에서 기학의 추측에 전혀 다른 층위의 것들이 섞여 있는 것에 주목해 볼 필요가 있다. 최한기의 추측에는 인간의 인지적 조건에 비추어 볼 때 증험이 가능한 것들과 불가능한 것들이 뒤섞여 있다. 예컨대, "좌우와 전후는 면面을 미루어 방方을 헤아리고, 구고句股와 삼각三角은 작은 것을 미루어 큰 것을 헤아리고, 생성수장生成收藏은 시초를 미루어 종말을 헤아리고, 문정당실門庭堂室은 얕은 것을 미루어 깊은 것을 헤아리는"[47] 등의 물리적 차원의 것들은 최한기가 말하듯 추측 결과에 대한 경험적 증험과 반박이 가능하다. 그리고 그것은 공유 가능 영역에 있는 것으로 어느 정도 물리적 객관성을 확보할 수 있다. 그러나 "기氣를 미루어서 리理를 헤아리고, 정情을 미루어서 성性을 헤아리고, 동動을 미루어서 정靜을 헤아리고, 자기를 미루어서 남을 헤아리고, 물物을 미루어서 일(事)을 헤아리는"[48] 등의 일은 물리적 추측과는 전혀 다른 정신적·추상적 차원의 추측이다.

인간은 같은 현상을 경험하더라도 자신의 욕구에 따라 상이한 방식으로 이해할 수밖에 없으며, 그런 점에서 현상을 있는 그대로 인식할 방법이 없다. 우리는 자신이 이해한 '기'와 '정'의 관점에서 '리'와 '성'을 인식하고, 자신이 이해한 '자기'와 '물'의 관점에서 '남'과 '일'을 헤아릴

47) 『推測錄』, 卷6, 「推測有方」; 『明南樓全集』 1, 176b, "左右前後, 推面測方, 句股三角, 推小測大, 生成收藏, 推始測終, 門庭堂室, 推淺測深."

48) 『推測錄』, 卷1, 「推測錄序」; 『明南樓全集』 1, 73c, "惟在推氣而測理, 推情而測性, 推動而測靜, 推己而測人, 推物而測事."

수밖에 없다. 추상 영역의 추측은 물리적으로 증험하고 반론할 수 있는 객관적 성질의 것이 아니다. 그것은 각기 다른 개별 경험을 지반으로 각 개인의 관점에서 '이해'하고 '상상'할 뿐이기 때문이다. 결론적으로 우리는 드러난 현상으로부터 인지적으로 같은 내용의 '리'·'성'·'정'을 추측해 낼 수 없다. 물론 전혀 공유 불가능할 만큼 열려 있는 것은 아니다. 인간의 이해와 상상은 신체적·물리적 영역에 의해 제약을 받기 때문이다. 그런 점에서 추상 영역의 추측은 물리 영역의 추측보다 공유 가능 영역이 지극히 '제한적'이다.

이런 관점에서 본다면 최한기가 제시한 보편의 운화기는 우리에게 결코 보편적일 수 없다. 그럼에도 최한기가 운화기를 보편의 영역에 설정하게 된 것은 다음의 잘못된 두 가지 전제 때문이다. 첫째는 인식의 토대가 되는 인간의 개별적 관점을 배제한 채 세계를 객관적으로 지각할 수 있다고 가정한 것이고, 둘째는 추상적 영역에 대한 추측 결과가 누구에게나 똑같다고 가정한 것이다. 이런 잘못된 전제들은 각기 다른 경험의 지반을 가진 인간이라도 노력 여하에 따라 얼마든지 같은 내용을 가진 보편의 운화기를 추측할 수 있음을 상정하게 한다.

> 나를 가지고 나를 관찰하는 것은 반관反觀이고, 물物을 가지고 물을 관찰하는 것은 무아無我이다. 나를 가지고 물을 관찰하는 것은 궁리이고, 물을 가지고 나를 관찰하는 것은 증험이며, 나는 있고 물이 없는 것은 미발未發이다. 이 다섯 가지가 갖추어지면 추측이 이루어진다.[49]

---

49) 『推測錄』, 卷6, 「觀物有五」; 『明南樓全集』 1, 179c, "以我觀我反觀也, 以物觀物無我也. 以我觀物窮理也, 以物觀我證驗也, 有我無物未發也. 五者備而推測成矣."

여기서 우리가 주목해야 할 구절은 '물을 가지고 물을 관찰하는 것'과 '나를 가지고 물을 관찰하는 것'이다. '물을 가지고 물을 관찰'한다는 것은 주관적 시각을 배제하고 세계를 객관적으로 인식할 수 있음을 전제한 것이다. "천하의 눈을 미루어 (내가) 보는 것으로 삼고 천하의 귀를 미루어 (내가) 듣는 것으로 삼는다"[50]는 것과 같은 맥락일 것이다. 하지만 최한기의 믿음과는 달리 인간은 세계를 인식할 때 객관적 지각을 경험할 수 없다. 다만, 자신만의 관점에서 천하의 눈과 천하의 귀를 해석하고, 그 관점에서 만사만물을 관찰할 수 있을 뿐이다. 각기 다른 경험적 토대를 갖는 인간은 '나를 가지고 물을 관찰'하는 데 있어서도 타인과 동일한 내용의 객관적 이치를 추측할 수 없다.

같은 맥락에서 최한기는 각기 다른 형질과 경험 영역을 가진 인간이라도 추측에 익숙해지면 일통의 준적인 보편의 운화기를 인식할 수 있다고 본다. 그의 말대로 인간은 지구, 달, 태양, 별 등의 법칙적인 자연현상은 합의 가능한 추측과 증험이 가능하다. 그러나 아무리 추측에 능하다고 해도 우리의 경험 조건으로는 나와 상관없이 무궁하게 존재하는 만사만물의 근원이자 일통의 준적이며 모든 가치판단의 준거가 되는 운화기를 결코 같은 모습으로 추측해 낼 수 없다. 우리 모두는 각기 자신의 신체적 경험을 근거로 해서 자신만의 렌즈를 통해 운화기를 이해하고 '상상'할 수밖에 없기 때문이다. 결국 우리 영역의 너머에 있는 추상의 운화기는 객관적이지도 보편적이지도 않다.

이렇게 보면 경험에 기반을 둔 추측으로 운화기를 인식할 수 있다는

50) 『推測錄』, 卷6, 「觀物有五」; 『明南樓全集』 1, 179d, "推天下之目以爲見, 推天下之耳以爲聽."

최한기의 생각은 인간의 인지적 조건이 고려되지 않은 매우 순진한 것임이 드러났다. 최한기가 그토록 강조하던 경험과 유형의 기학은 결국 신체적·물리적 영역으로부터 유리된 채 초월로 되돌아가고 만 것이다.

3. 다시 불러들인 형이상학

1) 운화기의 절대화

그토록 유형의 실제성을 강조하던 최한기의 기학은 왜 다시 '무형의 준거'라는 모습의 기를 부활시킬 수밖에 없었을까? 초월을 부정하고 경험을 강조하면서 왜 보편의 지반을 '경험'이 아닌 '초월'의 영역에서 불러들였을까? 주지하듯 최한기는 조선 최초로 태양중심설과 뉴턴의 만유인력 법칙을 받아들였던 선진사상가였고, 해부학을 근간으로 하는 서양 근대의 기계론적 신체론에도 열광했다.[51] 게다가 궁극적 원리였던 무형의 '리'를 유형한 '기'의 조리條理로 과감히 내려 앉혔고,[52] 음양오행론마저 폐기시켰다.[53] 이러한 태도는 현실적 실제성 견지를 위한 과감한 결단이었다. 최한기는 그런 과학적 지식을 자신의 기학에 포함시켰고, 그 결과 그의 '기'는 도덕이라는 제한된 의미에서 증험 가능한 만사

51) 『身機踐驗』, 「序」; 『明南樓全集』 1, 319c~d 참조

52) 『人政』, 卷12, 「理學有實據」; 『明南樓全集』 2, 217a~b, "究其心理之所由來, 言語文字, 學之於師友, 動靜周旋, 得之於交接, 實則有推於此, 而忘其所得之源, 又不準於須用之氣, 是去頭截尾也. 氣學未著之前, 惟有此理, 故人多從事氣學, 旣著之後, 理學亦有實據, 無形之理, 循運化爲有形之理" 참조

53) 『運化測驗』, 卷2, 「五行四行」; 『明南樓全集』 1, 286b~d 참조

만물의 원리로 그 함의가 확장되었다. 최한기는 이전 조선 유학이 내세운 도덕적 틀만으로 당시의 자연과학적 세계를 설명하는 데는 한계가 있음을 절감했을 것이다. 그래서 탄생한 최한기의 기학은 도덕적 함의 외에도 과학적·물리적 차원의 여러 의미들을 포함하게 되었다. 그의 이러한 시각은 도덕에 묶여 있던 전통 유학의 벽을 과감히 넘어섰다는 점에서 실제성·현실성을 확보한다.

하지만 기학에서 지구와 지리 등 도덕이 배제된 자연과학의 정밀한 이해는 운화기의 기화를 이해하기 위한 과정일 뿐이며,[54] 자연과 인간은 운화기라는 큰 틀 안에 포섭되어 '일통'이라는 목적에 귀속된다. 물론 유형과 변화를 함축한 기학은 서로 다른 자질을 갖고 태어난 인간이 상이한 환경과 문화 안에서 서로 다른 가치를 지향할 수밖에 없다는 상대적 관점을 인정하였다. 그러나 일통을 꿈꾸는 최한기에게는 현상의 다름을 통합시킬 무엇인가가 필요했고, 결국 그는 초월 영역으로부터 '운화기'를 불러왔다. 우리는 운화기의 본성 중에서 '일통의 준적'이라는 정의를 상기해 볼 필요가 있다. 최한기는 경험의 다양성을 인정하면서도, 궁극적으로 철저히 운화기로 귀결시키려는 강한 의지를 표명한다.

> 본래 운화에 맞는 일은 형세에 따라 그대로 인도하고, 운화에 맞지 않는 일은 뽑아내어 제거하며, 운화에 이로운 일은 부족한 데를 보충하고, 운화에 해로운 일은 붙어 있지 못하게 해야 하니, 모두 운화에 따라 조처할 뿐 달리 무슨 의거할 방법이 있겠는가?…… 숭상하고 귀하게 여길 만한

54) 『地球典要』, 卷1, 「論氣化」; 『明南樓全集』 3, 236d, "體驗地球, 與七曜之效, 專在於見得氣化. 若無見得於氣化道理, 所究厥象, 竟何補焉" 참조.

학문은 당시의 운화에서 기틀을 살펴 손익하는 데에 있다.[55]

최한기에게 운화기는 만사의 준적으로, 이에 합치되는 경우에만 취하고 합치되지 않으면 버려야 한다. 전혀 다른 경험 지반을 갖는 경우라도 예외일 수 없다. 운화기는 인간이라는 형질 안에 신기로 내재되면서 만물과 존재론적으로 연결되어 있으며,[56] 말이 다르고 글이 다른 타국의 사람이라 하더라도 운화와 마음의 신기, 형질이 같다고 가정되기 때문이다.[57] 결국 최한기 기학은 운화기라는 초월적 통제 장치를 설정함으로써 세상만물의 보편적 지반을 확보하고 새로운 통합의 계기를 마련했다.

이렇게 보면 최한기의 물리적 경험의 강조가 지각의 상대성을 인정하기 위한 것은 결코 아니다. 왜냐하면 일통에 대한 최한기의 열망은 다양성을 전제한 경험보다 강렬하고 견고하기 때문이다. 이러한 사유는 자연과 인간의 영역에 객관적·보편적·법칙적 기준이 존재하며, 운화기를 품부 받은 인간은 당연히 그 기준을 발견할 수 있음을 가정한다. 이제 인간의 다양한 신체적·물리적 경험은 운화기라는 준거에 의해 제약된다. 최한기 기학은 인간의 신체적·물리적 경험으로부터 탐구를 시작한다는 점에서 실질적 의의를 갖지만, 경험 세계의 다양성을 통제할

---

55) 『明南樓隨錄』; 『明南樓全集』 1, 298d~299a, “素合於運化事, 因勢利導, 不合於運化事, 鋤拔薙除, 利於運化事, 補苴罅漏, 害於運化事, 勿留接濟, 皆從運化而措處, 有何他術之可據乎?……學問之可尙可貴者, 在乎當時運化, 觀機損益.”

56) 『人政』, 卷10, 「有而無無」; 『明南樓全集』 2, 180d, “運化氣常有之中, 暫借軀殼, 以爲神氣, 及乎身歿, 還歸于運化氣” 참조.

57) 『明南樓隨錄』; 『明南樓全集』 1, 293c, “異言異文之國, 運化神氣形質, 少無差異, 而惟繙譯文字, 形象有異” 참조.

지반을 정신적·추상적 영역에서 찾는다는 점에서 현실적 설득력을 잃는다. 결국 기학의 중심은 '경험'에서 '초월'로, '유형'에서 '무형'으로 되돌아 간 셈이다.

최한기는 기학을 '천하 공통의 학문'으로 규정한 뒤, "운화기를 깨달으면 허무가 실實이 되고 신천神天이 신기가 되며 만사만물이 진정한 모습을 드러내고 만화만변萬化萬變이 참되고 바른 곳으로 모여들어, 사교四敎가 모두 일통의 운화에서 융화될 것"[58]이라고 자부한다. 그는 오직 운화기의 관점에서 자신과 타인, 외적 세계를 인식하는 것만이 인간의 편견과 편향을 넘어설 수 있는 객관적 인식 방법이라고 생각했다. 그러나 그것은 최한기만의 착각으로, 운화기는 우리에게 공공성이 지극히 낮은 상상의 결과물일 뿐이다. 오히려 그것은 인간의 신체적·물리적 경험을 왜곡하거나 억압함으로써 편견과 편향의 객관주의적 위험을 안게 되었다. 최한기는 보편적 원리인 운화기를 기준으로 삼아서 우리의 삶에서 '좋은 것'을 부각시키고 그 외의 것들을 '나쁜 것'이라고 과감히 명명하고 있기 때문이다.[59]

> 대개 사람은 운화기를 품부 받은 것으로 명命을 삼고 생生을 삼으니, 운화에 승순하는 것이 바로 '선'이고 '현賢'이며, 운화에 거스르는 것(違逆)이 바로 '악'이고 '우愚'이다.[60]

---

58) 『人政』, 卷8, 「諸敎」; 『明南樓全集』 2, 147b, "旣有得於運化之氣, 虛無爲實有, 神天爲神氣, 萬事萬物, 開眞正面目, 萬化萬變, 有誠正湊泊, 四敎皆和融於一統運化之中."

59) 『明南樓隨錄』(『明南樓全集』 1) 참조.

60) 『人政』, 卷21, 「辨善惡有準」; 『明南樓全集』 2, 413a, "蓋人有所稟於運化氣, 以爲命以爲生, 則承順運化, 是善是賢, 違逆運化, 爲惡爲愚."

최한기에게 선/악, 현/우는 결국 운화기에의 승순과 거슬림의 여부에서 나뉜다. 운화기의 지식만이 '참된 것', '합리적인 것'이며, 그것을 모르면 하등인간이다.[61] 기학에서 '좋은 것'의 강조는 운화기에 배타적 우선성을 부여함으로써 좋음/나쁨, 선/악, 현/우를 선택적으로 가른다. 운화기는 경험 영역의 보편적 지반이 아니라, 우리의 경험 영역에서 결코 발견될 수 없는 '정신활동의 산물'일 뿐이다. 언뜻 보면 기학의 경험적 인식 강조는 가치의 상대주의에 관대한 듯 보이지만, 경험의 다양성은 결국 초월의 운화기에 묶이게 되었다.

운화기를 절대적 표준으로 상정한 최한기의 기본 의도는 '통합'이었지만 그 표준이 갖는 권위는 자기 방식 외의 다른 것들에 대한 강력한 배타적 폭력성을 내재할 수밖에 없으며, 그것이 내포하는 위험은 '강력한 객관주의'이다. 결과적으로는 최한기는 운화기로의 통합이 인간의 다양한 경험들을 '부적절한 것'으로 은폐시키는 결과를 낳을 수밖에 없다는 점을 간과했다. 인간의 주관적 감정, 개인적 사유의 확장이나 추측 등이 우리의 경험 중 가장 긴밀한 영역에 속한다는 점을 감안한다면, 그런 점에서 기학은 가장 '비인간적'일 수 있다. 운화기의 권능은 성리학에서 '리'가 갖는 배타적 능력 이상으로 강력하며, 그런 점에서 기학의 기본 가정은 최한기가 그토록 벗어나고자 했던 초월의 철학 안에 그대로 머물게 되었다. 이 지점에 오면 최한기의 기학은 더 이상 경험적이지도, 유형적이지

61) 『人政』, 卷10, 「不知運化」; 『明南樓全集』 2, 184b, "天地生成人物, 只是氣也, 動靜呼吸, 飮食作用, 無非氣也. 知之是氣, 不知亦氣也. 顧此易知之物, 緣於不知, 孤負天地運化付與神氣之至寶, 而甘心輕棄於塵泥, 孤負父母養成軒昂之丈夫, 而甘心同朽於草木, 孤負聖賢開導後生之經傳, 而甘心頹惰於暴棄, 孤負士農工商相濟同樂之素願, 而甘心無恥之頑嚚. 乃以下愚自處, 徒積罪過" 참조.

도 않다. 그것은 '또 다른 초월'에 묶인 '무형의 철학'이다.

기학에 내재한 이러한 권위는 인간의 물리적 삶에 혼란을 줄 수밖에 없다. 이러한 한계에 부딪히게 된 핵심적 이유는 '경험 영역으로의 수렴'이 아니라 '초월 영역으로의 수렴'을 시도했기 때문이다. 신체적·물리적 층위의 수렴은 유한한 인간의 조건에서 공유 가능 영역을 확보할 수 있다는 점에서 실질적·현실적인 제안이 가능하다. 반면 공공 지반이 약한 정신적·추상적 층위의 수렴은 인간의 경험을 선택적으로 강조하고 나머지는 억제하거나 제거하려는 위험성을 내재한다. 결국 그의 운화기로의 통합 시도는 경험 영역으로부터 유리된 작업이라는 점에서 기학의 위상을 성공적으로 확보하지 못한 결정적 계기가 되었다.

2) 일통의 준거, 운화기

최한기 기학에서 과학적 사유는 검증 가능한 원리를 제공한다는 점에서 유형의 체계를 구축하는 데 핵심적 역할을 담당했다. 그러나 최한기는 하나의 틀로 세상을 통합시키려는 열망이 강했고, 그래서 그는 언제 어디서든 누구에게나 적용 가능한 일통의 원리로서 운화기를 초월로부터 불러들였다. 그렇다면 운화기의 보편은 인간의 현실에 무엇일 수 있는가?

최한기는 백성을 일통시켜 치평治平을 도모하는 것에 중점을 둔다. 그의 기학에서 개인은 사회에 의해 통제되고, 사회는 운화기에 의해 통제된다. "일신운화一身運化가 통민운화統民運化를 기준으로 삼으면 진퇴할 것이 있고, 대기운화大氣運化가 통민운화에 이르러 미친다면 어긋나거나 넘치는 일이 없을 것"[62]이라는 최한기의 언술은 기학이 치도治道를 위해 구축된 것임을 잘 드러내 준다. 그 중 "통민운화는 기학의 중심축"[63]이다. 그는 정치와 교육의 핵심을 통민운화에 둔 것이다.[64] 결국 최한기에게 운화기라는 준적이 필요한 이유는 치평의 실현을 위해서이다. 최한기가 『인정』에서 밝히고 있는 공론公論정치,[65] 특히 민의民意의 반영에 대한 언급들은 치평의 주체가 백성임을 강조하고 있다.

> 공론이란 곧 나라 사람들이 함께 추구하는 논의이니, 공론이 아니라면 어떻게 나라 사람들의 마음을 하나로 모으겠는가? 나라 사람들이 원하는 것이면 반드시 따라야 하지만, 원치 않는 것이라도 따라 준다면…… 비록 다스려지지 말라고 한들 어찌 다스려지지 않겠는가?[66]

최한기는 나라 사람들이 '원하는 것'을 반드시 따라 주어야 하며, 설령 그것이 '원하지 않는 것'이라 해도 따라 주어야 한다고 본다. 이는 백성의 마음을 하나로 모으는 계기가 될 수 있다. 정치의 잘잘못은 백성의 뜻에 의해 결정되는 것이지 '그 자체로' 결정되어 있는 것이 아니다. 위정자가 스스로 잘했다 해도 백성이 모두 잘못했다고 하면 스스로 잘했다고 하는 것이 쓸데없어지고, 스스로 잘못했다고 해도 백성들이 모

---

62) 『氣學』, 卷2; 『明南樓全集』 1, 244b, "一身運化準於統民運化, 有所進退, 大氣運化達於統民運化, 無所違越."

63) 『氣學』, 卷2; 『明南樓全集』 1, 244b, "統民運化, 爲氣學之樞紐."

64) 『氣學』, 卷2; 『明南樓全集』 1, 244b, "政敎要略, 在於統民運化" 참조

65) 최한기의 공론 정치에 대한 자세한 견해는 『人政』, 卷16, 「國心選人」; 『明南樓全集』 2, 299c~d를 참조할 것.

66) 『人政』, 卷16, 「國心選人」; 『明南樓全集』 2, 299c, "公論, 乃國人共推之論, 非公論, 何以會合國人之心也? 國人之所願, 必從, 所不願亦從……雖欲不治得乎?"

두 잘했다고 하면 실제 잘못한 것이 아니다.[67] 이렇듯 민의에 대한 최한기의 언설들은 대단히 민주적으로 보인다.

그러나 최한기의 민의에 대한 생각이 끝없이 열려 있지만은 않다. 민의를 반영한 공론은 운화를 승순하는 범위 내에서만 개진될 수 있기 때문이다. 그는 "미진한 점이 있어 시비가 반반이면 마땅히 운화를 따라서 결정해야지, 사람 수의 많고 적음이나 등급의 높고 낮음에 따라서 그 좋고 나쁨을 결정해서는 안 된다"[68]라고 말한다. 이는 최한기 통치학의 한계 즉 그것이 운화기라는 '닫힌 체계'에 제약될 수밖에 없음을 잘 보여 주고 있다. 최한기의 저작에 보이는 측인測人과 선인選人, 용인用人에 대한 상당한 수의 제안들은 운화기를 깨달아야 한다는 전제를 가정함으로써 저 강렬한 보편에의 지향을 내포한다. 결국 민의의 수용은 만인의 정치를 지향한다기보다 운화기의 보편 아래 통제되고 있는 것이다. 그가 말하는 공공성은 대중의 공리가 아니며, 정치나 만백성의 평안은 운화기라는 준적에 의해 제약된다.

> 만백성을 내 몸처럼 여기는 덕은 오로지 운화를 깨닫는 것에 달려 있을 뿐이다…… 온 세상을 내 몸처럼 여기려면 대기운화를 알아야 하고, 만백성을 내 몸처럼 여기려면 통민운화를 알아야 한다.[69]

---

67) 『人政』, 卷22, 「善不善從民而定」; 『明南樓全集』 2, 452d, "用人之善不善, 聽於民, 自有不可掩. 自許善者, 民皆謂不善, 無用其自善矣, 自許不善者, 民皆謂之善, 實非不善也. 是以善不善, 從民而定, 不在我之自定" 참조.

68) 『人政』, 卷22, 「善不善從民而定」; 『明南樓全集』 2, 452d, "有所未盡而是非參半, 當順運化而就質, 不可從人數多寡等級尊卑而定善不善."

69) 『人政』, 卷14, 「運化一體」; 『明南樓全集』 2, 259b. "萬姓一體之德, 專在於運化之得.……蓋四海一體, 得之于大氣運化, 億兆一體, 得之于統民運化."

통민운화를 강조하는 기학이 은폐하는 것은 개인의 사적 욕구이다. 개인의 사적 욕구는 비합리적이며 불공정한 감정으로, 국가의 통합을 위해 철저히 억제되어야 할 대상이다. 운화기에 승순하는 것이 아닌 한, 개인에게 아무리 중요하고 의미 있는 것이라도 모두 주관적 편향이라는 이름으로 제거되어야 할 '나쁨, 그름, 악'으로 규정되는 것이다. 최한기는 "고르지 못한 사사로움을 통합의 도로써 절제하고 각각으로 좇아가는 욕심을 통합의 의義로써 재단하고 통제하여, 각기 그 사욕을 안정시킴으로써 정교의 공정하고 밝은 것을 이룬다면 크고 작은 것에 통용될 수 있을 것"[70]이라고 본다. 이렇게 보면 최한기의 기학에서 개인의 행위는 사회에 의해 철저히 제약받는다. 기존 유학이 강조하던 '도덕의 보편'이 '통합의 보편'으로 확장된 것이다.

이렇듯 기학은 몸의 지각 경험을 우리의 영역으로 복권시켰지만, 또 다시 상상된 보편 즉 운화기의 이상을 우리에게 강요함으로써 그토록 거부하려던 초월의 철학으로 회귀했다. 최한기에게 경험의 다양성은 인간의 조건을 고려하는 쪽의 공존의 형식이 아니라, 상상된 보편의 운화에 의해 배타적 형식으로 통일된다. 최한기는 초월 영역에서 보편의 운화기를 불러옴으로써 결과적으로 자신의 의도와는 반대로 공유 가능성을 배제시키고 세계의 보편 학문을 구축하려 했다. 현상 영역과 추상 영역 모두를 통제하는 운화기로 당시의 문제를 해결하려던 최한기의 거창한 기획은 무늬만 달라진 무형의 옷을 걸친 채 형이상의 철학 쪽에 서게 된 셈이다. 최한기의 기학은 경험 쪽이 아니라 초월 쪽에 보편의

---

70) 『氣學』, 卷2; 『明南樓全集』 1, 244c, "不齊之私, 以統合之道節制焉, 各遂之欲, 以統合之義裁御焉. 俾各安其私欲, 成政敎之公明, 可通用於大小矣."

영역을 설정함으로써 무형의 사유체계가 극복하지 못한 객관주의라는 덫에서 자유로울 수 없게 되었다.

이러한 난점에도 불구하고, 최한기의 기학은 과학의 실증성을 토대로 경험에서부터 추상 영역으로 추측해 가는 '상향적 접근'의 시각을 제시함으로써 이전 초월적 학문의 '하향적 접근'의 시각으로부터 전환을 시도했다는 점에서 철학의 역사를 바꿀 만한 중요한 자연주의적 진화를 거두었다고 평가할 수 있을 것이다. 또한 유학적 논의의 핵이었던 '도덕'의 문제로부터 '자연의 원리'로까지 논의를 확장하고 있다는 점에서 실제적 의의를 갖는다. 최한기에게 도덕은 유일한 학문도 최고의 가치도 아니었다. 최한기는 당시에 필요한 것들을 모두 기학에 포섭하려 했고, 물리적 자연을 통제할 과학적 지식, 인간 삶의 다양성을 통합시킬 보편의 원리를 가정했다. 이 모든 것들은 일통의 준거인 운화기에 귀속된다. 이런 점에서 최한기의 기학은 '통일의 철학', '객관의 철학'으로 규정될 수 있을 것이다.

4. 맺는 말

이 글에서는 최한기의 기학이 부분적으로 자연주의적이지만 결국은 오히려 초월적이며, 나아가 기존의 성리학적 사조보다 더 객관주의적 요소가 짙다는 것을 보이고자 했다.

최한기는 성리학과 심학의 사변적 탐구방법 및 무위와 무물을 종지로 삼는 도가와 불가의 '무형' 학문의 비현실성을 비판하면서 과학의 객관성과 실증성을 담보한 '유형'의 기학을 제안했다. 그의 기학은 과학적 신뢰를 바탕으로 물리적·실증적 방식의 탐구를 적극 도입, 도덕적 사유에 묶여 있던 리학·심학적 시각을 확장했다. 또한 그의 탐구는 경험 영역으로부터 추상 영역으로 추측해 가는 상향 방식의 시각을 제안함으로써, 초월의 원리를 통해 경험 영역의 문제를 통제하려는 하향 방식의 시각을 넘어서려 한다는 점에서 경험주의적 특징을 갖는다. 이처럼 기학은 유형의 관점에서 무형의 영역을 추측해 가는 과정을 보임으로써 유한한 인간의 인지적 조건을 설명하는 데 중요한 시각을 제시했다.

하지만 기학은 초월의 영역으로부터 운화기를 불러들여 '보편'이라는 이름을 부여하고, 운화기를 승순하지 않는 삶의 다양한 부분을 '나쁜 것'으로 명명했다. 다양한 경험 영역에 대한 초월적 보편이 의미하는 것은 인간의 개별성, 상대성, 비법칙성에 대한 배타적 억압이다. 추상적 사유가 물리의 영역으로부터 인지적으로 확장된 상상의 결과물이라는 점을 상기한다면, 인간의 공유 가능 영역은 오히려 정신적·추상적 영역이 아니라 신체적·물리적 영역이 될 것이다. 이런 관점에서 본다면 최한기가 불러들인 저 운화기는 '상상된 보편'일 뿐이다.

이상의 탐구 결과 도출되는 결론은 다음 두 가지이다. 첫째, 최한기의 기학은 탐구의 시작점으로 경험을 요청했지만, 상상된 보편인 운화기를 그 위에 설정함으로써 인간의 개별성, 상대성을 억압하고 통제했다. 그것은 인간 경험의 다양성을 고려하는 공존의 방식이 아니라 보편의 운화에 의한 배타적 통일을 의미하게 되었고, 그것이 함축하는 것은 '강력한 객관주의'이다. 둘째, 결국 최한기는 기학의 중심축을 경험이 아닌 초월 쪽에 둠으로써 리학·심학 등과 같은 사변적 학문이 극복하지 못했던 현실적 문제들을 그대로 떠안게 되었다.

'유형'의 철학을 구축하려던 최한기의 거창한 기획은 더욱 완고한 모습의 '무형'의 철학으로 되돌아갔다. 이제 우리는 이러한 모습의 최한기 기학을 '통일의 철학', '객관의 철학'으로 부를 수 있을 것이다. 그리고 이러한 주장은 우리가 여전히 기학을 기존의 평가들처럼 '경험주의', '실학과 개화사상의 가교', '성리학과 구분되는 실학적 관점의 기론', '독창적이고 획기적인 새로운 학문체계', '과격한 실용주의'로 부를 수 있을 것인지에 대한 문제 제기와 함께 새로운 해석의 방식을 열어 줄 수 있을 것이다.

제6장 최한기 기학의 은유적 해명

최한기는 자신의 기학을 하나의 과학적 탐구로 인식한다. 그는 경험적 관찰에 토대를 두고 '사물들이 왜 현재와 같은 방식으로 존재하는지'에 대한 존재론적 물음과 '인간이 마땅히 따라야 할 준칙은 무엇인지'에 대한 가치론적 물음에 답하려고 했다. 최한기는 '하향적 접근'을 시도했던 초월과 무형의 학문들을 강하게 비판하고 경험 영역으로부터 추상 영역으로 확장해 가는 '상향적 접근'의 시각을 제안함으로써 경험적 학문으로의 전환을 이루었다. 이는 조선유학사를 뒤흔들 만한 중요한 이론적 진화를 보여 준 획기적 기획이었으며, 인간의 인지적 조건을 반성적으로 되돌아보게 해 준 중요한 계기였다. 이러한 학문적 진화는 최한기의 기학이 여러 관점으로 읽힐 수 있는 가능성을 열어 준다.[1)]

---

1) 사상사적으로 '실학과 개화사상의 가교'로 평가되는 최한기 기학에 대한 철학적 접근은 대략 4가지로 정리된다. ① 기학의 경험적 측면에 중점을 둔 연구이다. 최한기 철학의 초기 연구자인 정성철은 유형성에 주목, 기학을 '유물론적 유기론'으로 규정한다. 박종홍은 인식론의 관점에서 '경험주의'로 규정, 기학의 근대적 특성을 부각시킨다. 김용헌은 자연학으로서 '탈주자학적 특성의 기론'으로 특징짓는다. 김숙경은 기학이 '경험할 수 없는 것'을 거부하고 '경험할 수 있는 것'에 관심과 지향이 집중되어 있다고 본다. 이러한 시각들은 운화기의 존재론적 위상에 대한 성찰과 그것이 어떻게 경험적 측면과 융합될 수 있는지에 대한 해명에 한계를 갖는다. ② 기학의 이중적 구도에 주목한 최진덕의 연구는 동서 철학의 엇갈림의 소재를 파악하는 데 유효한 시각을 제공한다. 최진덕은 기학이 봉합될 수 없는 이중적 구도, 즉 유기체론적 세계관을 의미하는 '낡은 것'과 형이상학적 초월이 배제된 기계론적 세계관을 의미하는 '새로운 것'의 부조화를 안고 있다고 평가한다. ③ 기학의 독창성에 주목한

이 장의 주된 목적은, 운화기運化氣를 준적으로 삼아 일통一統의 객관주의2)를 실현하려는 최한기의 기학은 '통섭'(Consilience)이라는 상위 은유를 중심으로 여러 통속 이론과 은유들이 결합된 사유의 산물임을 보이는 것이다. 이러한 목적을 달성하기 위해 필자가 의존하고 있는 체험주

연구들이 있다. 금장태는 기학이 고유한 '기' 개념을 통해 독자적인 철학체계를 형성했으며 고도의 통일성과 독창성을 지녔다고 평가한다. 손병욱은 동양적인 일원론의 바탕 위에서 서구과학을 수용하고 결합시킴으로써 독창성을 발휘, 새로운 가능성을 제시했다고 평가한다. 채석용은 최한기의 철학적 구상이 그 외형만 종래의 성리학적 구상과 같을 뿐, 새로운 전략과 구상을 가지고 시도된 것이라고 해석한다. ④ 기학을 동서 사상의 융합, 절충, 변용, 상호적 포괄 등으로 이해한 연구들이다. 박성래, 허남진, 신원봉은 '東道西器論'으로, 박희병은 동서의 상호주체성을 인정하는 측면이 강조된 '東西道器取捨論'으로, 이현구, 임형택은 '유학과 서양학의 결합'으로 본다. 김문용은 '유기체론과 기계론이 결합된 자연학'으로 평가하고, 한형조는 동서고금의 모든 자원을 같은 층위에 놓고 취할 것은 취하고 버릴 것은 버리는 '철두철미의 실용주의'로 규정한다. 이지는 고대 유가의 실용주의적 정신을 근간으로 성리학의 형이상학적 구도와 서구의 자연과학적 성과를 접목, '기학적 실용주의'를 이루었다고 평가한다. 이러한 시각들은 동서사상이 어떻게 상호 유기적 통합을 이룰 수 있는지에 대한 경험적 통찰에 한계를 갖는다. 금장태, 「기철학의 전통과 최한기의 철학적 특성」, 『혜강 최한기』(김용헌 편저); 김문용, 「최한기 자연학의 성격과 지향」, 『민족문화연구』 59(2013); 김숙경, 「혜강 최한기의 기학에 나타난 서학 수용과 변용에 관한 연구」(성균관대학교 대학원 박사학위논문, 2013); 김용헌, 「주자학적 학문관의 해체와 실학: 최한기의 탈주자학적 학문관을 중심으로」, 『혜강 최한기』(김용헌 편저); 박성래, 「한국 근세의 서구과학 수용」, 『동방학지』 20(1978); 박종홍, 「최한기의 과학적 철학사상」, 『한국사상논문선집』 173; 박희병, 『운화의 근대』; 성호준 · 이행훈, 「기철학과 경험철학의 거장 – 혜강 최한기」, 『한국실학사상사』(한국실학사상사 편저, 다운샘, 2000); 손병욱, 「혜강 최한기 철학의 기학적 해명」, 『혜강 최한기』(김용헌 편저); 신원봉, 「혜강의 기화적 세계관과 그 윤리적 함의」(1993); 이우성, 「해제」, 『明南樓全集』; 이지, 「최한기의 기학: 유가 형이상학의 실용론」(이화여자대학교 대학원 박사학위논문, 2012); 이현구, 『최한기 기철학과 서양 과학』(성균관대학교 출판부, 2000); 임형택, 『문명의식과 실학–한국 지성사를 읽다』(돌베개, 2009); 정성철, 「최한기의 唯氣論」, 『조선철학사연구』; 채석용, 「최한기 사회철학의 이론적 토대와 형성과정」; 최진덕, 「혜강 기학의 이중성에 대한 비판적 성찰」, 『혜강 최한기』(한형조 편저); 한형조, 「혜강의 기학: 선험에서 경험으로」, 『혜강 최한기』(한형조 편저); 허남진, 「혜강 과학사상의 철학적 기초」, 『혜강 최한기』(김용헌 편저).

2) 최한기의 기학은 모든 존재와 가치를 평가할 준거로 운화기를 설정하고, 승순하는 것을 선, 그렇지 않으면 악으로 규정한다는 점에서 객관주의적이다.

의(experientialism)의 관점은 은유(metaphor)가 경험적 차원에서 최한기 기학의 형성 과정, 그리고 그 본성과 합리적 구조에 핵심적인 역할을 하고 있다는 것을 선명히 보여 준다.[3)]

기학의 상층부에 위치한 '운화기'는 '통섭' 은유를 이끄는 핵심적 실체로서 모든 인과적 근원들의 근원으로 상정되며, 그런 점에서 그것은 본질의 본질이다. 그것은 모든 사물을 구성하는 '질료인'(material cause)인 동시에 만물 변화의 일차적 근원인 '작용인'(efficient cause)이며, 나아가 인간의 선 실현을 위한 '목적인'(final cause)이다. 최한기에게 운화기는 신체적·물리적 경험을 근거로 추측推測된 유형의 것이라고 간주된다. 하지만 체험주의적 분석이 옳은 것이라면, 운화기는 인간의 인지적 조건으로 경험할 수 있는 보편적 층위의 것이 아니라 은유적으로 확장된 사유의 산물임을 지적할 수 있을 것이다. 우리의 인식은 신체적·물리적 층위에서는 주목할 만한 공통성을 갖지만, 점차 정신적·추상적 층위로 확장되면 공유되기 어려울 만큼 변이의 정도가 커지기 때문이다. 이 점에서 운화기는 본성상 절대적 객관성이 아니라, 오류 가능성을 내재하고 있는 상상력의 산물인 것이다. 기학에서는 운화기에 승순承順하지 않으면 과감히 '악'으로 간주되는데, 이는 운화기라는 '상상된 보편'을 중심으로 최한기가 시도한 단일한 관점의 수립과 일통의 꿈이 가져오는 결정적 위험성이다.

최한기는 ① 은유적으로 확장된 개념에는 '절대성이란 있을 수 없음'

---

3) 마크 존슨, 『마음 속의 몸: 의미, 상상력, 이성의 신체적 근거』 및 『도덕적 상상력: 체험주의 윤리학의 새로운 도전』, 그리고 『몸의 의미』; 레이코프 & 존슨, 『몸의 철학: 신체화된 마음의 서구 사상에 대한 도전』 및 『삶으로서의 은유』 수정판 참조.

을, 그리고 ② 유기체의 활동에는 법칙지배적 영역만 있는 것이 아니라 비법칙지배적 영역도 공존한다는 것을 간과한 것으로 보인다. 이로 인해 기학은 ① 상상된 운화기를 존재와 가치의 보편적 준거로 설정하여 '일통'을 꿈꿈으로써 ② 존재론적 차원의 필연적 법칙으로부터 무리하게 가치론적 차원의 당위적 규범을 도출해 내었고, 그 결과 인간 삶의 비법칙적 영역까지 억압할 수 있는 위험성을 함축하게 되었다. 결국 성리학적 초월에서 벗어나려고 했던 최한기는 자신의 기학을 또 다른 모습의 초월 이론의 모습으로 되돌려 놓고 말았다.

일통의 기학을 구축한 최한기의 인식적 구도에는 다음과 같은 통속 이론들과 은유들이 결합되어 있다. 그의 기학에는 '통섭'이라는 상위 은유를 중심으로 '세계 인식 가능성'(Intelligibility of the World), '존재의 이해 가능성'(Intelligibility of Being), '일반 종'(General Kinds), '본질'(Essence), '최고 범주'(All-Inclusive Category) 등의 다섯 가지 주된 통속 이론들[4]과, '기는 유형유적有形有跡의 물질', '존재는 기氣의 수數', '본질은 물질', '운화기는 모든 존재의 본질', '본질은 변화의 패턴', '관념은 본질', '본질은 지각 가능한 것', '아는 것은 보는 것', '자연적 질서는 도덕적 질서', '도덕적 한계'

4) 통속 이론은 어떤 문화의 공유된 상식을 형성하는 모형으로, 이러한 모형의 형성에는 적절한 이유들이 있다. 대부분의 경우 통속 이론은 일상적인 목적을 충족시키는 데 적절히 작용한다. 어떤 통속 이론들은 명시적이며, 매우 광범위하게 의식적인 공적 지식의 문제로 간주되기도 한다. 철학자들은 존재와 지식, 마음, 도덕성에 관한 이론을 구성할 때 자신들의 문화 안에서 보통사람들과 공유하는 동일한 개념적 원천과 기본적 개념체계를 사용하는데, 그 토대가 되는 것이 바로 통속 이론이다. '세계 인식 가능성', '존재의 이해 가능성', '일반 종', '본질', '최고 범주' 등의 통속 이론들은 서양철학에서 전형적으로 드러나는 것들로, 철학 내부에서 배경적 가정으로 간주되어 무의식적이고 자동적으로 결론을 끌어내는 데 사용된다. 레이코프 & 존슨, 『몸의 철학』, 498쪽 및 517쪽 참조

등의 은유 다발이 결합되어 있다. 특히 '세계 인식 가능성' 통속 이론과 '존재는 기의 수', '기는 유형유적의 물질', '본질은 물질', '본질은 변화의 패턴' 등의 독창적 은유는 경험적 인식의 차원에서 기학의 형이상학을 다른 형이상학과 구별되게 하는 차별적 특징을 부여한다.

최한기 기학의 은유적 해명은 인간 경험의 신체적·물리적 층위와 정신적·초월적 층위 간의 구별되는 공유 가능성의 정도를 되묻는다. 정신적·추상적 층위의 경험이 우리 경험의 중요한 한 일면이지만, '일통'의 객관주의를 실현하기 위해서는 공유 지반이 큰 신체적·물리적 층위에 '통섭'의 지반을 마련하는 것이 객관주의의 근원적 위험성으로부터 벗어나는 길이다. 이러한 논의의 결론은 '경험적으로 책임 있는 철학'을 위해 상상된 보편들에 대한 반성적 시각을 제안한다.

1. 경험적 학문으로의 전환

최한기는 세계에 대한 서양의 과학적 탐구를 과감히 받아들임으로써 이전의 학문들과 전혀 다른 면모를 가진 기학을 구축한다. 그는 과학적 지식에 무한한 신뢰를 가졌고, 그것을 기학에 적극적으로 도입했다. 최한기는 태양중심설, 뉴턴의 물리학, 미적분, 기계론적 신체관 등의 자연과학적 지식을 기학에 반영하려 했다. 최한기에 따르면, 당시까지 진리의 준거로 여겨져 왔던 성인의 경전(聖經)은 단지 오류 가능성을 배제할 수 없는 객관세계에 대한 궁리의 결과물일 뿐이며, 정작 우리가 관심을 기울여야 할 대상은 자연의 경전(天經)이다.[5] 최한기의 학문적 중심이

'경전'에서 '자연과학'으로 전환된 것이다.

> 내가 힘입어 생육되고 의뢰하는 바는 지금의 것에 있지 옛것에 있는 것이 아니며, 내가 반드시 써야 할 바와 준행할 바 또한 지금의 것에 있지 옛것에 있는 것이 아니니, 차라리 옛것을 버릴지언정 지금의 것을 버릴 수는 없다.[6)]

최한기의 자연과학적 접근은 증험될 수 없는 형이상학과 무형의 학문에 대한 탐구의 거부를 의미한다. 그의 주된 표적은 성리학과 양명학, 그리고 노·불이다. 물리학·천문학 등의 자연과학을 신뢰하는 최한기의 관점에서 보면, 평생 이욕利欲을 없애기 위해 마음공부에 매달려 하루아침에 관통하기를 바라는 성리학은 선가禪家의 돈오설에 가까운 것이었다.[7)] 또 모든 이치가 마음에 담겨져 있음(心卽理)을 강조하는 양명학은 없는 것을 있다고 하고 있는 것을 없다고 하여 마침내 허虛로 돌아가고 마는 폐단이 있었다.[8)] 최한기는 당시까지 논의된 모든 리는 상대성을 배제할 수 없는 추측의 리(推測之理)일 뿐이라고 강조한다.[9)]

---

5) 『推測錄』, 卷6, 「聖經本於天經」; 『明南樓全集』 1, 158d~159a, "及其須用, 所値之天經物理, 先爲可察之機, 經文援引, 惟是證據之義, 而經義與事理不合處, 乃經義之有闕也, 豈可泥事理而無區劃哉? 惟此無言之經, 無事不備, 無物不具, 以歲代爲卷帙, 以聲色爲文理, 日夜之所常讀, 動靜之所玩閱, 前後參互, 自足援證" 참조.

6) 『人政』, 卷11, 「古今通不通」; 『明南樓全集』 2, 200c, "我之所資育所依賴, 在今不在古, 所須用所遵行, 在今不在古, 寧可捨古, 而不可捨今."

7) 『推測錄』, 卷1, 「開發蔽塞」; 『明南樓全集』 1, 80c, "若謂以利欲所蔽, 未顯我心素具之理, 平生用力, 要除利欲, 冀得一朝豁然貫通, 殆近於禪家頓悟之說也" 참조.

8) 『推測錄』, 卷1, 「不可以知自許」; 『明南樓全集』 1, 88c, "或以心之靈明爲知, 而至有萬理具焉, 能盡其心, 庶無不知之論, 所云: '知之, 自有一定準的, 但爲氣質所蔽而有所未盡'.……具理之論, 以無謂有, 以有謂無, 終歸于虛, 自許之知, 欲實其言" 참조.

9) 『推測錄』, 卷2, 「推測以流行理爲準」; 『明南樓全集』 1, 112b, "若夫推測之理, 自有生熟得失

리를 주장하는 사람들은 추측의 심리心理를 유행의 천리天理에 뒤섞어서, 혹 유행의 천리를 추측의 심리로 인식하기도 하고 혹 추측의 심리를 유행의 천리와 동일시하기도 한다.[10)]

최한기에게 추측의 리는 사유의 산물이라는 점에서 객관세계의 필연적 법칙을 의미하는 유행의 리(流行之理)와는 층위가 다른 것이다. 당연히 최한기는 리의 선험성에도 부정적 태도를 보인다. 그에 따르면, 인간의 마음은 아무 색이 없는 순수한 우물물과 같아서 어떤 선험의 리도 내재되어 있지 않다. 다만, 색을 첨가함에 따라 물이 색을 받아들이는 것처럼 인간의 마음도 경험이 거듭 쌓여 감에 따라 추측이 저절로 생겨나는 것이다.[11)] 양지와 양능 역시 선험적인 것이 아니라 견문을 통해 경험적으로 얻어진 것일 뿐이다.[12)] 최한기는 인간이 인정人情과 물리物理를 얻으려면 감각지각의 물리적 경험을 통할 수밖에 없다고 주장한다.[13)] 이러한 그의 인식이 의미하는 것은, 리가 그 어떤 존재의 원리도 당위의

之分, 可以裁制變通, 理學之理, 太極之理, 凡載籍之論理者, 儘是推測之理也. 推測之理, 以流行之理爲準的, 流行之理, 以氣質爲分別" 참조.

10) 『推測錄』, 卷2, 「主理主氣」; 『明南樓全集』 1, 114b, "主理者, 以推測之理, 渾雜於流行之理, 或以流行之天理, 認作推測之心理, 或以推測之心理, 視同流行天理."

11) 『推測錄』, 卷1, 「本體純澹」; 『明南樓全集』 1, 81d~82a, "心之本體, 譬如純澹之井泉. 就井泉而先添青色, 次添紅色, 次添黃色, 稍俟而觀之, 青色泯滅, 紅色漸迷, 黃色尙存, 所存黃色, 亦非久泯滅……以其能俟靜還得本色, 故容受衆色而辨其采, 收藏衆色而泯其痕, 至於混濁井泉, 諸色之和必混, 分辨亦濁, 及其須靜還本則同也, 然則純澹者井泉之本色也, 添色者井泉之經驗也, 添色雖泯, 純澹之中, 經驗自在, 至于積累, 推測自生" 참조.

12) 『推測錄』, 卷1, 「愛敬出於推測」; 『明南樓全集』 1, 88a~b, "所謂愛敬出於良知良能者, 特擧其染習以後而言也, 非謂染習以前之事也. 若謂愛敬之理素具於心, 爲氣質所蔽, 不能呈露, 則習染之前, 愛敬素具, 無所指的, 只將習染後推測, 溯究習染前氣像, 有何痕蹟之可論?" 참조.

13) 『神氣通』, 卷1, 「收得發用有源委」; 『明南樓全集』 1, 24b, "有能不由諸竅諸觸, 而通達人情物理者乎? 又有能不由諸竅諸觸, 而收聚人情物理, 習染於神氣者乎? 又有能不由諸竅諸觸, 而接濟酬應於人物者乎?" 참조.

법칙도 될 수 없다는 사실이다. 따라서 공부하는 사람이라면 당연히 인심의 추측지리에 천착할 것이 아니라 자연의 유행지리 즉 자연의 법칙을 탐구의 준거로 삼아야 하는 것이다. 최한기는 노·불의 학문에 대해서도 공적空寂과 허무虛無의 성격을 갖는다고 평가한다. 그는 "저 노자의 학문은 무위無爲를 종지宗旨로 삼고, 선가의 학문은 한층 더하여 무물無物을 종지를 삼는다"[14]라고 비판한다.

> 노자가 무無를 말하고 불씨가 공空을 말한 것은, 대개 형질이 없고 막힘이 없는 것만 알 뿐 우주에 충만하여 만물을 재화裁和하는 것이 진실로 유有 때문임을 알지 못한 것이다.[15]

최한기가 보기에 초월과 선험을 가정하는 성리학과 양명학, 공空과 무無를 종지로 삼는 노·불의 학문은 경험세계에 대한 객관적 증거와 실험에 의한 증명을 확보하고 있지 못한 궁리의 산물일 뿐이다. 이처럼 최한기는 관념적인 무형·무위의 모든 학문을 철저히 거부하고 경험적·과학적 접근방법을 기학에 도입, 이론화하려 한다.

최한기는 자신이 구축한 '기학'이 증험 가능한 것이라고 자신 있게 말한다. 그의 '기'는 이전의 기철학에서 논의되던 담연무형湛然無形·담일허정湛一虛靜의 본체가 아니라, 형적이 있는 지각 가능한 유형의 실체이기 때문이다.[16] 최한기의 '기'는 청탁수박淸濁粹駁이라는 가치론적 특

---

14) 『推測錄』, 卷5, 「老佛學推測」; 『明南樓全集』 1, 152b, "夫老學以無爲爲宗, 而禪學加一層, 以無物爲宗."

15) 『推測錄』, 卷2; 『明南樓全集』 1, 「老氏無弗氏空」, 109b, "老子之無, 佛氏之空, 蓋見無形質無窒礙, 未見其充塞宇宙裁和萬物, 良有以也."

16) 『氣學』, 「序」; 『明南樓全集』 1, 197c, "天下無無形之事物" 및 『氣學』, 卷1; 『明南樓全集』 1,

성 대신 한열조습寒熱燥濕의 물질적 특성을 갖는 실체이다. 최한기는 지각 가능한 기의 특성을 설명하기 위해 다음과 같은 사례를 든다.

> 충만한 기의 형질을 안 다음에야 운화의 도리를 알 수가 있다. 주발을 물동이의 물위에 엎었을 때 물이 주발 속으로 들어가지 않는 것은 그 주발 속에 기가 가득 차 있어 물이 들어가지 못하는 것이니, 이것이 기에 형질이 있다는 첫 번째 증거이다. 하나의 방에 동서東西로 창이 있을 때 동쪽 창을 급히 닫으면 서쪽의 창이 저절로 열리는 것은 기운이 방 안에 충만해 있다가 풀무처럼 충동衝動하기 때문이니, 이것이 기에 형질이 있다는 두 번째 증거이다…… 이 여섯 가지 증거를 근거로 몸에 흡족하게 젖어 있는 것과 만물의 변이를 증험해 보면, 이들은 모두 기의 형질을 증명하는 것이다.[17]

우리에게 공기, 기압 등의 운동성은 '활동변화'하는 자연의 모습으로 지각된다. 우리는 최한기의 기학이 '기는 유형유적의 물질' 은유를 토대로 규정되고 있음을 어렵지 않게 확인할 수 있다.

최한기는 세계에 존재하는 모든 사물이 '기'로 구성되어 있으며, 그것들은 '수數'에 의해 파악될 수 있다고 본다. 그의 이러한 사유의 형성에는 "세계에는 체계적인 구조가 존재하며, 인간은 그것에 관한 지식을 얻을 수 있다"는 '세계 인식 가능성'의 통속 이론과 '존재는 기의 수' 은유가 작동했던 것으로 보인다.[18] 그는 "기에는 반드시 이치가 있고

206a, "大氣運化之中, 未有無形之事" 참조.

17) 『人政』, 卷10, 「氣之形質」; 『明南樓全集』 2, 179a~b, "見得充滿氣之形質, 然後可以見運化之道. 以鉢覆於盆水之中, 而水不入鉢中, 以其鉢中氣滿而水不入, 是氣有形質之一證也. 一室有東西牕, 而急閉東牕, 則西牕自開, 以其氣滿室中, 而橐籥衝動, 是氣有形質之二證也.……擧此六證, 驗之於身體之漬洽, 萬物之變移, 無非氣形質之可證也."

이치에는 반드시 상象이 있으며 상에는 반드시 수가 있으니, 수를 따라 상에 통하고 상을 따라 이치에 통하며 이치를 따라 기에 통하는 것"[19] 이라고 말한다. 최한기는 만물이 수학적 항구성 및 규칙성의 지배를 받고 있다고 생각했다. 그런 점에서 최한기에게 '수'는 세계의 보편적 법칙을 발견하는 결정적 계기로서 현실의 경계를 정하고 질서를 부여하는 데 유효한 것이다. 뿐만 아니라 존재하는 모든 것은 수를 통해 객관적인 모습으로 환원될 수 있기에, 수는 세계와 대상을 인식하는 가장 중요한 도구일 수 있다.

> 기의 운동변화에는 모두 일정한 법칙이 있어서 그 빠르고 느린 것이 자연히 차이가 있다. 큰 것으로는 오위五緯의 궤도로부터 작은 것으로는 일상의 일에 이르기까지 모든 것이 범연한 헤아림이나 억측으로는 모두 알 수 없는 것이다. 그래서 산수算數의 학문을 두어 기의 운동을 측량하는데, 리가 그 가운데 있어서 한 번 더하고 한 번 빼는 것이 리 아닌 것이 없다. 궁리의 정밀함이 이것보다 나은 것이 없고, 사물의 측량도 여기에서 벗어나지 않는다. 기의 취산聚散은 수가 아니면 그 상하를 소급해 알 수 없고, 리의 가감加減도 수가 아니면 승제乘除까지 미루어 나갈 수 없다. 여러 사물을 비교하고 헤아리는 데 있어서도 모두 수에서 시작하게 된다.[20]

---

18) 레이코프 & 존슨, 『몸의 철학』, 510쪽 참조

19) 『神氣通』, 卷1, 「數學生於氣」; 『明南樓全集』 1, 31b, "氣必有理, 理必有象, 象必有數, 從數而通象, 從象而通理, 從理而通氣."

20) 『推測錄』, 卷2, 「數理」; 『明南樓全集』 1, 108a~b, "氣之運動迭興, 皆有攸軌, 疾速徐遲, 自有其差. 大而五緯之躔, 小而日用之事, 實非凡計臆度所能盡也. 於是有算數之學, 以齊氣之運動, 而理在其中, 一加一減, 無非理也. 究理精緻, 無過於此, 事物裁度, 不外于是. 氣之積分, 非數, 無以泝流上下, 理之加減, 非數, 無以推移乘除. 至於比例諸事料度諸物, 皆從數起."

이렇듯 최한기에게 모든 존재는 기의 수에 의해 객관화될 수 있기에, 세계는 더 이상 모호한 덩어리가 아닌 인식 가능한 것으로 이해된다. 최한기는 수량화된 경험적 증거로부터 추측 활동을 통해 자연의 법칙성을 발견하려 했다. 구체적으로 최한기의 '추측'은 감각지각 후의 경험된 내용을 미루어서(推) 아직 경험하지 못한 것을 헤아리는(測) 것이다. "사람은 몸의 한정된 기(神氣)를 가지고 밖으로 천지운화의 기와 통하여, 하루 이틀 사이에 열력(閱歷)이 쌓이고 한 해 두 해 사이에 경험이 쌓이면 저절로 앞의 것을 '미루어' 뒤의 것을 '헤아리고' 이것을 '미루어' 저것을 '헤아릴' 수 있게 된다."[21] 우리는 '관찰'을 통해 한 사물의 속성을 발견하고, 그것을 토대로 사물들에 대한 이해를 넓혀 나간다. 감각적 경험을 지반으로 삼아 아직 경험하지 못한 대상을 헤아리는 과정을 통해서 세계에 대한 이해를 확장해 가는 것이다.

> 눈은 이전에 본 것을 '미루어'(推) 아직 보지 못한 것을 '헤아리고'(測), 귀는 이전에 들은 것을 '미루어' 아직 듣지 못한 것을 '헤아린다'. 코가 냄새 맡고, 혀가 맛보고, 몸이 촉각하는 것에 이르기까지 모두 그렇지 않은 것이 없다.[22]

최한기의 '추측'에는 다음과 같은 과정들이 수반된다. ① 밖으로부터 감각적 인상을 받아들이는 '지각 작용', ② 수용된 감각적 인상들을 결합

---

21) 『氣學』, 卷1; 『明南樓全集』 1, 203d, "人以一身局定之氣, 外通天地運化之氣, 一日二日有閱歷, 一年二年有經驗, 自能推前測後, 推此側彼."

22) 『推測錄』, 卷1, 「捨其不可」; 『明南樓全集』 1, 76c, "推目之所嘗見, 測其未及見者, 推耳之所嘗聞, 測其未及聞者. 至於鼻之齅舌之味身之觸, 莫不皆然."

하는 '융합 작용', ③ 결합된 정보를 조합 · 분석 · 분류하는 '지성 작용', ④ 지성 작용을 통해 얻어진 정보를 토대로 아직 경험해 보지 못한 세계와 보편적 근원에 대한 이해를 구성하는 '상상 작용'이 그것이다. 사유 확장의 방식이 감각지각 경험으로부터 시도된다는 점에서 우리는 최한기의 추측 활동을 자연과학적 접근이라 특징지을 수 있다. 인류는 감각지각의 경험을 토대로 아직 보지 못한 것, 듣지 못한 것을 추측하면서 위험에 적응해 왔다. 만약 인류가 그런 활동을 적극적으로 수행해 오지 않았다면 지금의 생존과 문명적 번영은 결코 이룩해 내지 못했을 것이다. 그런 점에서 최한기의 경험을 토대로 한 '추측' 활동은 현존하는 인류에게도 여전히 유효한 것이다.

최한기의 통찰은 인간 사유의 경험적 확장 방식에 대한 섬세한 경로를 보여 준다는 점에서, 그리고 경험적 결과로부터 객관적 사실을 도출하는 '상향적' 접근 방식의 제안이라는 점에서 과학적 태도로 평가될 수 있을 것이다. 이러한 최한기의 자연과학적 접근은 초월과 선험, 공과 무를 종지로 삼는 학문으로부터 과감한 탈피를 시도한 것이라는 점에서 '경험적 학문으로의 전환'이라고 명명될 수 있을 것이다.

2. 운화기로의 통섭

최한기에게 역동적인 변화의 과정에 있는 자연은 기로 이루어진 유형의 것으로 이해된다. 그는 "천하에는 무형의 사물이 없음"[23]을 거듭 강조함으로써 기의 세계가 무형, 허虛, 정靜이 아닌 유형, 실實, 동動의 특성을 갖고 있음을 확신한다. 하지만 최한기의 기학에서 경험적 접근으로서의 인식론적 탐구는 여기까지이다.

최한기의 '기' 개념은 단순히 물질적 차원에 머무르는 데 그치지 않고 존재론적 차원으로 확장되어 이해된다. 그는 다양한 현상을 드러내는 유형의 형질들로부터 그러한 존재들을 있게 한 인과적 근원을 찾고 싶었고, 사유의 확장을 거쳐 찾아진 실체가 바로 '운화기'이다. 그의 구분법에 따르면, 지각된 것은 '형질기'이며 그것을 있게 하는 인과적 근원은 바로 '운화기'이다. 최한기에 따르면 "대기운화 가운데 무형의 사물은 없으며"[24] "활동운화하는 물질로 우주에 가득 차 있다."[25] 천지를 가득 메우고 있는 유형의 운화기는 형질을 이루는 근거이다.

> 기에는 형질의 기와 운화의 기가 있다…… 형질기는 운화기로 말미암아 모이게 되니(成聚), 큰 것은 오래 가고 작은 것은 곧 흩어지지만 운화기의 저절로 그러함이 아닌 것이 없다.[26]

최한기의 기학은 '본질은 물질', '운화기는 모든 존재의 본질', '본질은 변화의 패턴' 은유를 중심부에 놓은 뒤 '운화기는 위 / 형질기는 아래'라는 수직적 구조를 설정했다. 현상적 다양성의 뿌리인 형질기 위에 본질적 동일성을 함축하는 운화기를 위치시킨 것이다. 이렇듯 최한기는 유형의 '형질기'로부터 만물의 인과적 근원으로 세계를 구성하는 본질 즉

---

23) 『氣學』, 「序」; 『明南樓全集』 1, 197c, "天下無無形之事物."
24) 『氣學』, 卷1; 『明南樓全集』 1, 206a, "大氣運化之中, 未有無形之事."
25) 『氣學』, 「序」; 『明南樓全集』 1, 197a, "活動運化之物, 充滿宇內."
26) 『氣學』, 卷1; 『明南樓全集』 1, 200a~b, "氣有形質之氣, 有運化之氣……形質之氣, 由運化之氣而成聚, 大者長久, 小者卽散, 無非運化氣之自然也."

'운화기'로까지 사유를 확장했다.

최한기는 "운화를 모른 채 생각에 매달리는 것을 거경居敬이라고 여기거나 고문古文을 토론하는 것을 궁리窮理라고 여기는 것은 바로 잡초를 기르는 것"[27)]이라고 강하게 비판한다. 결국 기학에서 궁극적으로 탐구되어야 할 것은 '운화기'인 셈이다. 이제 본원적 동일성의 근거인 운화기는 형질기와 그 차원을 달리한다.

이렇듯 수만 가지 유형의 사물들의 뿌리에 공통된 '본질'이 있음을 가정한 최한기의 기학은 '본질' 통속 이론에 근거를 두고 운화기라는 실체를 상정했다. 또한 기학은 모든 개별적 사물들이 운화기라는 궁극적인 존재 범주에 포함된다는 '일반 종' 통속 이론에 기초한다. 그것은 세계의 일부로서 시간과 공간, 대상들 안에 있으면서 동시에 최고 범주에 위치해 있다. 이는 모든 개별적 사물들이 좀 더 일반적인 종류의 성취물이라고 가정한 것이다. 기학은 운화기를 중심으로 위계적 범주 구조를 갖게 됨으로써 '최고 범주' 통속 이론을 전제하게 된다. 그렇다면 본질적 동일성의 원리인 '운화기'는 최한기가 부정했던 성리학의 '리'와 그 존재 구조가 같은가 다른가?

> 기는…… 한 덩어리의 활물活物로 본래부터 순수하고 담박하며 맑은 바탕을 가지고 있다. 비록 소리와 빛과 냄새와 맛에 따라 변하더라도 그 본성은 변하지 않는다. 이에 그 온전한 체體의 무한한 공용의 덕을 총괄하여 신神이라 한다.[28)]

---

27) 『人政』, 卷9, 「稊稗五穀」; 『明南樓全集』 2, 172d, "不識運化, 而操持念頭, 以爲居敬, 討論古文, 以爲窮理, 是養稊稗者也."

28) 『神氣通』, 卷1, 「氣之功用」; 『明南樓全集』 1, 7a, "氣之爲物……一團活物, 自有純澹瑩澈之

기는 하나이지만, 사람에게 부여되면 자연히 사람의 신기神氣가 되고, 물건(物)에 부여되면 저절로 물건의 신기가 된다. 사람과 물건의 신기가 같지 않은 까닭은 질質에 있지 기에 있지 않다.[29]

신기는 천·지·인이 모두 같고, 형질은 천·지·인이 각기 다르다.[30]

최한기의 기학에서 현상의 개별자들은 생생하게 약동하는 활물活物인 운화기의 본성을 공유한다. 운화기는 순수하고 담박한 바탕으로, 변치 않는 본성을 갖는다. 개별자에 주어지는 기는 동일한 것이지만 형질의 다름에 따라 부여받은 신기는 다르게 발현된다. 최한기의 체계적인 세계에는 각 사물들을 현재의 사물로 만들어 주는 '운화기'라는 동일한 본질이 존재한다.

이렇게 보면, 기학의 '운화기'는 성리학에서 말하는 리일분수理一分殊의 '리'나, 이전 기철학에서 말하는 기일분수氣一分殊의 '기'와 그 존재 구조가 그리 달라 보이지 않는다. 운화기는 체體로서 현상의 개별자들(用) 위에 존재하며, 각 개체들은 개별자 자신의 '본질' 또는 '본성' 즉 자연적 현상을 있게 한 인과적 근원을 갖는 것이다. 이렇듯 최한기 기학의 최고 범주에는 '운화기'라는 이름의 실체가 '리' 대신 위치해 있다.

정리해 보면, 최한기는 존재의 본질인 운화기를 인식함으로써 세계를 구성하는 합리적인 인과 구조를 알 수 있다고 가정했다. 기학은 유형

質. 縱有聲色臭味之隨變, 其本性則不變. 擧其全體, 無限功用之德, 總括之曰神."

29) 『神氣通』, 卷1, 「氣質各異」; 『明南樓全集』 1, 10c~d, "氣是一也, 而賦於人, 則自然爲人之神氣, 賦於物, 則自然爲物之神氣. 人物之神氣不同, 在質而不在氣."

30) 『神氣通』, 卷1, 「四一神氣」; 『明南樓全集』 1, 21b, "神氣則天地人皆同, 形質則天地人各不同."

의 '형질기'로부터 궁극의 보편자인 '운화기'를 은유적 사유 확장을 통해 추론해 내었다. 운화기는 천지에 충만한, 모든 개체의 동질적 근거로 가정된다. 최한기의 기학은 형질기라는 '유형의 활동성'으로부터 탐색을 시도했다는 점에서 중요한 인식론적 전환을 이루었지만, 결국 은유적 사유의 산물인 운화기를 모든 존재의 보편적 본질로 상정함으로써 그의 '자연주의적 탐구'는 다시 '초월적 탐구'로 환원해 버렸다.

3. 일통의 꿈

최한기의 기학은 '일통一統'의 지향을 함축한다. 최한기는 운화기로의 일통이 궁극적으로 '사회의 안정'을 이룩하는 최선의 것이라고 믿었기 때문이다. 그가 "기학을 창도한 것은 세상의 병을 고치려는"[31] 실용적 목적 때문이었다. 최한기는 "선은 항상된 자리가 없으니 남과 내가 좋아하는 것을 취해야 하고, 악은 정해진 한계가 없으니 남과 내가 싫어하는 것을 버려야 한다"[32]라고 말하고, 또 "공의公議는 많은 사람에게서 나온 것으로 백세百世의 시비是非가 정해지는 것"[33]이라고 강조한다. 이러한 최한기의 언설들은 얼핏 보면 보편 법칙이나 영원불변한 진리를 부정하고 진리의 가변성을 견지하는 실용주의적 견해로 읽힐 수도 있

---

31) 『氣學』, 卷2; 『明南樓全集』 1, 246b, "倡起氣學, 要醫世病."

32) 『推測錄』, 卷1, 「推測提綱 · 善惡有推」; 『明南樓全集』 1, 84a, "善無常位, 取於物我之攸好, 惡無定限, 捨其物我之所惡."

33) 『神氣通』, 卷3, 「變通 · 變通在初及公私之分」; 『明南樓全集』 1, 69c, "公議出於衆人, 百世是非, 自有攸定."

다. 그러나 그것은 다음과 같은 견해 때문에 결코 순수한 실용주의적 관점이 될 수 없다.

> 미진한 점이 있어 시비가 반반일 경우에는 마땅히 운화를 따라 결정해야지, 사람 수의 다과多寡나 등급의 존비尊卑에 따라서 그 잘잘못을 정해서는 안 된다.[34]

선의 판단 기준은 백성 일반의 공통된 의견에 달려 있다고 했지만, 최종적 판단의 준거가 되는 것은 보편적 법칙인 '운화'이다. 그것은 반드시 사람 수의 많고 적음이나 등급의 높고 낮음에 따라 정해지는 것이 아니다. 결국 민생에 실질적 도움을 주기 위한 최한기의 최선의 제안은 '운화기의 승순'이었던 것이다. 그는 다양한 사물과 현상을 있게 한 운화기를 인식하고 승순함으로써 일통의 꿈을 실현할 수 있다고 본다.

> 내 견문의 경험(閱歷)을 미루어(推) 유행지리流行之理에 어긋나지 않음을 헤아리는(測) 것이 추측의 기준이 된다. '미루어 감'(推)의 쓰임은 비록 다단하지만 늘 견문의 경험에서 벗어나지 않고, '헤아림'(測)의 뜻은 천리를 일관하여 모든 사물들로 하여금 본원에 수렴되도록 하는 데 있다.[35]

최한기는 지각되는 다양한 현상들로부터 보편의 준거인 운화기를

34) 『人政』, 卷22, 「用人門(三) · 善不善從民而定」; 『明南樓全集』 2, 452d, "有所未盡而是非參半, 當順運化而就質, 不可從人數多寡等級尊卑而定善不善."

35) 『推測錄』, 卷1, 「事物攸當」; 『明南樓全集』 1, 91d, "推我之見聞閱歷, 以測無違於流行之理者, 推測之準的也. 推之用雖多端, 總不離於見聞閱歷矣. 測之義在於一貫天理, 使萬事萬物, 輻湊於本源."

'식별'할 수 있다고 확신한다. 인간은 추측을 통해 모든 존재의 동일성의 근거인 운화기를 '인식할 수 있고', 만 가지 사물들이 그 본원에 수렴된다는 것을 '알 수 있다'. 이러한 기학의 추측 활동에는 '존재의 이해가능성'의 통속 이론과 '본질은 지각 가능한 것', '아는 것은 보는 것' 은유가 결합하여 구조화되어 있는 것으로 보인다. 추측 활동은 모든 존재의 보편적 법칙인 운화기를 지각하고 이해할 수 있다고 가정되기 때문이다. 이렇듯 기학은 객관의 실재가 경험세계 안에서 발견될 수 있으며, 그것이 합리성의 근거임을 확신한다. 기학적 사고에 따르면, 결국 우리는 세계를 구성하는 본질 즉 운화기를 인식하고 그것에 의존해서 살아 갈 수밖에 없다.

그러나 과연 우리는 최한기의 주장대로 경험의 영역으로부터 세계를 구성하는 보편의 법칙을 인식할 수 있는 존재인가? 최한기의 통찰이 위대한 점은, 정신적·초월적 경험의 발생적 원천을 신체적·물리적 층위의 경험으로 본 것에 있다. 그러나 최한기는 우리의 인지적 조건을 고려하지 않은 채 무리하게 비경험적 접근을 시도하여 세계를 구성하는 보편의 법칙과 본질을 인식할 수 있다는 과도한 가정을 설정한다. 물론 우리의 사유는 신체적·물리적 층위의 경험을 정신적·초월적 층위의 경험으로 확장해 갈 수 있다. 그러나 각기 다른 경험을 기반으로 추론된 정신적·초월적 층위의 경험은 결코 보편적일 수 없다. 신체적·물리적 층위의 경험으로부터 우리가 얻을 수 있는 것은 은유적으로 확장된 '관념'이다. 결국 모든 사물의 본질로 가정된 운화기는 마음에 의해 상상된 관념의 산물일 뿐, 보편의 본질도 실체도 될 수 없다. 최한기는 '본질은 지각 가능한 것' 은유를 토대로 보편의 운화기를 '상상'하고 있었던 것이다.

최한기에게 운화기는 지각 가능한 것으로 여겨지지만, "어떤 것을 지각하는 것은 우리의 마음에 그것의 형상을 짜 넣는 것, 즉 그 형상을 마음 안에서 실현시키는 것"[36]이다. 결국 추측은 '관념을 취하는 방식'이며, 그렇게 얻어진 관념들은 물리적 세계의 양상에 대한 '이해'의 산물일 뿐이다. '이해'는 우리가 '세계를 갖는' 방식이며, 세계를 하나의 이해 가능한 실재로 경험하는 방식이다. 그러한 이해는 '우리의 전반적 존재성'—신체적 능력, 가치, 문화적 제도, 언어적 전통, 역사적 맥락 등—을 포함하는 복합적 산물이다.[37] 이러한 사실은 이해의 산물인 '관념'이 신체적 기제가 구성해 낸 거대한 복합체이며, 그런 점에서 결코 객관적인 어떤 것일 수 없다는 것을 말해 준다. 이러한 사유를 토대로 우리는 신체적·물리적 층위의 경험으로부터 확장된 정신적·초월적 층위의 경험에 대한 우리의 확실성이 언제든 오류로 판명될 가능성을 내포하고 있다는 결론에 도달하게 된다.

우리의 인식은 각기 다른 외부 대상과의 물리적 상호작용에 따라 다르게 구성될 수밖에 없으며, 그로부터 확장된 정신적·초월적 층위의 사유 역시 각기 다른 내용을 가질 수밖에 없다. 이는 우리의 정신적·초월적 층위의 경험들은 신체적 요소들이 드러내는 창발적 국면을 함축하게 됨을 의미한다. 듀이는 '창발'(emergence)에 대해 이렇게 설명한다.

자연주의적 논리 이론의 기본적 가정은 하위적인(덜 복합적인) 활동이나 형

---

36) 레이코프 & 존슨, 『몸의 철학』, 551쪽.
37) 존슨, 『마음 속의 몸』, 211~14쪽 참조.

> 태와 상위적인(더 복합적인) 활동이나 형태 사이에 연속성이 존재한다는 것이다. 연속성이라는 개념이 자기 설명적인 것은 될 수 없지만, 그 의미를 보면 한편으로는 완전한 단절을 배제하는 동시에 다른 한편으로는 동일한 것들의 단순한 반복 또한 배제한다. 즉 그것은 전적인 단절이나 괴리를 배제하고 마찬가지로 '상위'를 '하위'로 환원하는 것을 배제하는 것이다. 살아 있는 유기체의 발아에서 성숙까지의 성장과 발전은 연속성의 의미를 예증해 준다.[38]

창발의 특성은 ① 완전한 단절과 단순한 반복을 배제하는 연속성, ② 상위를 하위로 환원하는 것을 배제한다는 점이다. 듀이의 창발은 우리의 신체적·물리적 층위의 경험과 정신적·추상적 층위의 경험이 완전히 단절된 것도 아니며, 그렇다고 동질적인 확장도 아니라는 점을 적절히 설명해 준다. 게다가 상위의 경험은 하위로 환원될 수 없음을 보여준다.

결과적으로 우리가 추측한 결과로서의 보편자는 다분히 주관적인 것일 수밖에 없다. 따라서 모든 개별자가 수렴될 수 있다고 믿는 '보편자로서의 운화기' 역시 주관적 추론의 결과물일 뿐이며, 더 중요한 사실은 '하위로 환원될 수 없는' 창발의 국면을 포함한다는 사실이다. 이러한 관점에서 본다면 운화기의 속성은 마음에서 비롯된 관념임에도 불구하고, 최한기는 바로 그 관념을 가치의 준칙으로 설정함으로써 결정적 위험성을 안게 된다. 최한기에게 인간의 "몸과 마음의 기는 대기大氣의 한 줌에서 얻은 것"[39]이며, 그런 점에서 천지자연의 법칙인 운화기는 모든

---

38) John Dewey, *Logic: The Theory of Inquiry: The Later Works 1925-1953*, Vol. 12 (ed. Jo Ann Boydston; Carbondale, Ill.: Southern Illinois University Press, 1986), p.30.

행위들의 당위 원리가 될 수 있는 것으로 이해된다. 인간 역시 여타의 존재들과 마찬가지로 자연 내 존재, 자연의 일부분이기 때문이다. 최한기는 자연과학적 접근을 통해 자연이 보여 주는 생성과 변화의 법칙을 발견하고, 그로부터 인도人道의 준적準的 즉 인간이 순응해야 할 당위적 규범을 도출해 낼 수 있다고 생각했다.

> 추측의 리가 운화의 리에 합치되면 득得이고 선善이며, 운화의 리에 합치되지 않으면 실失이고 불선不善이다.[40]

> 인도가 천지의 도에 승순하여 윤강倫綱·정교政敎·학문을 세우고 전례典禮·형률刑律에 통달하면, 저절로 인도의 머리·몸통·사지와 귀·눈·입·코가 이루어져 천하 사람들의 귀·눈·입·코를 이끌어 돕는다. 그리하여 완연히 신기와 형질이 안팎으로 통달하게 되니, 생도生道는 있고 사도死道는 없으며 이름은 없어질지라도 실적은 없어지지 않는다.[41]

최한기는 운화기라는 자연법칙(天道)을 근거로 인간의 법칙(人道)을 세우려 했다. 그는 "자연은 천지가 유행하는 법칙이고 당연은 인심이 추측한 법칙이니, 학자는 자연을 표준으로 삼고 당연을 공부한다"[42]라고 강조한다. 결국 기학적 인간이 따라야 할 당위의 준칙은 물리의 자연법

---

39) 『氣學』, 卷1; 『明南樓全集』 1, 199b, "身心之氣, 得來於大氣之一勻."

40) 『氣學』, 卷1; 『明南樓全集』 1, 203d, "推測之理, 合於運化之理, 所云得也善也, 不合於運化之理, 所云失也不善也."

41) 『明南樓隨錄』; 『明南樓全集』 1, 297c~d, "人道承順天地之道, 樹立倫綱政教學問, 達於典禮刑律, 自成人道之頭身四肢耳目口鼻, 提絜億兆耳目口鼻. 完然有神氣形質, 通達內外, 有生道而無死道, 名可滅而實不泯."

42) 『推測錄』, 卷2, 「自然當然」; 『明南樓全集』 1, 118b, "自然者, 天地流行之理也, 當然者, 人心推測之理也, 學者, 以自然爲標準, 以當然爲功夫."

칙인 대기운화이다.

이렇듯 최한기의 기학은 '자연의 법칙이 도덕 법칙', '도덕적 한계' 은유들이 결합하여 이론화된 것이다. 모든 자연적 작용의 원인은 물리적 법칙이며, 동시에 그것들은 인간을 포함한 모든 대상들의 가치론적 근거가 된다. 본질이 세계 안에 있기 때문에 목적 자체도 세계 안에 있는 것으로 간주되는 것이다. 최한기가 보기에 물리 법칙에 대한 순응은 곧 당위적 질서의 실현이다. 천인운화에 의해 수립된 운화의 준적이야말로 선·불선, 득·실, 시·비를 분별하는 최고 기준이기 때문이다. 물리적 질서로부터 이탈한 사람은 '도덕적 한계'를 넘어선 것으로, 단순히 비도덕적으로 행동하는 것에 그치지 않고 도덕적 질서를 위협하는 것으로 간주된다. 이처럼 최한기는 당위의 근거를 물리 법칙에 종속시킨다. 운화기는 존재의 근거일 뿐 아니라 가치의 근거인 셈이다.

운화기에 대한 탐색은 자연법칙을 해명해 내는 데 상당한 유용성을 가질 수 있겠지만, 인간에 대한 해명으로는 적절해 보이지 않는다. 인간의 사고에 대한 단순한 결정론은 있을 수 없다. 인간의 사고 과정은 명확한 인과관계를 통해 몸과 분자의 운동을 기술하는 물리 법칙의 방식을 따르지 않는다.[43] 우리는 유기체의 활동에 법칙지배적 영역과 비법칙지배적 영역이 공존한다는 점을 유념할 필요가 있다. 미래에 게놈 프로젝트가 완성된다 하더라도 인간의 모든 사고와 경험을 예측하거나 통제할 수 있는 것은 아니다. 설혹 인간 활동에 개입되는 물리적·생물학적 요소를 모두 밝혀낸다 하더라도, 그것들이 조합되는 방식은 결코

43) 에드워드 윌슨, 『통섭: 지식의 대통합』(최재천·장대익 역, 사이언스북스, 2005), 222쪽.

법칙지배적이지 않다. 이러한 사실은 우리의 지식이 그 조합의 알고리즘을 확립할 수 없다는 것을 의미한다.[44] 자연은 인과법칙만으로 상당 부분 설명될 수 있는 반면, 인간의 삶에는 예측하기 어려운 자연적·사회적·문화적 국면과 상상적 구조들이 개입되기 때문이다. 그것은 다양한 국면을 포함하는 인간의 삶이 단순히 법칙적으로'만' 설명될 수 없으며, 그 어떤 절대적 기준으로 제약될 수 없음을 의미한다. 인간의 삶은 인과적으로 설명 가능한 자연과학의 단순한 산술적 확장으로 정의되지 않기 때문이다.

최한기의 기론에 따르면, 세계는 그 자체로 존재하지만 그것을 존재하게 하는 운화기가 있고, 인간은 그 운화기에 승순해야만 하는 존재이다. 이렇게 보면 최한기는 자연과학에서 통용되는 규칙성을 법칙지배적 영역과 비법칙지배적 영역이 공존하는 인간의 삶에 적용시키려 했다는 것을 알 수 있다. 결론적으로 최한기의 '운화기 승순'을 통한 일통의 꿈은 우리 자신의 본래적 조건을 왜곡하고 억압하게 된다는 결론에 도달할 수밖에 없다.

4. 맺는 말

최한기는 서양의 과학적 탐구를 신뢰하여 이를 자신의 기학에 적극적으로 수용하려 했다. 그는 증험되지 않는 형이상학과 무형의 학문에

---

44) 노양진, 『몸이 철학을 말하다』, 54쪽.

강한 거부감을 드러냈으며, 당시까지 진리의 준거로 여겨져 왔던 성인의 경전마저 오류가능성을 배제할 수 없는 궁리의 결과물일 뿐이라고 생각했다. 최한기는 세계에 존재하는 모든 사물이 유형의 실체인 '기'로 구성되어 있으며, 그것들은 '수'에 의해 파악될 수 있다고 본다. 최한기는 수량화된 경험적 증거들로부터 추측 활동을 통해 자연의 법칙성을 발견하려 했다. 여기에는 인간이 추측 활동을 통해 모든 존재의 근원을 '인식할 수 있고' 만 가지 사물들이 그 본원에 수렴됨을 '알 수 있다'는, 우리의 인지 조건을 넘어서는 무리한 가정이 전제되어 있다. 이러한 최한기의 생각들은 '세계 인식 가능성', '존재의 이해 가능성'의 통속 이론과 '존재는 기의 수', '기는 유형유적의 물질' 은유들이 결합하여 구조화된 것으로 보인다. 그럼에도 불구하고 그의 이러한 학문적 경향은 신체적·물리적 층위로부터 인과적 근원을 추측해 내려는 탐색이라는 점에서 자연과학적 성찰로 평가될 수 있으며, 그런 의미에서 '경험적 학문으로의 전환'으로 명명될 수 있다.

그러나 최한기의 기학은 운화기를 '통섭'의 계기로 삼고, '일통'에의 강한 지향을 보임으로써 객관주의의 위험성을 드러낸다. 그는 유형의 물질로부터 존재의 본질인 운화기를 인식함으로써 세계를 구성하는 합리적인 인과 구조를 파악하고, 그것에 승순하는 한 '일통'을 실현할 수 있다고 본다. 최한기의 기학은 '최고 범주' 통속 이론을 전제로 운화기를 중심으로 한 위계적 구조를 갖추게 되었고, '본질' 통속 이론을 기초로 만물의 뿌리에 공통된 '본질'이 있음을 가정했다. 또 '일반 종' 통속 이론에 의존하여 모든 개별 사물들이 운화기라는 궁극적인 존재 범주에 포함된다는 가정을 한다. 거기에는 '본질은 물질', '운화기는 모든 존재의 본질', '본질은 변화의 패턴', '관념은 본질', '본질은 지각 가능한 것', '아는 것은 보는 것', '자연의 법칙이 도덕 법칙', '도덕적 한계' 등의 은유 다발이 결합, 구조화되어 있다. 최한기는 경험적 접근으로부터 은유적으로 확장된 사유의 산물인 운화기를 모든 존재의 보편적 본질로 상정했다. 그의 기학은 '일통'을 위한 모든 가치의 토대를 우리의 유일한 공유 지반인 신체적·물리적 층위에 둔 것이 아니라, 오류가능성을 포함한 상상의 실체인 운화기에 둠으로써 초월 이론의 모습으로 환원시켜 버리고 말았다.

최한기가 자신의 기학 구성에서 결정적으로 간과한 사실은 ① 은유적으로 확장된 개념에는 '절대성이란 있을 수 없다'는 점, ② 유기체의 활동에는 법칙지배적 영역과 비법칙지배적 영역이 공존한다는 점이다. 이로 인해 그의 기학은 ① 추측의 산물인 운화기를 존재와 가치의 준거로 설정, '일통'을 시도하려 하고 ② 자연세계의 필연적 법칙으로부터 무리하게 인간의 당위적 규범을 도출하려 함으로써, 다양한 국면을 포함하는 삶을 왜곡하고 억압할 수 있는 위험성을 함축하게 되었다. 우리는 이를 통해 최한기의 기학이 운화기를 준적으로 일통의 꿈을 실현하려는 이론이며, '통섭'이라는 상위 은유를 중심으로 여러 통속 이론과 은유들이 결합된 사유의 산물이라는 것을 확인할 수 있었다.

최한기 기학의 은유적 해명은 '일통'의 꿈이 왜 정신적·초월적 영역에서 실현될 수 없는지를 선명히 보여 주려는 데 그 의의가 있다. 단일한 관점이라도 초월에 근거한 단일한 관점과 경험에 근거한 단일한 관점은 다르다. 초월에 근거한 단일한 관점은 완전성은 있을 수 있지만 위험성이 큰 반면, 경험에 근거한 단일한 관점은 완전성은 없지만 위험성을 최소화할 수 있다. 우리의 경험을 왜곡하거나 억압하는 과도한 도약은 더 이상 '우리의 것'일 수 없기 때문이다.

종장: 유학의 미래

이 책의 주된 목적은 조선 후기 실학이 거둔 경험적 · 실용적 차원의 성과들이 과연 초월의 절대화를 극복한 자연주의적 사유로의 진화를 의미하는 것인지를 체험주의적 관점에서 해명하는 것이었다. 이는 구체적으로 "실학이 유학의 실용적 전환에 성공했는가?"를 반성적으로 되묻는 것으로 규정될 수 있다. 이러한 탐색은 또 다른 측면으로, "지금 우리는 유학을 어떻게 되살릴 수 있는가?"라는 물음에 진지한 답변을 마련하는 것이며, 경험적으로 안정된 탈초월적인 정당화의 방식을 제안하려는 것이기도 하다. 이 책이 분석적 도구로 선택한 체험주의적 관점은 실학의 이론적 혼선의 소재와 그 본성을 선명히 보여 줄 수 있는 중요한 시각이다. 구체적으로 그것은 조선 후기 실학이 끝까지 포기하지 않았던 형이상학적 토대의 비경험적 속성과 절대적 위험성을 보여 주는 데 중요한 시각을 제공했다. 이 시각은 또 다른 측면에서 당시 실학자들의 치열한 고민의 결과물이었던 자연주의적 사유 구조의 현재적 가치를 발견하는 데 도움을 준다. 이를 토대로 우리는 진정한 실학으로서의 유학에 대한 경험적 정당화의 방식을 모색할 수 있게 된다.

'성리학적 / 탈성리학적'이라는 실학 연구의 상반된 두 시선은 이론 내부에 존재하는 성리학적 차원에 집중함으로써 진화된 자연주의적 사유방식을 놓치거나, 혹은 주기적 · 경험적 성격에만 주목하여 이론의 심장부에 위치한 초월적 존재의 위상을 간과한 채 실학을 성리학과 구분되는 독자적 사유체계로 규정하고 만다. 이들의 엇갈린 주장들은 공통적으로 실학의 어느 한 측면만을 선택적으로 강조한다는 점에서 포괄적 조망으로 평가받기 어렵다. 그러한 상반된 결론이 반복적으로 도출된 까닭은 근본적으로 실학에 내재된 초월 / 경험, 사실 / 가치의 혼재된 인식체계에서 비롯된 것으로 보인다. 이러한 사실은 실학이 '성리학적' 혹은 '탈성리학적'이라는 어떤 하나의 규정으로 단순히 이해될 수 없음을 의미한다.

이에 필자는 우리의 조건을 반영한 경험적 관점에서 실학에 내재된 복합적 구조의 본성과 그 한계를 선명히 드러내려고 했다. 그것은 주로 실학이 과연 우리의 신체적 · 물리적 조건에 적합한 정합적 구조를 확보하고 있는지에 대한 차원에서 중점적으로 이루어졌는데, -몸의 차원을 배제한 철학은 우리의 철학일 수 없다.- 이는 구체적으로 조선 후기 실학을 과연 '실학'이라 부를 수 있는지에 대한 반성적 통찰로 규정될 수 있다. 이는 다른 측면으로 성리학과 구분된 실용주의적 성과를 드러내는 일로서, 우리의 조건에 맞는 실학의 재구성에 직접적 계기를 제공할 수 있을 것이다.

1. 초월의 변형과 비경험적 구도

1) 리의 안과 밖

유형원, 이익, 정약용, 최한기의 철학은 초월의 근거를 보편 법칙으로 설정하고 우리 삶의 전 영역을 제약한다는 점에서 구조적으로 성리학과 다르지 않다. 하지만 유형원, 이익, 정약용, 최한기가 상정한 초월의 속성은 부분적 변형을 보이며, 그들 간에도 각기 다른 강조점이 있다. 우리는 유형원, 이익이 가정했던 초월적 경향을 '리 안의 실학'으로, 정약용, 최한기가 견지했던 초월적 경향을 '리 밖의 실학'으로 구분해서 부를 수 있을 것이다.

도덕 원리의 성격이 강했던 성리학의 '리'는 유형원에 와서 실리·물리의 현실적 차원으로까지 포괄적으로 이해된다. 유형원은 '실리'를 '규범성의 원천'으로 해석하고 법·제도에 적용했다. 이렇게 리를 법·제도에 실제적으로 적용하게 되면 다른 측면에서 강력한 현실 통제를 의미하게 된다. 이익은 '리'의 도덕적 본체라는 위상에 '발동'이라는 능동적 역할을 가세시켜서 리를 공적 질서 회복을 위한 핵심적 기제로 해석하였다. 결국 실증성에 토대를 둔 이익의 통관점적 지향은 '리'에 의해 재규정되는 '닫힌 탐색'의 한계를 지니게 되고, 리에 의해 모든 현상이 통제되는 '강력한 객관주의'라는 위험을 함축하게 되었다. 이렇듯 유형원과 이익은 도덕 원리로서의 리를 그대로 유지시키면서 실리·물리 차원으로의 변형을 통해 공적 효용을 위한 현실적 통제를 감행했다.

이와 달리, 정약용은 '리'를 의존적 실체로 규정, 그 권위 자체를 부정했다. 그에게 리는 원리나 법칙만을 의미하는 관념적 실체일 뿐 현실에 아무런 권능도 발휘할 수 없는 무력한 존재이기 때문이다. 정약용에게는 무력한 리 대신 현실 문제에 '역동적'으로 대응할 수 있는 다른 어떤 것이 필요했던 것으로 보인다. 그것은 '지속적으로 지시하고 관여하는' 어떤 것이어야 했다. 정약용은 조화하고 재제·안양하며 심지어는 인간의 내밀한 삶까지를 꿰뚫어 아는 작위의 '상제'를 새롭게 권좌에 앉혔다. 정약용에게 인간은 시시각각 감시하고 명령하는 작위의 상제를 의식하는 그 순간에 비로소 현실 문제에 능동적으로 대응할 수 있는 존재로 여겨졌기 때문이다. 지속적으로 도덕적 명령을 내리는 상제는 인간의 일거수일투족은 물론 내밀한 감정의 움직임에까지 개입한다. 상제의 준엄한 시선은 도덕을 선택하도록 우리를 시시각각 감시하고 규제한다.

최한기는 최종의 준적으로 '운화기'를 설정하여 '일통'의 꿈을 실현하려 했다. 그에게 운화기는 유형의 '기'로부터 추측될 수 있는 것으로, 운동성, 유형성, 물리성 등 유·무형의 모든 가치를 포괄적으로 갖춘 일통의 준적으로 이해된다. 이는 최한기의 운화기가 '도덕의 원리'로부터 상당 부분 '자연의 원리', '물리의 원리'로의 확장적 전환을 이루고 있음을 의미한다. 그런 이유로 최한기에게 운화기는 도덕학적인 구조의 틀로부터 벗어나 세계의 전반을 설명할 수 있는 변형된 모습의 초월적 존재로 그려지게 된다. 이렇게 되면 최한기에게는 도덕이 더 이상 유일한 학문적 주제도 아니고 최고의 가치도 아니었음을 짐작하게 된다. 최한기는 감각적 경험을 중시, 신체적·물리적 차원의 탐구로부터 추상과 초월의 영역을 추측할 수 있다는 '상향적 접근'의 중요한 경험적 관점을 제안했지만, 끝내 운화기로의 일통을 꿈꾸었다는 점에서 철저한 객관주의자로 남아 있게 되었다.

이렇게 볼 때, '리 안의 실학'이 현실적으로 따라야 할 법·제도 등의 규범 원리로 리를 재규정하고 공적 효용을 추구했다면, '리 밖의 실학'은 인간의 내밀한 생각에서부터 공적 영역의 물리적 성과에 이르기까지 우리의 행위를 능동적으로 이끌어 내는 도덕적 감시자로서의 '상제'

를, 혹은 도덕학적 틀을 넘어 세계와 모든 존재를 일통시킬 '운화기'라는 초월의 존재를 새롭게 요청했다. 결국 '리 안의 실학'이든 '리 밖의 실학'이든, 이들의 초월적 상상은 공통적으로 공적 효율을 추구하는 '일통의 꿈'을 지향하고 있다는 점에서 객관주의적 위험성을 함축하고 있다. 그들의 꿈은 '일통'을 방해하는 어떤 개인적 욕구도, 어떤 상대적 가치도 허락하지 않기 때문이다. 그러나 우리에게 '상상된 보편'은 혼란을 잠재울 선물이 아니라, 모든 사적 의지를 억누르는 재앙이다.

2) 실학의 비경험적 구도

유형원, 이익, 정약용, 최한기의 철학은 인간의 욕망이나 의도와 상관없이 '그 자체'로 존재하는 초월의 '리', '상제', '운화기'를 가정, 합리성의 원천이자 도덕적 목적으로 삼는다. 그러나 합리성의 원천이 어떻게 사회적 맥락과 상관없이 '그 자체로' 존재할 수 있는가? 초월적으로 존재하는 그것을 우리는 어떻게 인식할 수 있는가? 그리고 지각되지 않는 그것들에 대해 우리는 어떻게 동일한 지식을 가질 수 있는가? 이제 우리는 실학의 복합적 성격이 가져오는 혼선의 핵심적 소재를 분명히 밝히고 '경험적으로 책임 있는 철학'으로 재구성하기 위해 우리의 영역을 넘어선 담론, 즉 실학의 비경험적 국면을 정리해 볼 필요가 있을 것이다. 그것은 실학의 초월적 구조와 그것에 내재된 비경험적·비객관적 속성, 그리고 극도의 배타성을 견지하는 초월적 존재의 위험성을 인식하게 한다.

1) 실학은 리 · 상제 · 운화기와 같은 초월적 존재를 도덕적 목적과 합리성의 원천으로 가정한다. 유형원과 이익의 리, 정약용의 상제, 최한기의 운화기는 모두 '초월적'으로 존재하는, 다른 어떤 것에도 의존하지 않는 무형의 실체이다. 또한 그것들은 모든 경험에 앞서는 합리성의 원천이자, 모든 도덕성의 본질이다. 인간의 모든 행위는 리 · 상제 · 운화기로부터 정당성을 확보한다. 유형원은 성리학적 사유를 따라 리의 본원성을 강조했고, 그것을 법과 제도에 응용함으로써 규범적 권위를 갖도록 재해석했다. 이익 역시 '리'를 세계와 인성의 본질을 이루는 실체론적 개념으로 이해하여, 도덕을 본체화하는 형이상학적 도덕주의를 견지했다. 정약용은 무형 · 무위의 준거였던 '리' 대신에 모든 사물의 근원자, 유일한 절대자, 조화하고 재제하며 안양하는 존재로서의 '상제'를 설정, 그 상제가 지속적으로 도덕을 선택하고 실천하도록 우리를 감시하고 규제한다고 보았다. 최한기는 존재와 인식, 가치를 통합하는 초월적 근거였던 '리'를 권좌에서 끌어 내리고 유 · 무형의 모든 가치를 통제하는 최종의 준적 '운화기'로 대체, '일통'의 꿈을 실현하려고 했다.

리 · 상제 · 운화기는 모두 우리의 경험 너머에 있으면서 우리 삶을 총체적으로 통제하는 무형의 실체라는 점에서 '상상된 보편'이다. 결국 리 · 상제 · 운화기는 유형원, 이익, 정약용, 최한기의 이론을 도덕적 객관주의로 규정하게 하는 핵심적 실체이다. 따라서 인간의 도덕적 행위는 물리적 지각과 감정에 의해서가 아니라, 오직 리 · 상제 · 운화기에 의해 정당화된다.

2) 실학자들은 도덕법칙을 인과적으로 결정되는 자연법칙과 동일한 것으로 본다.[1] 따라서 우리의 지상과제는 이미 존재하는 도덕법칙을 발

견하는 일이며, 인간은 그것을 실천하는 것에 집중해야 한다. 우리는 도덕법칙을 동일하게 인식할 수 있으며, 어떤 문제 상황에든 '유일한' 옳은 행위가 있다고 믿는다. 그것들은 모두 시·공간을 넘어선 초월의 도덕법칙에 포섭되어 인간에게 절대적 강제력을 행사한다. 실학은 "우리가 어떻게 도덕적 추론을 하며, 어떤 인지적 한계를 갖고 있는가?"에 관한 몸의 지각 조건은 고려하지 않은 채, 초월의 도덕법칙이 요구하는 것을 행해야 한다고 강조한다.

3) 실학자들은 이전의 성리학자들처럼 인간을 몸/마음의 이원적 본성을 갖는 존재로 상정한다. 인간에게는 사단/칠정, 인심/도심 등과 같이 '정신적인 것'과 '육체적인 것' 사이에 엄격한 간극이 존재하며, 그 사이에 끊임없는 긴장관계가 지속된다. 실학적 인간도 역시 정신적인 측면과 신체적인 측면 사이의 메울 수 없는 간극으로부터 출발한다. 몸으로부터 발생하는 끊임없는 욕망에 맞서서 마음은 의지의 강인함을 지속적으로 발휘해야 하며, 칠정과 같은 욕정들은 죽을 때까지 언제나 조절의 대상이 된다. 마음(心)은 능동적으로 본성에 순응할 수 있고 감정을 통제할 수 있다는 점에서 여타의 존재와 인간을 구별해 주는 도덕적 계기이다. 이 점에서 오직 인간만이 도덕적이거나 비도덕적일 수 있다. 신체적 욕구로부터 발현된 마음, 통제되지 않은 칠정과 같은 감정은 결코 인간의 본질이 아니며, 인간다움의 요소로부터 철저히 배제된다.

---

1) 마크 존슨, 『도덕적 상상력: 체험주의 윤리학의 새로운 도전』, 163~64쪽. 존슨에 따르면, 도덕법칙에 대한 칸트의 '범형화'는 우리가 자연법칙(의 형식)에 관해서 알고 있는 것을 받아들이고 그것을 자유의 영역에 투사함으로써 자유로운 행위를 자연적으로 수반된 사건으로 변형시키는 은유적 사상 과정을 포함한다.

4) 실학자들은 마음(心)에 합리성을 발견하는 탈신체적(disembodied) 능력을 부여한다. 유형원, 이익, 정약용, 최한기에게 '몸을 초월한' 리·상제·운화기는 합리성의 원천으로서 마음의 활동에 의해 확고한 '대상'으로 이해되며, 직관적으로 발견 가능한 것이다. 이때 마음의 작용은 탈신체적으로 이루어진다. 마음의 모든 활동은 의식적으로 이루어지며, 스스로에게도 접근이 가능하다. 유형원, 이익, 정약용, 최한기에 따르면, 모든 인간은 도덕적 합리성의 원천인 리·상제·운화기를 마음으로 파악하고 관찰할 수 있다. 생존을 위해 이로운 것과 해로운 것을 식별할 수 있는 기본 지식을 습득해야 하는 것처럼 우리는 성인이 되기 위해 리·상제·운화기를 인식해야 하는데, 이것은 인간만의 유일하고도 숭고한 과제이다. 리·상제·운화기를 인식하지 못한 인간은 유학적 인간의 전형인 성인이 될 수 없다. 결국 우리를 인간다운 인간으로 만들어 주는 것은 초월의 리·상제·운화기이다.

5) 실학적 인간의 본성(性)은 도덕적 권위자로서 객관적 합리성을 포함한다. 모든 인간은 합리적 본성을 지니고 태어나며, 모든 문제 상황에 객관적 합리성을 적용할 수 있다. 본성은 인간의 물리적 경험과 상관없이 천(天)으로부터 부여받은 것이라는 점에서 '선험적'이며, 모든 인간이 동일한 본성을 갖고 태어난다는 점에서 '보편적'이다. 본성은 인간이 '무엇을 해야 하는지'의 당위적 도덕법칙들을 자각하게 하는 도덕적 권위자이다. 따라서 인간은 보편적인 도덕적 권위 아래에 철저히 종속되어 있는 셈이다. 반면, 외적 조건에 흔들리기 쉬운 몸은 본성의 명령에 순응해야만 하는 도덕적 의무를 갖는다. 모든 도덕적 목적은 이 본성에 근거한다. 우리는 도덕적 의무에 '통제'되며, 당위의 법칙에 따르도록

'강요'받는다. 또한 도덕적 인간이 되기 위해 신체적 오염으로부터 벗어나서 순수한 본성에만 따르도록 도덕적으로 훈련해야 한다. 본성에 따른 행위는 '도덕적 가치'를 갖지만, 외적 영향에서 비롯되는 감정을 따르는 행위는 '도덕적 가치가 없는' 것으로 간주된다. 그 때문에 본성은 인간을 인간으로 만들어 주는 본질적 요소인 반면, 몸은 우리를 욕망의 노예로 만드는 강력한 힘을 갖기에 본질적 요소로부터 배제된다.

실학의 비경험적 구도는 인간의 생존적 욕구의 적절한 충족과 사회 안정을 위한 기본적 제약을 넘어, 우리의 인지적 조건을 훨씬 더 넘어서는 통제 범위를 설정하고 있음을 보여 준다. 리 · 상제 · 운화기는 '몸을 초월한' 실체로서, 직관적인 마음의 활동으로는 발견될 수 없는 '상상된 것'이다. 하지만 실학적 인간은 '몸을 초월한' 실체를 인식할 수 있는 능력을 가지며, 그 능력을 선택적으로 강조하기 위해서 '정신적인 것'과 '신체적인 것'의 이원적 본성을 상정한다. 또 인간의 본성은 본질적으로 선한 것이거나 선 지향성을 지니며, 바른 것과 바르지 않은 것, 선한 것과 악한 것이 단일한 원리에 의해서 규정된다.

이렇듯 실학이 가정한 도덕적 객관주의는 타인과 공유할 수 있는 맥락중립적인 도덕성을 가정하며, 그 도덕성은 초월의 리 · 상제 · 운화기가 보증한다고 주장한다. 이는 우리가 처한 수많은 문제 상황들에 적용될 단일한 관점과 도덕적 추론이 존재한다는 것을 전제하고 있다. 하지만 안타깝게도 그것들은 우리의 신체적 조건 너머에 있기에 우리는 같은 내용의 리 · 상제 · 운화기를 지각할 수 없으며, 이 점에서 그것들은 공약 불가능한 영역에 있다. 오히려 우리가 공유할 수 있는 보편의 영역은 '현재와 같은 몸을 가진 유기체로서 우리가 공유하는 경험의 공공성'에서 발견될 수 있을 것이다.[2] 그런 점에서 리 · 상제 · 운화기는 이론적 열망이 만들어 낸 가상의 산물일 뿐, 실제적으로 공유 가능한 객관적 차원의 것이 아니다. 이것이 바로 실학의 객관주의적 구도가 만들어 낸 이론적 난점의 핵심적 소재이며, 우리를 넘어선 것들의 제거만이 미완의 실용주의적 기획을 완결할 수 있는 결정적인 출구를 제공해 줄 수 있을 것으로 보인다.

2. 실학의 자연주의적 진화

조선 후기 실학은 초월적 객관주의의 관점에서 벗어나지 못한다는 한계를 갖지만, 다른 한편으로 자연주의적 사유방식으로의 진화를 보여준다는 점에서 철학사적으로 중요한 의의를 갖는다.

좀 더 구체적으로 살펴보자면, 유형원이 리 중심적 사유는 여전히 유지하고 있었지만 존재 근거인 리의 위상을 현상으로부터 확보하려고 했다는 점에 우리는 주목할 필요가 있다. 물론 이러한 유형원의 논의는 성리학의 격물치지의 접근법과 다르지 않다. 하지만 유형원의 중심적 논의는 격물치지의 궁극적 목적이 '사물의 이치 궁구'와 '도덕적 본성 회복'에 머무는 것이 아니라, 전쟁으로 인해 붕괴된 국가 질서를 재정비하고 군사력을 강화하며 민생을 안정시키는 등의 '리의 적극적 실현'에

2) 노양진, 「규범성의 자연주의적 탐구」, 『범한철학』 32(2004), 184~87쪽 참조

중점을 둔다는 점에서 성리학과 구분된다. 또한 리의 본원성 강조에 치중, 리와 기의 관계를 지나치게 분리시켜 보려는 조선 성리학자들의 현실적 무능력에 대한 대응이라는 점에서도 중요한 의미를 갖는다. 유형원은 현실 문제에 대응할 수 있을 만한 실제적 · 실증적 지식을 강조했고, 리의 법 · 제도적 현실화를 통한 국가적 차원의 사회적 · 정치적 안정을 도모하려 했다. 유형원의 철학은 리의 초월성을 여전히 견지한 상태에서 리의 제도적 근거로의 변형을 시도했다는 점에서 객관주의적 한계를 갖지만, 그럼에도 실체론적 논의를 자신이 몸담고 있는 현실과 분리시키지 않으면서 문제를 능동적으로 해결할 수 있는 실질의 차원으로 끌어내리려 했다는 점에서 경험적 탐구의 지평을 마련하는 데 중요한 역할을 담당한 것으로 보인다.

이익의 사유 역시 '형세'를 국가관, 역사관의 중요 요소로 부각시킴으로써 '맥락의존적' 가치 척도를 제안하고 있다는 점과 경험 · 실증에 근거한 통관점적 지향을 강조한다는 점에서 성리학과 구분되는, 그리고 경험적 차원에서 현재적 조명이 가능한 지점이 발견된다. 물론 이익은 '리'를 세계와 인성의 본질로 이해했고, 형이상학적 도덕을 본체화했으며, 세계와 인간을 이원구조로 파악하여 본체 세계와 마음에 배타적 우선성을 부여했다. 하지만 정주학에 대한 교조적 신봉을 비판하고 끊임없이 '의심할 것'을 강조했으며, 개방적 학문에 대한 배타적 탄압을 노골적으로 비판했다. 이익은 박학과 경험에 기반을 둔 검증적 학문 태도를 표방하여 '직관적 인식'에서 '경험적 · 실증적 인식'으로의 전환을 시도했으며, 시 · 공간을 고려한 형세를 가치 판단의 중요 요소로 부각시킴으로써 관념적 · 폐쇄적 세계관에서 경험적 · 개방적 세계관으로 나아가는 데 중요한 토대를 제공했다.

우리는 또 정약용이 선 '행위'의 우선성을 강조하고 몸을 '도덕의 중심축'으로 복권시킬 것을 제안한 것에, 그리고 "'이미 드러난 자취'를 가지고 그것이 '그렇게 된 까닭'에 도달한다"라고 말한 것에 주목할 필요가 있다. 이는 리 '인식'의 우선성을 강조하고 몸을 '악의 근원'으로 규정한 성리학적 사유에 대한 거부를 의미한다. 아울러 이는 '정신적 · 추상적' 개념들이 '신체적 · 물리적' 경험을 토대로 확장된 사유의 결과로서, 전자는 후자의 제약을 받을 수밖에 없다는 중요한 경험적 통찰을 함축한다. 이러한 정약용의 주장은 신체적 · 물리적 조건에 대한 실제적 탐색의 결과라는 점에서 현재적 의의를 갖는다. 물론 정약용의 이론은 '리' 대신 우리의 삶을 지속적으로 관여하는 '상제'를 권좌에 앉히는 바람에 또 다른 형이상학으로 회귀하고 말았지만, 경험을 토대로 한 추론과 도덕 실천의 우선성, 몸을 도덕의 중심축으로 복권시킨 담론 등은 얼마든지 '경험적으로 책임 있는 철학'으로 새롭게 재구성될 수 있다는 점에서 중요한 의의를 갖는다.

최한기의 기학은 물리적 세계로부터 추상적 세계로 추측해 가는 '상향적 접근'의 관점을 제안함으로써 초월적 존재로부터 경험 영역의 문제를 해결하려는 '하향적 접근'의 관점을 넘어선다. 성리학 전통의 학문들이 초월 세계로부터 물리 세계로의 하향적 탐구에 집중되었다면, 기학은 물리 세계로부터 초월 세계로 추측해 나가는 상향적 탐구 방식을 제안함으로써 과감한 시각의 전환을 이루었다. 기학의 이러한 접근 방식은 ① 형이상학적 관점에서 경험적 관점으로의 전환이라는 점에서, 또 ② '초월 / 현상의 이원적 세계 인식'의 관점으로부터 '현상→초월의 연속적 세계 인식'의 관점으로의 전환이라는 점에서 초월 전통의 학문이 지닌 이론적 난점을 극복하는 것은 물론, 유학적 사유의 역사를 뒤바꿀 만한 중요한 이론적 진화로 평가될 수 있다. 최한기에게 사물의 이치는 격물궁리로 얻어지는 것이 아니라, '유로써 무를 밝힘'의 과정에서 누적된 감각적 경험을 토대로 지속적인 추측과 증험을 통해 얻어지는 것이었다. 그는 경전절대주의에서 과감히 벗어나서 과학적 신뢰를 바탕으로 한 물리적 · 실증적 탐구 방식을 적극 도입했으며, 현상세계의 운동성과 유형성에 주목함으로써 도덕적 사유에 묶여 있던 리학적 · 심학적 시각을 물리적 시각으로 전환시켰다. 이러한 사유의 확장은 가치의 상대주의적 이해에까지 나아갈 수 있는 중요한 계기를 제공한 것이었다. 아쉽게도 최한기의 기학은 상상된 보편인 '운화기'를 최종의 준거로 설정, '일통'을 꿈꾼다는 점에서 강력한 객관주의로의 회귀라는 위험성을 안고 있다. 그럼에도 불구하고 유형의 관점에서 무형의 영역을 추측해 가는 과정을 과학적 신뢰를 전제로 해명함으로써 그는 유한한 인간의 인지적 조건을 고려한 경험적 시각의 단초를 제시했다.

이처럼 조선 후기 실학은 초월적 객관주의의 관점에서 벗어나지 못했다는 한계를 갖지만, 다른 한편으로 자연주의적 사유방식으로의 진화를 보여 준다는 점에서 유학사적으로 중요한 의의를 갖는다. 실학은 선험적 원리의 인식으로부터 경험 영역의 문제를 해결하려는 '하향적 접근'의 방식을 강조하는 성리학에 지속적으로 의문을 제기하면서, ① 경험과 실증에 근거한 '상향적 접근'과 ② 현실적 '형세'를 가치 판단의 중요 요소로 부각시킴으로써 통관점성과 맥락의존적 척도를 제안했다. 또한 ③ 인간을 '마음'의 존재에서 '몸'의 존재로 전환시킴으로써 성리학과 구분되는 자연주의적 사유체계를 정립했다. 비록 성리학의 도덕형이상학적 토대를 끝내 포기하지 못하기는 했지만, 그럼에도 불구하고 조선 후기 실학은 분명 성리학의 초월적 인식 방법을 지속적으로 의심하며 신체적 · 물리적 인식의 중요성을 강조하였다는 점에서 중요한 현재적 가치를 지닌다.

지금까지 살펴본 조선 후기 실학의 도덕 이론에 대한 체험주의적 해명을 통해 얻어진 결론은 크게 다음 두 가지로 요약될 수 있다.

첫째, 실학의 철학적 구도는 자연주의적 사유와 그것을 제약하는 초월적 실체의 대립적 양립으로 규정될 수 있다. 실학의 초월적 존재 가정은 결정적으로 자연주의적 사유의 진화를 가로막는 결정적 계기라는 점에서 실학의 정체성마저 모호하게 만드는 결과를 초래했다. 이는 실학이 모든 합리성의 원천으로 초월적 존재를 상정함으로써 여전히 성리학적 사유에서 벗어나지 못하고 있음을 의미한다. 실학자들은 우리의 신체적 · 물리적 조건과 그 한계를 인식하면서도 여전히 그것과 별개로 절대적 객관의 전형으로 정신적 · 초월적 실체를 가정한다. 그렇게 가정된 초월의 실체는 시 · 공간을 초월한 객관의 근거로서 우리의 삶 전반을 재단하고 통제하며, 그것을 벗어난 이해와 경험은 모두 '그른 것' 혹은 '나쁜 것'으로 배척한다.

그러나 실학에서 말하듯 초월의 실체는 우리를 넘어서 '그 자체로' 존재하는 그 어떤 것일 수 없다. 우리의 모든 층위의 경험은 몸의 활동들로부터 점차 확장되며, 확장된 경험은 신체적 요소에 강하게 제약될 수밖에 없기 때문이다. 같은 맥락에서 초월적 실체 역시 신체적 · 물리적 경험에 근거를 두고 확장된 사유의 산물일 수밖에 없으며, 그런 점에서 그것의 뿌리 역시 '몸'이다. 이는 실학에서 공통적으로 가정되는 초월적 실체가 개인의 신체적·물리적 경험에 따라 달라질 수밖에 없는, 그래서 절대 객관적일 수 없는 '상상된 보편'일 뿐이라는 점을 의미한다. 삶이 불안하고 두려운 만큼 '절대적 객관성'은 우리에게 더없이 매혹적인 것이다. 하지만 그것은 '우리가 원하는 것'이지 '우리의 것'이 아니다. 절대적 객관성에 대한 열망이 갖는 결정적 위험은 종적 공공성의 차원에서나 적용될 수 있는 절대성을 마음, 진리, 도덕, 통치 구조에까지 전면적으로 확장하여 적용하려 한다는 점이다. 그런 의미에서 우리에게 '상상된 보편'은 선물이 아니라, 모든 사적 영역을 제약하는 재앙이다.

둘째, 실학은 분명 '초월에서 초월로'의 방향이 아니라, '초월에서 경험으로' 향하고 있다. 실학은 형이상학을 벗어나지 못했기에 끝내 온전한 실용주의적 전환을 이루어 내지는 못했지만, 자연주의적 사유의 진화를 거듭하면서 철학사의 물줄기를 바꾸는 데 결정적 역할을 해 내었다. 후기 실학자들이 비록 상제, 운화기 등의 또 다른 초월적 존재를 내세우기는 했지만, 조선시대 전반을 장악했던 '리' 개념은 그들의 강한 반성으로 점차 쇠락해 가고 대신 경험과학적 지식이 신뢰를 얻으며 시간이 갈수록 확장되어 갔다. 그들은 점차 경전절대주의에서 벗어났고, 도덕학에만 머물지도 않았다. 과학적 신뢰를 기반으로 축적해 간 경험지식은 명분 찾기에 골몰하는 일 대신 실용적 합리성을 추구하게 되었고, 인간의 신체적·물리적 지각 조건을 되돌아보고 탐색하는 결정적 계기를 제공했다.

이렇듯 경험과학적 학문으로의 전환은 현재적 사유와 긴밀하게 접맥

되어 있는 만큼 우리의 철학사적 전통에서 더 이상 실학의 위상을 외면하고 있을 수 없게 만드는 중대한 계기를 제공한다. 우리는 실학자들이 벗어 던지지 못했던 형이상학에 시선을 고정시켜 둘 필요가 없다. 우리에게 맡겨진 더 막중한 의무는 마땅히 '현재성 있는' 실학자들의 학문적 성취와 '경험적으로 책임 있는 철학'으로서의 실학의 중요성을 재조명하고 재구성해 내는 일이다.

그렇다면 이제 우리는 실학을 어떻게 규정해야 할까? 단순히 실학을 '공리공론에서 벗어나 실생활의 유익함을 목적으로 한 학문'으로만 부르는 것은 조선 후기 실학에 대한 온전한 규정이 될 수 없다. 지금까지의 해명을 토대로 우리는 이제 실학을 '성리학적 지반과 자연주의적 진화의 이중성을 지닌 조선 후기 유학'으로 규정할 수 있을 것이다.

3. 선택의 갈림길

끝으로, 이상의 실학적 논의를 토대로 현재 우리가 직면하고 있는 유학의 쇠퇴와 생명력을 되짚어 볼 필요가 있다. 지금 그 누구도 초월적 존재인 '리'를 규범적 혹은 법적 근거로 상정하지 않는다. 그런 점에서 유학의 쇠퇴는 분명 규범화된 초월적 존재의 쇠락과 깊이 맞물려 있는 것으로 보인다. 마치 목욕물 버리면서 아기까지 버리는 우를 범하듯, 과감히 '형이상학'을 도려내지 못한 이유로 '경험적으로 유효한 유학적 가치'까지 포기해 버리는 결과를 초래했다.

'형이상학'과 '경험적으로 유효한 유학적 가치'의 미분리는 유학적 쇠퇴의 결정적 이유이기도 하지만, 유학을 되살리려는 연구들에도 결정적인 결함을 함축하게 된다. 유학적 가치의 부활은 치명적으로 형이상학의 부활까지를 포함하기 때문이다. 우리는 인·의·예·지와 같은 유학적 덕목이 초월적 존재의 힘을 빌리지 않고도 얼마든지 우리의 삶을 고양시키는 데 중요한 역할을 담당할 수 있다는 점에 주목할 필요가 있다. 오히려 그 덕목에 초월적 존재의 힘이 가해져 권력적으로 해석되었을 때 절대주의의 위험성을 함축하게 된다는 사실도 간과해서는 안 된다.

필자는 유학의 진정한 가치인 '자기수양'과 '자기성찰'은 형이상학을 전혀 포함하지 않고서도 다양한 가치가 혼재하는 지금 우리에게 한층 더 나은 지평을 제공할 수 있다고 본다. 형이상학은 철학적 열망의 산물일 뿐이어서, 형이상학이 포기되지 않는 이상 '경험적으로 책임 있는 철학'으로서의 유학적 부활은 근원적 결함을 갖게 되기 때문이다. 그렇다면 이제 유학적 생명력을 복원하기 위한 유학 연구자들의 연구 방향은 너무나도 자명해 보인다. '경험적으로 책임 있는 철학'을 위한 '형이상학의 포기'가 '유학의 포기'를 의미하지는 않는다. 오히려 이러한 필자의 입장은 '유학을 중시한 것'이며, 유학을 어떤 어려움으로부터 이성적으로 회복시키려는 시도이다. 이상의 탐구를 통해 우리는 유학을 '인간의 경험적 조건에 맞도록' 재구성할 수 있는 계기를 마련할 수 있을 것이다.

참고 문헌

1. 원전류

『論語』, 學民出版社, 1990.

『大學』, 學民出版社, 1990.

『孟子』, 學民出版社, 1990.

『中庸』, 學民出版社, 1990.

羅欽順, 『困知記』, 中華書局, 1990.

張載, 『張載集』, 中華書局(理學叢書), 1978.

程顥·程頤, 『二程遺書』, 上海古籍出版社, 1992.

朱熹, 『朱子語類』, 黎靖德 編, 中華書局, 1981.

____, 『朱熹集』, 郭齊·尹波 點校, 四川敎育出版社, 1997.

____, 『近思錄』(中國子學名著集成), 景仁文化社, 1994.

徐敬德, 『花潭集』(computer file), 민족문화추진위원회 한국고전번역원.

柳馨遠, 『磻溪雜藁』, 驪江出版社, 1990.

______, 『磻溪隨錄』(computer file), 민족문화추진위원회 한국고전번역원.

李瀷, 『星湖全書』(全7卷), 驪江出版社, 1984.

____, 安鼎福 編, 『星湖僿說類選』, 명문당, 1982.

李滉, 『退溪集』(韓國文集叢刊), 景仁文化社, 1996.

丁若鏞, 『與猶堂全書』(全6冊), 景仁文化社, 1982.

崔漢綺, 『明南樓全集』, 驪江出版社, 1986.

韓百謙, 『久菴遺稿』, 悅話堂, 1972.

2. 단행본류

김용걸, 『이익사상의 구조와 사회개혁론』, 서울대학교 출판부, 2004.

김용헌 편저, 『혜강 최한기』, 예문서원, 2005.

김준석, 『조선 후기 정치사상사 연구－국가재조론의 대두와 전개』, 지식산업사, 2003.

김태영, 『국가개혁안을 제시한 실학의 비조 유형원』, 민속원, 2011.

노양진, 『몸 · 언어 · 철학』, 서광사, 2009.

_____, 『몸이 철학을 말하다: 인지적 전환과 체험주의의 물음』, 서광사, 2013.

레이코프 & 존슨, 임지룡 외 역, 『몸의 철학: 신체화된 마음의 서구 사상에 대한 도전』, 박이정, 2002.

______________, 노양진 · 나익주 역, 『삶으로서의 은유』 수정판, 박이정, 2006.

리처드 번스타인, 정창호 외 역, 『객관주의와 상대주의를 넘어서』, 보광재, 1996.

마크 존슨, 노양진 역, 『도덕적 상상력: 체험주의 윤리학의 새로운 도전』, 서광사, 2008.

________, ______, 『마음 속의 몸: 의미, 상상력, 이성의 신체적 근거』, 철학과현실사, 2000.

________, 김동환 · 최영호 역, 『몸의 의미: 인간 이해의 미학』, 동문선, 2012.

박종천, 『다산 정약용의 의례이론』, 신구문화사, 2008.

박충석, 『한국정치사상사』, 삼영사, 1982.

박홍식 편저, 『다산 정약용』, 예문서원, 2005.

박희병, 『운화의 근대』, 돌베개, 2003.

백민정, 『정약용의 철학』, 이학사, 2007.

송영배 외, 『한국 실학과 동아시아 세계』, 경기문화재단, 2004.

안재순, 『조선 후기 실학의 비조 유형원』, 성균관대학교 출판부, 2009.

에드워드 윌슨, 최재천 · 장대익 역, 『통섭: 지식의 대통합』, 사이언스북스, 2005.

오하마 아키라, 이형성 옮김, 『범주로 보는 주자학』, 예문서원, 1997.

유승국, 『한국의 유교』, 세종대왕기념사업회, 1976.

윤사순, 『실학의 철학적 특성』, 나남, 2008.

이향준, 『조선의 유학자들, 켄타우로스를 상상하며 理와 氣를 논하다』, 예문서원, 2011.

이현구, 『최한기 기철학과 서양 과학』, 성균관대학교 출판부, 2000.

임형택, 『문명의식과 실학-한국 지성사를 읽다』, 돌베개, 2009.
전남대 호남문화연구소, 『실학논총』, 전남대학교출판부, 1975.
정성철, 『조선철학사연구』, 광주, 1988.
정호훈, 『조선 후기 정치사상 연구-17세기 북인계 남인을 중심으로』, 혜안, 2004.
최영진 외, 『조선말 실학자 최한기의 철학과 사상』, 철학과현실사, 2000.
한국사상사연구회 편저, 『실학의 철학』, 예문서원, 1996.
한국실학사상사 편저, 『한국실학사상사』, 다운샘, 2000.
한영우 외 지음, 한림대학교 한국학연구소 편, 『다시, 실학이란 무엇인가』, 푸른역사, 2007.
한형조, 『조선 유학의 거장들』, 문학동네, 2008.
_____ 편저, 『혜강 최한기』, 청계, 2000.

고려대 민족문화연구소, 『한국문화사대계 6』, 고려대 민족문화연구소 출판부, 1970.
권정언 외, 『조선조 유학사상의 탐구』, 여강출판사, 1988.
윤사순 편, 『정약용』, 고려대학교 출판부, 1990.
이승환, 『유가사상의 사회철학적 재조명』, 고려대학교 출판부, 1998.
정성철, 『조선철학사연구』, 광주, 1988.
최영진 편저, 『조선말 실학자 최한기의 철학과 사상』, 철학과현실사, 2000.

3. 논문류

강신주, 「주자와 다산의 '미발'론: '존재론적 감수성'과 '신학적 감수성'의 차이」, 『다산학』 2, 2001.
금장태, 「다산의 사천학과 서학수용」, 『철학사상』 16, 2003.
김문용, 「최한기 자연학의 성격과 지향」, 『민족문화연구』 59, 2013.
김용걸, 「성호의 자연 인식과 이기론 체계 변화」, 『한국실학연구』 창간호, 1999.
_____, 「한국실학사상의 재검토: 조선 후기 실학사상에 대한 회고와 전망」, 『동양철학연구』 19, 1999.
김용헌, 「조선조 유학의 氣論 연구: 성리학적 기론에서 실학적 기론으로의 전환」, 『동양철학연구』 22, 2000.
김용흠, 「조선 후기 실학과 사회인문학」, 『동방학지』 154, 2011.

김한식, 「정치사상면에서 본 '실학'의 의미규정」, 『한국학보』 6, 1980.

_____, 「정치사상면에서 본 실학과 성리학 간의 상관성 연구」, 『한국정치학회보』 14, 1980.

김형찬, 「완결된 질서로서의 理와 미완성 세계의 上帝: 기정진과 정약용을 중심으로」, 『철학연구』 30, 2005.

_____, 「조선유학의 理 개념에 나타난 종교적 성격 연구: 퇴계의 리발에서 다산의 상제까지」, 『철학연구』 39, 2010.

김형효, 「실학사상가 다산 정약용의 한 해석법」, 『다산학』 3, 2002.

노양진, 「규범성의 자연주의적 탐구」, 『범한철학』 32, 2004.

_____, 「도덕의 영역들」, 『범한철학』 47, 2007.

문중량, 「실학 속의 자연지식, 과학성과 근대성에 대한 시론적 고찰」, 『대동문화연구』 38, 2001.

박성래, 「한국 근세의 서구과학 수용」, 『동방학지』 20, 1978.

박종홍, 「최한기의 과학적 철학사상」, 『한국사상논문선집』 173, 불함문화사, 2001.

_____, 「한국에 있어서의 근대적인 사상의 추이」, 『대동문화연구』 1, 1964; 전남대학교 호남문화연구소, 『실학논총』, 전남대학교출판부, 1975.

백민정, 「정약용 수양론의 내적 일관성에 관한 연구: 愼獨, 至誠, 執中, 忠恕, 人心道心論을 중심으로」, 『퇴계학보』 122, 2007.

성태용, 「다산 철학에 있어서 계시 없는 상제」, 『다산학』 5, 2004.

송재소, 「동아시아 실학 연구가 가야 할 길: 한국의 실학 연구와 관련하여」, 『한국실학연구』 12, 2006.

안영석, 「성호 성리설의 전개와 변용」, 『동양철학연구』 41, 2005.

원재린, 「조선 후기 성호학파의 '下學'觀과 '道器一致'론」, 『역사학보』 180, 2003.

유인희, 「실학의 철학적 방법론(1)」, 『동방학지』 35, 1983.

유초하, 「정약용 철학에서 본 영혼불멸과 우주창조의 문제」, 『한국실학연구』 6, 2003.

_____, 「정약용 철학의 太極과 上帝: 上帝 개념에 담긴 존재론적 함의를 중심으로」, 『인문학지』 39, 2009.

윤사순, 「성호 이익의 이중성: 그의 사상에 깃든 성리학과 실학의 성격」, 한국실학연구회 제1회 학술발표회, 성균관대, 1991.

_____, 「실학사상의 철학적 성격」, 『아세아연구』 19, 1976.

이광호, 「퇴계 이황의 심학적 이학이 다산 정약용의 도덕론 형성에 미친 영향」, 『한국실학연구』 12, 2006.

______, 「『중용강의보』와 『중용자잠』을 통하여 본 다산의 誠의 철학」, 『다산학』 7, 2005.

이동환, 「다산사상에 있어서의 '상제' 문제」, 『민족문화』 19, 1996.

이봉규, 「유교적 질서의 재생산으로서 실학」, 『철학』 65, 2000.

이상익, 「주자와 율곡의 경세론」, 『율곡사상연구』 11, 2005.

이우성, 「초기 실학과 성리학과의 관계-반계 유형원의 경우」, 『동방학지』 58, 1988.

이을호, 「실학사상의 철학적 측면」, 『한국사상』 13, 1975.

______, 「이조후기 개신유학의 경학사상사적 연구」, 『철학』 8, 1974.

임헌규, 「데카르트적 철학의 범형과 다산의 유학이념」, 『온지논총』 25, 2010.

임형택, 「동아시아 실학의 개념정립을 위하여」, 『한국실학연구』 18, 2009.

장승구, 「다산 정약용의 윤리사상 연구: 주자 윤리사상과의 비교를 중심으로」, 『한국철학논집』 21, 2007.

______, 「실학의 철학적 특성」, 『동양철학연구』 19, 1999.

장승희, 「다산 정약용 천인관계론의 윤리적 의의」, 『한국문화』 24, 1999.

정도원, 「반계 유형원 실학의 철학적 기저」, 『한국사상과 문화』 7, 2000.

정병련, 「유반계의 이기, 심성론」, 『동양철학연구』 13, 1992.

정병석, 「易傳의 道器結合的 聖人觀」, 『유교사상연구』 28, 2007.

정순우, 「다산에 있어서의 천과 상제」, 『다산학』 9, 2006.

지두환, 「조선 후기 실학 연구의 문제점과 방향」, 『태동고전연구』 3, 1987.

천관우, 「반계 유형원 연구(하): 실학발생에서 본 이조사회의 일단면」, 『역사학보』 3, 1952.

최진덕, 「다산학의 상제귀신론과 그 인간학적 의미: 주자학의 음양귀신론과의 한 비교」, 『철학사상』 33, 2009.

한우근, 「명재 윤증의 '실학'관: 이조실학의 개념 재론」, 『동국사학』 6, 1960.

______, 「이조 '실학'의 개념에 대하여」, 『진단학보』 19, 1958.

한형조, 「主氣 개념의 딜레마, 그리고 實學과의 불화」, 『다산학』 18.

김숙경, 「혜강 최한기의 기학에 나타난 서학 수용과 변용에 관한 연구」, 성균관대학교 대학원 박사학위논문, 2013.

신원봉, 「혜강의 기화적 세계관과 그 윤리적 함의」, 한국학중앙연구원 박사학위논문, 1993.

안영상, 「성호 이익의 성리설 연구」, 고려대학교 대학원 박사학위논문, 1998.

이숙희, 「'영체'와 '행사'에서 본 정약용의 종교적 의식 연구: 버나드 로너간의 인지

이론 관점에서」, 서강대학교 대학원 박사학위논문, 2012.

이지, 「최한기의 기학: 유가 형이상학의 실용론」, 이화여자대학교 대학원 박사학위논문, 2012.

채석용, 「최한기 사회철학의 이론적 토대와 형성과정: 유교적 사회규범의 탈성리학적 재구성」, 한국학중앙연구원 박사학위논문, 2008.

John Dewey, *Experience and Nature: The Later Works, 1925-1953*, Vol. 1 (ed. Jo Ann Boydston), Carbondale, Ill.: Southern Illinois University Press, 1988.

__________, *Logic: The Theory of Inquiry: The Later Works 1925-1953*, Vol. 12 (ed. Jo Ann Boydston), Carbondale, Ill.: Southern Illinois University Press, 1986.

George Lakoff, "The Contemporary Theory of Metaphor", *Metaphor and Thought*, 2nd ed. (Andrew Ortony ed.), Cambridge: Cambridge University Press, 1993.

Mark Johnson, "How Moral Psychology Changes Moral Theory", *Mind and Morals* (Larry May et al. eds.), Cambridge, Mass.: MIT Press, 1996.

찾아보기

【ㄱ】

【ㄴ】

【ㄷ】

【ㄹ】

【ㅁ】

【ㅅ】

【ㅇ】

【ㅎ】

지은이 서영이徐英伊

전남대학교 대학원 철학과에서 박사학위(한국철학 전공)를 받았다. 현재 전남대학교 철학과에서 강의 중이다. 주요 저작으로 「조선후기 실학의 도덕 이론에 대한 체험주의적 해명」(박사학위논문), 「공자 도덕이론의 실용주의적 읽기」, 「도덕화된 음·양의 역사」, 「相法의 경험적 진화: 최한기의 측인」 등의 논문이 있다.

예문서원의 책들

원전총서

박세당의 노자(新註道德經) 박세당 지음, 김학목 옮김, 312쪽, 13,000원
율곡 이이의 노자(醇言) 이이 지음, 김학목 옮김, 152쪽, 8,000원
홍석주의 노자(訂老) 홍석주 지음, 김학목 옮김, 320쪽, 14,000원
북계자의(北溪字義) 陳淳 지음, 김충열 감수, 김영민 옮김, 295쪽, 12,000원
주자가례(朱子家禮) 朱熹 지음, 임민혁 옮김, 496쪽, 20,000원
서경잡기(西京雜記) 劉歆 지음, 葛洪 엮음, 김장환 옮김, 416쪽, 18,000원
열선전(列仙傳) 劉向 지음, 김장환 옮김, 392쪽, 15,000원
열녀전(列女傳) 劉向 지음, 이숙인 옮김, 447쪽, 16,000원
선가귀감(禪家龜鑑) 청허휴정 지음, 박재양・배규범 옮김, 584쪽, 23,000원
공자성적도(孔子聖蹟圖) 김기주・황지원・이기훈 역주, 254쪽, 10,000원
천지서상지(天地瑞祥志) 김용천・최현화 역주, 384쪽, 20,000원
참동고(參同攷) 徐命庸 지음, 이봉호 역주, 384쪽, 23,000원
박세당의 장자, 남화경주해산보 내편(南華經註解刪補 內篇) 박세당 지음, 전현미 역주, 560쪽, 39,000원
초원담노(椒園談老) 이충익 지음, 김윤경 옮김, 248쪽, 20,000원
여암 신경준의 장자(文章準則 莊子選) 申景濬 지음, 김남형 역주, 232쪽, 20,000원

퇴계원전총서

고경중마방古鏡重磨方 — 퇴계 선생의 마음공부 이황 편저, 박상주 역해, 204쪽, 12,000원
활인심방活人心方 — 퇴계 선생의 마음으로 하는 몸공부 이황 편저, 이윤희 역해, 308쪽, 16,000원
이자수어李子粹語 퇴계 이황 지음, 성호 이익・순암 안정복 엮음, 이광호 옮김, 512쪽, 30,000원

연구총서

논쟁으로 보는 한국철학 한국철학사상연구회 지음, 326쪽, 10,000원
역사 속의 중국철학 중국철학회 지음, 448쪽, 15,000원
공자의 철학(孔孟荀哲學) 蔡仁厚 지음, 천병돈 옮김, 240쪽, 8,500원
맹자의 철학(孔孟荀哲學) 蔡仁厚 지음, 천병돈 옮김, 224쪽, 8,000원
순자의 철학(孔孟荀哲學) 蔡仁厚 지음, 천병돈 옮김, 272쪽, 10,000원
유학은 어떻게 현실과 만났는가 — 선진 유학과 한대 경학 박원재 지음, 218쪽, 7,500원
역사 속에 살아있는 중국 사상(中國歷史に生きる思想) 시게자와 도시로 지음, 이혜경 옮김, 272쪽, 10,000원
덕치, 인치, 법치 — 노자, 공자, 한비자의 정치 사상 신동준 지음, 488쪽, 20,000원
리의 철학(中國哲學範疇精髓叢書 — 理) 張立文 주편, 안유경 옮김, 524쪽, 25,000원
기의 철학(中國哲學範疇精髓叢書 — 氣) 張立文 주편, 김교빈 외 옮김, 572쪽, 27,000원
동양 천문사상, 하늘의 역사 김일권 지음, 480쪽, 24,000원
동양 천문사상, 인간의 역사 김일권 지음, 544쪽, 27,000원
공부론 임수무 외 지음, 544쪽, 27,000원
유학사상과 생태학(Confucianism and Ecology) Mary Evelyn Tucker・John Berthrong 엮음, 오정선 옮김, 448쪽, 27,000원
공자曰, 공자는 이렇게 말했다 안재호 지음, 232쪽, 12,000원
중국중세철학사(Geschichte der Mittelalterischen Chinesischen Philosophie) Alfred Forke 지음, 최해숙 옮김, 568쪽, 40,000원
북송 초기의 삼교회통론 김경수 지음, 352쪽, 26,000원
죽간・목간・백서, 중국 고대 간백자료의 세계 1 이승률 지음, 576쪽, 40,000원
중국근대철학사(Geschichte der Neueren Chinesischen Philosophie) Alfred Forke 지음, 최해숙 옮김, 936쪽, 65,000원
리학 심학 논쟁, 연원과 전개 그리고 득실을 논하다 황갑연 지음, 416쪽, 32,000원
진래 교수의 유학과 현대사회 陳來 지음, 강진석 옮김, 440쪽, 35,000원
상서학사 — 『상서』에 관한 2천여 년의 해석사 劉起釪 지음, 이은호 옮김, 912쪽, 70,000원
장립문 교수의 화합철학론 장립문 지음 / 홍원식・임해순 옮김, 704쪽, 60,000원

강의총서

김충열 교수의 노자강의 김충열 지음, 434쪽, 20,000원
김충열 교수의 중용대학강의 김충열 지음, 448쪽, 23,000원
모종삼 교수의 중국철학강의 牟宗三 지음, 김병채 외 옮김, 320쪽, 19,000원
송석구 교수의 율곡철학 강의 송석구 지음, 312쪽, 29,000원
송석구 교수의 불교와 유교 강의 송석구 지음, 440쪽, 39,000원

역학총서

주역철학사 (周易硏究史) 廖名春・康學偉・梁韋弦 지음, 심경호 옮김, 944쪽, 45,000원
송재국 교수의 주역 풀이 송재국 지음, 380쪽, 10,000원
송재국 교수의 역학담론 — 하늘의 빛 正易, 땅의 소리 周易 송재국 지음, 536쪽, 32,000원
소강절의 선천역학 高懷民 지음, 곽신환 옮김, 368쪽, 23,000원
다산 정약용의 『주역사전』, 기호학으로 읽다 방인 지음, 704쪽, 50,000원

한국철학총서

조선 유학의 학파들 한국사상사연구회 편저, 688쪽, 24,000원
퇴계의 생애와 학문 이상은 지음, 248쪽, 7,800원
조선유학의 개념들 한국사상사연구회 지음, 648쪽, 26,000원
유교개혁사상과 이병헌 금장태 지음, 336쪽, 17,000원
남명학파와 영남우도의 사림 박병련 외 지음, 464쪽, 23,000원
쉽게 읽는 퇴계의 성학십도 최재목 지음, 152쪽, 7,000원
홍대용의 실학과 18세기 북학사상 김문용 지음, 288쪽, 12,000원
남명 조식의 학문과 선비정신 김충열 지음, 512쪽, 26,000원
명재 윤증의 학문연원과 가학 충남대학교 유학연구소 편, 320쪽, 17,000원
조선유학의 주역사상 금장태 지음, 320쪽, 16,000원
한국유학의 악론 금장태 지음, 240쪽, 13,000원
심경부주와 조선유학 홍원식 외 지음, 328쪽, 20,000원
퇴계가 우리에게 이윤희 지음, 368쪽, 18,000원
조선의 유학자들, 켄타우로스를 상상하며 理와 氣를 논하다 이향준 지음, 400쪽, 25,000원
퇴계 이황의 철학 윤사순 지음, 320쪽, 24,000원
조선유학과 소강절 철학 곽신환 지음, 416쪽, 32,000원
되짚어 본 한국사상사 최영성 지음, 632쪽, 47,000원
한국 성리학 속의 심학 김세정 지음, 400쪽, 32,000원
동도관의 변화로 본 한국 근대철학 홍원식 지음, 320쪽, 27,000원
선비, 인을 품고 의를 걷다 한국국학진흥원 연구부 엮음, 352쪽, 27,000원

성리총서

송명성리학 (宋明理學) 陳來 지음, 안재호 옮김, 590쪽, 17,000원
주희의 철학 (朱熹哲學硏究) 陳來 지음, 이종란 외 옮김, 544쪽, 22,000원
양명 철학 (有無之境—王陽明哲學的精神) 陳來 지음, 전병욱 옮김, 752쪽, 30,000원
정명도의 철학 (程明道思想硏究) 張德麟 지음, 박상리・이경남・정성희 옮김, 272쪽, 15,000원
송명유학사상사 (宋明時代儒學思想の硏究) 구스모토 마사쓰구(楠本正繼) 지음, 김병화・이혜경 옮김, 602쪽, 30,000원
북송도학사 (道學の形成) 쓰치다 겐지로(土田健次郎) 지음, 성현창 옮김, 640쪽, 3,2000원
성리학의 개념들 (理學範疇系統) 蒙培元 지음, 홍원식・황지원・이기훈・이상호 옮김, 880쪽, 45,000원
역사 속의 성리학 (Neo-Confucianism in History) Peter K. Bol 지음, 김영민 옮김, 488쪽, 28,000원
주자어류선집 (朱子語類抄) 미우라 구니오(三浦國雄) 지음, 이승연 옮김, 504쪽, 30,000원

불교(카르마)총서

유식무경, 유식 불교에서의 인식과 존재 한자경 지음, 208쪽, 7,000원
박성배 교수의 불교철학강의: 깨침과 깨달음 박성배 지음, 윤원철 옮김, 313쪽, 9,800원
불교 철학의 전개, 인도에서 한국까지 한자경 지음, 252쪽, 9,000원
인물로 보는 한국의 불교사상 한국불교원전연구회 지음, 388쪽, 20,000원
은정희 교수의 대승기신론 강의 은정희 지음, 184쪽, 10,000원
비구니와 한국 문학 이향순 지음, 320쪽, 16,000원
불교철학과 현대윤리의 만남 한자경 지음, 304쪽, 18,000원
유식삼심송과 유식불교 김명우 지음, 280쪽, 17,000원
유식불교, 『유식이십론』을 읽다 효도 가즈오 지음, 김명우・이상우 옮김, 288쪽, 18,000원
불교인식론 S. R. Bhatt & Anu Mehrotra 지음, 권서용・원철・유리 옮김, 288쪽, 22,000원
불교에서의 죽음 이후, 중음세계와 육도윤회 허암 지음, 232쪽, 17,000원

한의학총서

한의학, 보약을 말하다 — 이론과 활용의 비밀 김광중・하근호 지음, 280쪽, 15,000원

동양문화산책

주역산책 (易學漫步) 朱伯崑 외 지음, 김학권 옮김, 260쪽, 7,800원
동양을 위하여, 동양을 넘어서 홍원식 외 지음, 264쪽, 8,000원
서원, 한국사상의 숨결을 찾아서 안동대학교 안동문화연구소 지음, 344쪽, 10,000원
안동 풍수 기행, 와혈의 땅과 인물 이완규 지음, 256쪽, 7,500원
안동 풍수 기행, 돌혈의 땅과 인물 이완규 지음, 328쪽, 9,500원
영양 주실마을 안동대학교 안동문화연구소 지음, 332쪽, 9,800원
예천 금당실·맛질 마을 — 정감록이 꼽은 길지 안동대학교 안동문화연구소 지음, 284쪽, 10,000원
터를 안고 仁을 펴다 — 퇴계가 굽어보는 하계마을 안동대학교 안동문화연구소 지음, 360쪽, 13,000원
안동 가일 마을 — 풍산들가에 의연히 서다 안동대학교 안동문화연구소 지음, 344쪽, 13,000원
중국 속에 일떠서는 한민족 — 한겨레신문 차한필 기자의 중국 동포사회 리포트 차한필 지음, 336쪽, 15,000원
신간도견문록 박진관 글·사진, 504쪽, 20,000원
선양과 세습 사라 알란 지음, 오만종 옮김, 318쪽, 17,000원
문경 산북의 마을들 — 서중리, 대상리, 대하리, 김룡리 안동대학교 안동문화연구소 지음, 376쪽, 18,000원
안동 원촌마을 — 선비들의 이상향 안동대학교 안동문화연구소 지음, 288쪽, 16,000원
안동 부포마을 — 물 위로 되살려 낸 천년의 영화 안동대학교 안동문화연구소 지음, 440쪽, 23,000원
독립운동의 큰 울림, 안동 전통마을 김희곤 지음, 384쪽, 26,000원
학봉 김성일, 충군애민의 삶을 살다 한국국학진흥원 기획, 김미영 지음, 144쪽, 12,000원

일본사상총서

일본사상이야기 40 (日本がわかる思想入門) 나가오 다케시 지음, 박규태 옮김, 312쪽, 9,500원
일본도덕사상사 (日本道德思想史) 이에나가 사부로 지음, 세키네 히데유키·윤종갑 옮김, 328쪽, 13,000원
천황의 나라 일본 — 일본의 역사와 천황제 (天皇制と民衆) 고토 야스시 지음, 이남희 옮김, 312쪽, 13,000원
주자학과 근세일본사회 (近世日本社會と宋學) 와타나베 히로시 지음, 박홍규 옮김, 304쪽, 16,000원

노장총서

不二 사상으로 읽는 노자 — 서양철학자의 노자 읽기 이찬훈 지음, 304쪽, 12,000원
김항배 교수의 노자철학 이해 김항배 지음, 280쪽, 15,000원
서양, 도교를 만나다 J. J. Clarke 지음, 조현숙 옮김, 472쪽, 36,000원
중국 도교사 — 신선을 꿈꾼 사람들의 이야기 牟鐘鑒 지음, 이봉호 옮김, 352쪽, 28,000원

남명학연구총서

남명사상의 재조명 남명학연구원 엮음, 384쪽, 22,000원
남명학파 연구의 신지평 남명학연구원 엮음, 448쪽, 26,000원
덕계 오건과 수우당 최영경 남명학연구원 엮음, 400쪽, 24,000원
내암 정인홍 남명학연구원 엮음, 448쪽, 27,000원
한강 정구 남명학연구원 엮음, 560쪽, 32,000원
동강 김우옹 남명학연구원 엮음, 360쪽, 26,000원
망우당 곽재우 남명학연구원 엮음, 440쪽, 33,000원
부사 성여신 남명학연구원 엮음, 352쪽, 28,000원
약포 정탁 남명학연구원 엮음, 320쪽, 28,000원
개암 강익 남명학연구원 엮음, 344쪽, 32,000원

예문동양사상연구원총서

한국의 사상가 10人 — 원효 예문동양사상연구원/고영섭 편저, 572쪽, 23,000원
한국의 사상가 10人 — 의천 예문동양사상연구원/이병욱 편저, 464쪽, 20,000원
한국의 사상가 10人 — 지눌 예문동양사상연구원/이덕진 편저, 644쪽, 26,000원
한국의 사상가 10人 — 퇴계 이황 예문동양사상연구원/윤사순 편저, 464쪽, 20,000원
한국의 사상가 10人 — 남명 조식 예문동양사상연구원/오이환 편저, 576쪽, 23,000원
한국의 사상가 10人 — 율곡 이이 예문동양사상연구원/황의동 편저, 600쪽, 25,000원
한국의 사상가 10人 — 하곡 정제두 예문동양사상연구원/김교빈 편저, 432쪽, 22,000원
한국의 사상가 10人 — 다산 정약용 예문동양사상연구원/박홍식 편저, 572쪽, 29,000원
한국의 사상가 10人 — 혜강 최한기 예문동양사상연구원/김용헌 편저, 520쪽, 26,000원
한국의 사상가 10人 — 수운 최제우 예문동양사상연구원/오문환 편저, 464쪽, 23,000원